成本核算与管理

毛政珍　张亚清　王　伟　主　编
赵媛媛　张镱凡　何芳玲　副主编

中国财经出版传媒集团
中国财政经济出版社

图书在版编目（CIP）数据

成本核算与管理/毛政珍，张亚清，王伟主编．—北京：中国财政经济出版社，2021.10（2024.7重印）

财政部规划教材

ISBN 978-7-5223-0843-2

Ⅰ．①成… Ⅱ．①毛…②张…③王… Ⅲ．①成本计算—高等学校—教材 Ⅳ．① F231.2

中国版本图书馆 CIP 数据核字（2021）第 205865 号

组稿编辑：唐　堂　　　责任编辑：钱红叶
封面设计：育林华夏　　责任印刷：张　健

成本核算与管理

CHENGBEN HESUAN YU GUANLI

中国财政经济出版社 出版

URL：http://www.cfeph.cn

E-mail：cfeph@cfeph.cn

（版权所有　翻印必究）

社址：北京市海淀区阜成路甲 28 号　邮政编码：100142

营销中心电话：010-88191522

天猫网店：中国财政经济出版社旗舰店

网址：https://zgczjjcbs.tmall.com

北京鑫海金澳胶印有限公司印刷　各地新华书店经销

成品尺寸：185mm×260mm　16 开　20.25 印张　382 000 字

2021 年 10 月第 1 版　2024 年 7 月北京第 2 次印制

定价：49.00 元

ISBN 978-7-5223-0843-2

（图书出现印装问题，本社负责调换，电话：010-88190548）

本社质量投诉电话：010-88190744

打击盗版举报热线：010-88191661　QQ：2242791300

前　言

高等职业教育的主要任务是培养复合型技术技能人才，这一任务要求改革传统的专业人才培养模式，其中就包括对课程教学内容的重新定位。编写适用于高职教育的教材是实现人才培养模式转变的重要基础。本教材的编者都是多年从事成本核算与管理教学的教师。本教材是由这些教师根据多年的工作经验和教学体会，参考国内外众多成本核算与管理著作合作编写而成的。

本教材的特色体现在以下几方面：一是落实课程思政要求。实现知识传授、价值塑造和能力培养的多元统一，尤其是突出职业道德与工匠精神的培养，培养学习者精益求精的精神，Excel 公式中的每一个字符、每一个标点正确与否都影响着成本核算的准确性。二是落实课程数字化改造要求。本教材在强化手工实操的同时，在成本计算的实例及附录中引入 Excel 计算，详细给出相关 Excel 计算公式，使读者能直接运用到实务工作中去，零距离对接实际工作。三是突出财务能力的培养。在兼顾成本核算与管理学科内容相对完整的前提下，着重介绍成本核算与管理核算的技能和方法，以加强对成本核算技能的培养。四是突出学生主体。为便于学生消化吸收教材内容，每个项目开始时都指明了学习目标，末尾都有"巩固与提高"，有效帮助学生复习和巩固所学知识，并进行相关能力训练。

本教材由湖南商务职业技术学院毛政珍、张亚清和湖南有色金属职业技术学院王伟担任主编，由湖南商务职业技术学院赵媛媛、张镱凡、何芳玲担任副主编。具体编写分工如下：毛政珍编写第一章及附录，张亚清编写第二章，王伟编写第四章，赵媛媛编写第三章，张镱凡编写第六章，何芳玲编写第五章和第七章。毛政珍、张亚清对本教材进行了统稿审阅。

在编写本教材过程中，编者参考了大量成本核算与管理方面的著作，在此向这些作者一并表示衷心的感谢。受学识水平所限，书中疏漏和不足之处在所难免，真诚希望读者批评指正，并提出宝贵意见和建议，以便进一步修改、完善。

本教材课程介绍见封底二维码，另外，本教材为用书学校准备了习题答案，如有需要，请以电子邮件形式向中国财政经济出版社索取（请注明：学校、全书名称、ISBN、版次）：Email：caijingjiaocai@163.com。

编者
2021年10月

目　录

项目一　总　论 ……………………………………………………………… 1
　　任务一　成本的内涵和作用 ……………………………………………… 1
　　任务二　成本核算与管理的演进发展 …………………………………… 3
　　任务三　成本核算与管理的职能和任务 ………………………………… 6
　　任务四　成本对象的含义、特点及构成要素 …………………………… 9
　　任务五　成本核算与管理的基础工作 …………………………………… 10

项目二　制造企业的成本核算概述 ………………………………………… 16
　　任务一　成本核算的要求 ………………………………………………… 16
　　任务二　生产费用概述 …………………………………………………… 18
　　任务三　成本核算的一般程序 …………………………………………… 21

项目三　费用在各种产品以及期间费用之间的归集与分配 ……………… 26
　　任务一　各项要素费用的分配 …………………………………………… 26
　　任务二　辅助生产费用的归集与分配 …………………………………… 54
　　任务三　制造费用的归集与分配 ………………………………………… 73
　　任务四　损失性费用的归集与分配 ……………………………………… 78
　　任务五　计算完工产品成本 ……………………………………………… 86

项目四　产品成本计算方法概述 …………………………………………… 141
　　任务一　熟悉生产的分类 ………………………………………………… 141
　　任务二　影响产品成本计算方法的因素 ………………………………… 143
　　任务三　产品成本计算的方法 …………………………………………… 145

项目五　产品成本计算的基本方法 ………………………………………… 149
　　任务一　品种法 …………………………………………………………… 149

任务二　分批法 ……………………………………………………………… 168
　　任务三　分步法 ……………………………………………………………… 178

项目六　产品成本计算的辅助方法 ………………………………………………… 236
　　任务一　分类法 ……………………………………………………………… 236
　　任务二　定额法 ……………………………………………………………… 241
　　任务三　标准成本法 ………………………………………………………… 245

项目七　成本报表、成本分析与成本预算 ………………………………………… 263
　　任务一　成本报表概述 ……………………………………………………… 263
　　任务二　成本报表的编制 …………………………………………………… 265
　　任务三　成本分析 …………………………………………………………… 270
　　任务四　成本预算 …………………………………………………………… 288

附　　录　Excel 在成本核算与管理中的应用 …………………………………… 299

项目一

总 论

项目导入

在市场经济体制下，企业的竞争主要是产品价格和质量的竞争，而产品价格的竞争取决于产品成本的高低，可以说，产品的生产成本关系着企业的兴衰。正因为如此，如何正确地核算和分析产品成本，为企业管理层提供有价值的成本信息，就成为财务工作者的重要工作内容之一。了解成本核算与管理的工作内容是做好成本核算与管理工作的第一步。

学习目标

在掌握成本核算与管理工作内容的基础上，能够结合企业的实际情况，恰当组织企业的成本核算工作。

知识准备

任务一　成本的内涵和作用

一、成本的含义

成本是商品经济的产物，是商品经济中的一个经济范畴，是商品价值的主要组成部分。

根据不同的经济环境、不同的行业特点，人们对成本的内涵有不同的理解。但是，成本的经济内容归纳起来有两点是共同的：一是成本的形成是以某种目标为对象的。目标可以是有形的产品或无形的产品，如新技术、新工艺；也可以是某种服务，如教育、卫生系统的服务目标。二是成本是为实现一定的目标而发生的耗费，没有目标的支出是一种损失，不能叫作成本。

二、成本与费用

成本是指生产某种产品、完成某个项目或者说完成某件事情的代价，即发生的耗费总和，是对象化的费用。费用是指企业在获取当期收入的过程中，对企业所拥有或控制的资产的耗费，是与会计期间与收入相配比的成本。成本代表经济资源的牺牲，而费用是会计期间为获得收益而发生的成本。

在财务会计中，成本可以分为未耗成本与已耗成本两大类。未耗成本是指可在未来的会计期间产生收益的支出，此类成本在资产负债表中列为资产项目。已耗成本是指在本会计期间内已经消耗且在未来会计期间不会创造收益的支出。这类成本又可分为费用和损失，前者在损益表中列为当期收益的减项，后者则因无相应收益，而在损益表中列为营业外支出等项目。

> **课内思考**
>
> 某玩具厂本月发生如下费用：
> 1. 车间设备因修理停工，发生停工损失 2 000 元。
> 2. 购入固定资产支付 20 000 元。
> 3. 为生产玩具发生 80 000 元材料费。
> 4. 支付滞纳金 1 500 元。
>
> 请问：
> 1. 上述发生的费用，哪些应计入成本？哪些不应列入成本？
> 2. 上述应计入产品成本的费用为多少？

三、成本的作用

（一）企业补偿生产耗费的主要尺度

企业要维持简单再生产、进行持续经营的必要条件是必须补偿其在生产中发生的耗费，成本就是生产耗费补偿的价值尺度。

（二）企业衡量经营管理水平的重要指标

产品成本水平是企业生产技术和经营管理水平的综合反映。企业劳动生产率、原材料的利用程度、固定资产的使用效率、资金运用的节约程度、生产工艺过程的合理程度、生产组织的协调水平、产品质量、产品产量、企业定额或预算管理工作水平、经营管理水平等，都会通过成本直接或间接地体现出来。因此，成本是衡量企业经营管理水平的重要标志。

（三）企业制定产品价格的核心基础

企业在制定产品价格时，既要考虑产品的市场需求状态和消费水平等因素，又要考虑产品的耗费成本；既要考虑企业的个别生产成本，又要考虑社会平均成本。

（四）企业进行生产经营决策的重要数据

企业为了未来的利益，在进行生产、技术和投资决策时，与备选方案相联系的各种形式的未来成本是进行经营决策、选择最优方案的重要依据。同时，产品成本也是企业确定经营损益的重要依据，只有抵补了生产经营过程中发生的耗费后，企业才有可能盈利。

> **课内思考**
> 1. 在甲部门被认定不可控的成本，在乙部门也一定不可控吗？为什么？
> 2. 在哪个阶段进行成本控制最为关键？为什么？

任务二　成本核算与管理的演进发展

成本核算与管理是为了适应特定的经济发展的要求而产生的，并在与外部环境的相互作用中发展。

一、成本核算与管理的产生和发展

成本核算与管理先后经历了早期成本核算与管理、近代成本核算与管理和现代成本核算与管理三个阶段。成本核算与管理的方式和理论体系随着发展阶段的不同而有所不同。

（一）早期成本核算与管理阶段（1880—1920）

从成本核算与管理的方式来看，在早期成本核算与管理阶段，主要采用分批法或分步法成本核算与管理制度；从成本核算与管理的目的来看，计算产品成本是为了确定存货成本及销售成本。所以，初创阶段的成本核算与管理也称为记录型成本核算与管理。

（二）近代成本核算与管理阶段（1921—1945）

近代成本核算与管理主要采用标准成本制度和成本预测，为生产过程的成本控制提供条件。以标准成本系统为基础的责任成本控制系统的形成和发展是成本核算与管理的第二次革命。

（三）现代成本核算与管理阶段（1946年至今）

现代成本核算与管理是成本核算与管理与管理会计的直接结合，它根据成本核算和其他资料，采用现代数学和数理统计的原理与方法，建立数量化的管理技术，用来帮助人们按照成本最优化的要求，对企业的生产经营活动进行预测、决策、控制、分析、考核，促使企业的生产经营实现最优化运转，以提高企业的市场适应和竞争能力。因此，现代成本核算与管理是广义的成本核算与管理，实际上就是成本管理。

二、财务会计、管理会计与成本核算与管理的关系

现代会计系统大体可分为财务会计和管理会计两类。财务会计主要是为投资者、债权人、政府机构以及其他的企业外部使用者提供经营成果、财务状况及其变动信息，其主要目的是发挥会计信息的社会职能；财务会计关注过去发生的事情，为满足客观性、可验证性以及一致性的要求，必须受制于公认会计原则（Generally Accepted Accounting Principles，GAAP）。而管理会计主要为企业内部各级管理人员提供各种相关的管理信息，主要目的是协助其实现组织目标，一般不受限于公认会计原则；管理会计强调未来，除了提供历史报告外，还提供预算和其他预测信息。

成本核算与管理是财务会计与管理会计的混合物，是计算及提供成本信息的会计方法。成本核算与管理主要处理企业获取和消耗资源的成本及其相关信息，它需要向财务会计和管理会计提供必要的数据。财务会计要依据成本核算与管理提供的有关资料进行资产计价和收益确定，而成本的形成、归集和结转程序也要纳入以复式记账法为基础的财务会计总框架中，因此，成本数据往往被企业外部信息使用者用于对企业管理当局业绩的评价，并据此做出投资决策。同样，成本核算与管理提供的成本数据往往被企业管理当局作为决策的依据或用于对企业内部管理人员的业绩评价。可见，成本核算与管理提供的成本信息既可以用于财务会计编制财务报表，又可满足企业内部管理人员进行决策或业绩评价的需要。因此，就财务报表的编制而言，成本核算与管理附属于财务会计；但从管理角度来看，成本核算与管理也是管理会计的一个组成部分。进一步讲，财务会计与管理会计都必须依赖于成本核算与管理系统所提供的信息。

三、新制造环境与成本核算与管理

新的制造环境对成本核算与管理提出的挑战主要表现在以下几方面。

(一)产业结构的变化

近年来,随着传统支柱产业的重要性逐渐下降,经济中服务业的重要性不断上升。迅速发展起来的服务业改变了整个产业的结构,这种影响随着旅游业、银行业、保险业以及电信业等市场的开放而扩大。由于与制造业相比,服务业最终产出的成果难以确认,同时,许多制造业面临的问题(如质量、生产率、成本效率、顾客满意等)也开始困扰服务业,因此,成本核算与管理人员必须花费更多的精力和时间,寻求更精确的成本核算与管理方法,从而估算出各项产出或服务项目的实际成本,为管理人员制定决策提供必要的信息。

(二)高科技生产技术

在高科技蓬勃发展的新形势下,随着计算机数控机床和机器人、计算机辅助设计、计算机辅助生产以及弹性制造系统等高科技成果在生产中的广泛应用,企业生产组织和生产管理显示出许多根本性的变革。由于当前许多企业已利用计算机辅助方法来生产产品、推销产品或提供劳务,因此,产业状态已从过去的劳动力密集转变为资本密集与技术密集,直接人工成本在总成本中所占的比例从20世纪70年代的40%急速下降到10%左右,在某些高科技产业已下降到不足生产成本的5%。与此同时,间接制造成本在总成本中所占的比例大幅度提高,其构成内容也更加复杂,这就要求成本核算与管理人员必须更深入地了解间接制造成本产生的原因,即成本动因,以避免间接制造成本分配不当导致做出错误的管理决策。

(三)适时生产系统

传统的制造系统是推动式系统(push-through system),这意味着生产是沿着整个系统向前推进的,然后要尽力将所生产的产品都销售出去。如果产量大于销量,那么就产生了产成品存货。为了适应新的制造环境,需求拉动式系统(如适时生产系统)便应运而生。适时生产(just-in-time production,JIT)系统是一种严格以需求带动生产的管理方法。采用适时生产系统,产品只在需要时才保质保量地生产或采购,实现零存货(zero inventory),以达到降低成本与提高质量的目的。适时生产系统通常将存货数量减少到远低于传统系统的水平,更强调质量控制,并使生产组织和实施方式发生根本性的改变。从传统的制造环境转变为适时生产系统,能让企业会计人员在为准备外部报告而评价存货价值方面花费较少的时间,从而把更多的精力集中在质量和生产效率等问题上,同时也使成本计算的准确性大大提高,因为在适时生产系统中,成本的可溯性大为增强。

四、全面质量管理

随着消费者自我保护意识的增强，质量成为企业在竞争中取胜的重要因素。制造优异是企业在当今全球激烈竞争的环境中生存的关键。许多企业已经实现了全面质量管理（total quality control，TQC），这意味着整个组织要进行优化管理，最后由顾客认定质量。全面质量管理等新观念、新理论和新方法的相继形成，对作为企业管理工具的成本核算与管理提出了新的挑战。因此，不论制造业还是服务业，质量成本的计量和报告都是现代成本核算与管理系统的主要特征，这就要求成本核算与管理人员在以往质量成本核算的基础上，根据全面质量管理的要求，通过质量成本决策、最佳成本模型和质量成本综合控制等方法进行系统管理，以全面降低质量成本，提高产品的社会效益、企业效益和用户效益；同时，这种具有激励作用的全面质量管理制度影响着会计人员的业绩考核，它要求在提供业绩评价的信息时，也提供一些非财务性的相关信息，如质量成本报告、质量成本趋势报告和质量成本业绩报告等。

五、以作业为基础的成本计算制度

以作业为基础的成本计算制度（activity-based costing system，ABC制度），它是以生产的计算机化、自动化为基础，同适时制与全面质量管理紧密结合的一种成本计算与成本管理相结合的方法。现在，作业基础成本法作为一种产品成本计算方法，其应用越来越广泛，特别在竞争激烈和直接人工成本较低的行业更是如此。作业基础成本法的特点是制造费用核算过程变得大大明细了，它要求先将作业成本追溯到各项作业，如质量检验、机器维修、产品设计以及销售等活动，然后追溯到消耗这些作业的产品或顾客。与传统的成本计算方法相比，作业基础成本法更详细，也更复杂，但它大大提高了成本分配的准确性，同时也有助于管理人员确定不增加价值但耗费资源的作业活动。成本计算制度对正确进行经营决策、加强成本控制、促进成本的降低都具有重要意义。

任务三　成本核算与管理的职能和任务

一、成本核算与管理的职能

（一）成本预测

成本预测是指根据与成本有关的各种数据及其各种技术经济因素之间的依存关系，采用一定的程序、方法和模型，对未来的成本水平及其变化趋势做出科学的推测。

（二）成本决策

成本决策是指在成本预测的基础上，按照既定或要求的目标，运用专门的方法，在若干个与生产经营和成本有关的方案中，选择最优方案，据以制定目标成本。

（三）成本计划

成本计划是根据成本决策所制定的目标成本，具体规定在计划期内为完成生产任务所需支出的成本、费用，确定各种产品的成本水平，并提出为达到目标成本水平所应采用的各种措施。

（四）成本控制

成本控制是指在生产经营过程中，根据成本计划具体制定原材料、燃料、动力、工时等消耗定额和各项费用定额，对各项实际发生的成本、费用进行审核、控制，并及时反馈实际费用与标准之间的差异及其原因，进而采取措施，以保证成本计划的顺利执行。

（五）成本核算

成本核算是对生产经营过程中实际发生的成本、费用按照一定的对象和标准进行归集与分配，并采用适当的成本计算方法，计算出总成本和单位成本。

（六）成本分析

成本分析是根据成本核算所提供的成本数据和其他有关资料，通过与本期计划成本、上年同期实际成本、本企业历史先进成本水平，以及国内外先进企业的成本等进行比较，分析成本水平与构成的变动情况，研究成本变动的因素和原因，挖掘降低成本的潜力。

（七）成本考核

成本考核是指企业将计划成本或目标成本指标进行分解，制定企业内部的成本考核指标，分别下达给各内部责任单位，明确它们在完成成本指标时的经济责任，并定期对成本计划的执行结果进行评定和考核。

在成本核算与管理的各个职能中，成本核算是最基本的职能，它提供企业管理所需的成本信息资料。没有成本核算，成本预测、成本决策、成本计划、成本控制、成本分析和成本考核都无法进行。同时，成本核算也是对成本计划预期目标是否实现的最后检验，因而，没有成本核算，就没有成本核算与管理。成本核算与管理的其他职能正是在成本核算的基础上，随着企业经营管理要求的提高和管理科学的发展，随着成本核算与管理与管理科学日益结合，逐步发展形成的。成本预测是成本核算与管理的第一个环节，它是成本决策的前提；成本决策既是成本预测的结果，又是制订成本计划的依据，在成本核算与管理中居于中心地位；成本计划是成本决策的具体化；成本控制是对成本计划的实施进行监督，是实现成本决策既定目标的保证；成本分析和成本考核是实现成本决策与成本计划目标的有效手段。

成本核算与管理的各个职能是相互联系、互为条件的，贯穿于企业生产经营活动的全过程，在全过程中发挥作用。

二、成本核算与管理的任务

成本核算与管理的任务由企业经营管理的要求决定，同时，还受到成本核算与管理对象的制约。

（一）正确计算成本，及时提供成本信息

正确计算成本是成本核算与管理的核心内容。正确、及时地进行成本核算，能够反映成本计划的执行情况，为企业经营决策提供成本信息，并能按规定为国民经济管理提供必要的成本数据。对财务会计来说，成本计算最主要的目的是正确计算存货成本，并在此基础上计算和确定本期的净收益，以便反映企业的财务状况和经营成果。

（二）优化成本决策，确立目标成本

成本资料反映了企业在某一经营方案中的实际耗费水平。当企业的经营活动具有多个可供选择的经营方案时，就必须从各个可行方案中选择所耗最少的方案，使成本最优化。成本预测和成本决策是具有密切联系的。加强成本预测是优化成本决策的前提，而优化成本决策是加强成本预测的结果。成本计算除了为财务会计提供有关资产和费用计量的基本数据资料外，更主要的在于为管理会计提供做出经营管理决策和进行业绩考核所需要的数据资料。

（三）制定目标成本，加强成本控制

根据成本最优化所确定的成本称为目标成本。实行目标成本管理能为企业提高经济效益提供可靠的保证。目标成本是企业在一定时期内为保证实现目标利润而制定的成本控制指标。目标成本制定正确与否对于成本控制的有效性有重要影响。成本控制是在目标成本分解的基础上进行的。要加强成本控制，必须对目标成本的分解指标进行归口分级控制；要以产品成本形成的全过程为对象，结合生产经营过程各阶段的不同性质和特点进行有效的控制；必须从人力、物力和财力的使用效果来衡量，着眼于工作的改进和成本效益的提高。

（四）建立责任成本制度，加强成本考核

责任成本制度是对企业各部门、各层次和执行人员在成本方面的职责所做的规定，它有利于提高职工降低成本的责任心和积极性。建立责任成本制度，要把成本责任指标分解落实，使企业生产经营各部门、各层次和每个员工都承担一定的责任成本，并把责权利相结合，以增强企业活力。

成本考核是责任成本制顺利贯彻的保证。通过成本考核，可以分清责任，正确评价各部门的工作，起到鼓励先进、鞭策落后的作用。因此，成本考核必须与成本责任制结合起来，奖惩分明，把成本管理与每个员工的切身利益紧密结合起来，促使各责任部门积极采取有效措施，改进工作，努力降低成本，从而取得更大的经济效益。

任务四　成本对象的含义、特点及构成要素

一、成本对象的含义

成本对象（cost objective）是为了计算经营业务成本而确定的，用来归集经营费用的各个对象，是成本的承担者。成本对象可以是一种产品、一项服务、一位顾客、一张订单、一纸合同、一个作业，或是一个部门。

近年来，作业开始成为重要的成本对象。作业是一个组织内部分工的基本单元。作业还可以定义为组织内行动的集合，有助于管理人员进行计划、控制和决策。在成本分配中，作业扮演着重要的角色，成为现代成本核算与管理系统的必要组成部分。

成本核算与管理不仅要在工业企业进行，在其他行业也要进行。所以，成本对象可以概括为：各行业企业生产经营业务的成本和有关的经营管理费用，简称成本、费用。

二、成本对象的特点

产品有有形产品和无形产品两种。生产有形产品的企业称为生产性企业，提供无形产品（服务）的企业称为劳务性企业。有形产品是指通过耗用人工以及工厂、土地和机器等资本，对原材料进行加工，从而制成的产品。例如，电视机、计算机、家具、服装和饮料等都是有形产品。无形产品是指为顾客开展的各项任务或作业，或是顾客使用组织的产品或设施自行开展的作业，即为顾客提供服务。服务也需要耗用材料、人工和投入资本。例如，保险服务、旅游服务、咨询服务等属于向顾客提供的服务；汽车租赁、电话出租和保龄球等是顾客使用组织的产品或设施。

无形产品（服务）与有形产品相比，主要有四大方面的差别：无形性、瞬时性、不可分割性和多样性。无形性是指某项服务的购买者在购买之前无法直接感觉到该项服务

的存在，因而服务是无形产品。瞬时性是指顾客只能即时享受服务，而不能将其储存到未来。不可分割性是指服务的提供者与购买者通常有直接的接触，以使交换得以发生。多样性是指服务的提供比产品的生产有着更大的差异性，提供服务的工人会受到所从事工作、工作伙伴、教育程度、工作经验、个人因素等的影响。

三、成本对象的构成要素

成本对象由以下三个要素构成：

（一）成本计算实体

成本计算实体是指承担费用的企业经营成果的实物形态。对于生产性企业而言，成本计算实体可以划分为某种产品、某批产品和某类产品的产成品或半成品；对于劳务性企业而言，往往不存在有形的成本计算实体，而只能确定劳务的性质，如运输企业的货运和客运、商贸企业的批发和零售等。

（二）成本计算期

成本计算期是指归集费用、计算企业成本所规定的起讫日期，也就是每次计算成本的期间。生产性企业的成本计算期按其生产特点，可分为产品的生产周期和日历月份；劳务性企业一般均以日历月份为成本计算期。

（三）成本计算空间

成本计算空间是指费用发生并能组织企业成本计算的地点（部门、单位）。生产性企业的成本计算空间可分为全厂和各生产步骤；劳务性企业的成本计算空间可划分为各部门和各单位。

任务五　成本核算与管理的基础工作

一、正确确定财产物资的计价和价值结转的方法

对于企业拥有的财产物资，其价值要随着经营活动过程中的使用消耗转移到成本费用中。这种转移额的大小取决于企业采用的会计政策。由于会计政策在具体使用中有不同的选择，如存货计价是采用先进先出法还是月末一次加权平均法，固定资产折旧采用使用年限法还是加速折旧法，不同财产物资的计价和价值结转的方法会给企业带来不同的核算结果。因此，财产物资的计价和价值结转方法也是影响成本计算准确性的一个重

要因素。为了保证成本指标的合理性、准确性和可比性，企业在成本计算时，应在诸多可选择的财产物资的计价和价值转移方法中选择适合企业的处理方法。这些方法一经企业选用，就应保持稳定，不能随意改动，不能人为地调节成本费用和利润。

二、建立健全成本核算制度

为了加强成本管理，正确计算成本费用，必须制定好各项成本核算制度。

（一）建立健全有关原始记录的收集整理制度

原始记录是做好成本核算工作的首要条件。进行成本核算和成本分析，都要以数据可靠、内容齐全的原始记录为依据。

（二）制定必要的消耗定额

定额是企业进行生产经营活动中，人力、物力、财力的配备、利用和消耗以及获得的成果等方面所应遵循的标准或达到的水平。制定合理的消耗定额是成本核算与管理中编制成本计划，进行成本核算、成本控制和成本分析的重要基础。

（三）建立健全材料物资的计量、收发、领退和盘点制度

企业中物资的收发、领退都要认真计量，填制必要的凭证，办理必要的手续。做好这项工作，不仅是正确计算成本的必要条件，也是加强物资管理、资金管理的有效措施。

（四）制定内部结算价格和内部结算制度

为了分清企业内部各单位的经济责任，简化和加速成本费用的核算工作，必须制定厂内计划价格和相应的内部结算制度。

三、建立健全成本考核制度

成本责任制的建立健全是进行有效成本管理的保证。要完善成本责任制，必须做好如下几项工作：

（一）建立健全责任成本制度

为了企业推行责任成本制度，合理考核和分析每一责任单位成本和业绩，应创造条件计算出每一责任单位的责任成本。

（二）建立健全内部成本管理体系

在成本管理中，内部成本管理体系是一个非常复杂的系统。该系统的完善与否、运

行是否合理，涉及企业生产经营各个领域、环节及所有部门、职工能否一致地服务于成本目标的实现，并直接关系成本责任制能否顺利推行。因此，应建立一个运行自如、合理的内部成本管理体系，并使之逐步完善。

（三）建立健全成本考核制度

在成本核算与管理制度中，不但要计算成本，对成本指标进行分析，而且需要进行考核。应当建立一套成本考核的收集、整理、对比、计算方法和程序，使成本考核成为制度。

（四）建立健全成本责任奖惩制度

在计算出经营成本及责任成本之后，应对各责任单位发生的可控成本进行分析和考核，实行规范、严格的奖惩制度，以鼓励先进、督促落后，促使企业的竞争能力不断增强。

巩固与提高

一、单项选择题

1. 成本核算与管理是会计的一个分支，是一种专业会计，其对象是（　　）。
   A. 企业　　　　　B. 成本　　　　　C. 资金　　　　　D. 会计主体
2. 成本核算与管理最基本的职能是（　　）。
   A. 成本预测　　　B. 成本决策　　　C. 成本核算　　　D. 成本考核
3. 成本核算与管理的环节是指成本核算与管理应做的几个方面的工作，其基础是（　　）。
   A. 成本控制　　　B. 成本核算　　　C. 成本分析　　　D. 成本考核
4. 成本核算与管理的一般对象可以概括为（　　）。
   A. 各行业企业生产经营业务的成本
   B. 各行业企业有关的经营管理费用
   C. 各行业企业生产经营业务的成本和有关的经营管理费用
   D. 各行业企业生产经营业务的成本、有关的经营管理费用和各项专项成本
5. 实际工作中的产品成本是指（　　）。
   A. 产品的生产成本
   B. 产品生产的变动成本
   C. 产品所耗费的全部成本
   D. 生产过程中已经耗费的、用货币额表现的生产资料的价值
6. 产品成本是指（　　）。

A. 企业为生产一定种类、一定数量的产品所支出的各种生产费用的总和

B. 企业在一定时期内发生的、用货币额表现的生产耗费

C. 企业在生产过程中已经耗费的、用货币额表现的生产资料的价值

D. 企业为生产某种、某类、某批产品所支出的一种特有的费用

7. 按产品的理论成本，不应计入产品成本的是（　　）。

A. 生产管理人员的工资　　　　B. 废品损失

C. 生产用动力　　　　　　　　D. 设备维修费用

8. 所谓理论成本，就是按照马克思的价值学说计算的成本，它主要包括（　　）。

A. 已耗费的生产资料转移的价值

B. 劳动者为自己劳动所创造的价值

C. 劳动者为社会劳动所创造的价值

D. 已耗费的生产资料转移的价值和劳动者为自己劳动所创造的价值

9. 正确计算产品成本，应该做好的基础工作是（　　）。

A. 各种费用的分配　　　　　　B. 正确划分各种费用之间的界限

C. 建立和健全原始记录工作　　D. 确定成本计算对象

10. 集中核算方式和分散核算方式是指（　　）的分工方式。

A. 企业内部各级成本核算与管理机构　　B. 企业内部成本核算与管理职能

C. 企业内部成本核算与管理对象　　　　D. 企业内部成本核算与管理任务

二、多项选择题

1. 产品的理论成本是由产品生产所耗费的若干价值构成的，包括（　　）。

A. 剩余价值　　　　　　　　　B. 劳动者为社会创造的价值

C. 生产中消耗的生产资料的价值　　D. 劳动者为自己的劳动所创造的价值

E. 劳动者为社会创造的价值

2. 成本核算与管理的环节是指成本核算与管理工作应该做好的几个方面，具体包括（　　）。

A. 成本预测和成本决策　　　　B. 成本核算和成本控制

C. 成本考核和成本分析　　　　D. 成本计划

E. 设置成本核算机构

3. 现代成本核算与管理的对象应该包括各行业企业的（　　）。

A. 生产经营业务成本　　　　　B. 经营管理费用

C. 专项成本　　　　　　　　　D. 机会成本

E. 可控成本

4. 企业成本核算与管理工作组织有集中工作方式和分散工作方式两种，具体应用哪一种方式，应考虑的因素有（　　）。

A. 企业规模大小

B. 成本核算与管理人员的数量和素质

C. 是否有利于成本核算与管理作用的发挥

D. 经营管理的要求

E. 是否有利于提高工作效率

5. 在成本核算与管理的基础工作中，要建立健全的原始记录主要包括（   ）。

A. 材料物资方面的原始记录　　　　B. 劳动资源方面的原始记录

C. 设备使用方面的原始记录　　　　D. 费用开支方面的原始记录

E. 银行存款方面的原始记录

6. 成本核算与管理的任务主要包括（   ）。

A. 正确计算成本，及时提供成本信息　　B. 优化成本决策，确立目标成本

C. 制定目标成本，加强成本控制　　　　D. 建立责任成本制度，加强成本考核

E. 为报表使用者提供会计信息

7. 以下关于管理会计、财务会计与成本核算与管理的关系表述正确的有（   ）。

A. 成本核算与管理是财务会计与管理会计的混合物

B. 从管理来看，成本核算与管理是管理会计的一个组成部分

C. 就财务报表的编制而言，成本核算与管理附属于财务会计

D. 财务会计和管理会计都必须依赖于成本核算与管理系统所提供的信息

E. 成本核算与管理比财务会计、管理会计更重要

8. 以下关于成本与费用的关系表述正确的有（   ）。

A. 成本是对象化的费用

B. 费用是会计期间与收入相配比的成本

C. 成本代表经济资源的牺牲，而费用是会计期间为获得收益而发生的成本

D. 企业一定期间的成本就等于费用

E. 产品成本就是生产产品发生的费用

9. 以下属于成本核算与管理职能的有（   ）。

A. 成本决策　　　　　　　　　B. 成本计划

C. 成本控制　　　　　　　　　D. 成本分析

E. 成本预测

10. 成本核算对象可以是（   ）。

A. 一种产品　　　　　　　　　B. 一项服务

C. 一个作业　　　　　　　　　D. 一个部门

E. 一张订单

三、判断题

1. 在成本核算与管理的各个环节中，成本预测是基础；如果没有成本预测，其他环节都无法进行，就不会有成本核算与管理。（   ）

2. 在进行成本预测、成本决策和编制成本计划的过程中，也应进行成本控制，这种成本控制称为成本的事后控制。（   ）

3. 企业生产经营活动的原始记录是进行成本预测、编制成本计划、进行成本核算的依据。（   ）

4. 因为成本是产品价值的组成部分，所以成本必然会通过销售收入得到补偿。（   ）

5. 从理论上讲，商品价值中的补偿部分就是商品的理论成本。（   ）

6. 成本核算与管理的成本决策职能是成本预测职能的前提。（   ）

7. 工业企业发生的各项费用都应计入产品成本。（   ）

8. 在实际工作中，确定成本的开支范围应以成本的经济实质为理论依据。（   ）

9. 产品成本就是产品的制造成本。（   ）

10. 产品成本是生产产品时发生的各种制造费用之和。（   ）

制造企业的成本核算概述

项目导入

制造企业是专门从事产品生产的企业。制造企业成本核算是对企业生产经营过程中发生的生产费用，按经济用途进行分类，并按一定的对象和标准进行归集与分配，以计算、确定各对象的总成本和单位成本。通过成本核算所提供的实际成本资料与计划成本等目标成本相比较，可以了解成本计划的完成情况。这些成本资料是制定产品价格的依据，也是进行成本分析和成本考核的依据。

学习目标

通过了解制造企业成本核算的要求和程序，为制造企业的成本核算打好基础。

知识准备

任务一　成本核算的要求

为了做好成本核算工作、充分发挥成本核算的作用，在成本核算中，应符合以下各项要求。

一、正确划分各种支出的界限

一个会计主体在其业务活动中，会发生多种性质的支出。除与正常生产经营活动有关的支出以外，还有资本性支出、福利性支出、营业外支出等。在企业支出中，只有与正常生产经营活动有关的支出，才称为生产经营费用（产品成本和期间费用）。为了正确计算产品成本和期间费用，首先应当正确划分应计入产品成本和期间费用的生产经营费用与不应计入产品成本和期间费用的其他各种支出的界限。正确划分各种支出的界限，也叫作严格费用成本的开支范围。例如，企业购置和建造固定资产、无形资产以及其他资产的支出、对外投资的支出等，都属于资本性支出，应计入有关资产的价值，不能计入费用成本；企业因各种原因支付的滞纳金、罚款、违约金、赔偿金，各种捐赠、赞助支出，以及被没收的财物等，都与企业的正常生产经营活动没有直接关系，只能列入企业营业外支出或在企业缴纳所得税后的利润中开支，不能计入费用成本；此外，国家统一的会计制度规定不得列入费用成本的其他支出，企业都不能擅自列入费用成本。

二、正确划分费用和成本的界限

在正确区分各种支出的基础上，还应当正确划分产品成本和期间费用的界限。企业的生产经营费用包括生产费用和期间费用，其中，生产费用构成产品制造成本，期间费用直接计入当期损益。为了正确计算产品成本和营业损益，对于应计入产品成本的费用，企业不得将其列入期间费用；对于应列入期间费用的支出，企业不得将其计入产品成本。

三、正确划分各期费用成本的界限

对于可以计入产品成本的费用，应当根据权责发生制原则，正确划分各期费用成本的界限。按照权责发生制原则，凡是本期已经发生的费用成本，不论其款项是否已经付出，都应当作为本期费用成本入账；凡是不属于本期的费用成本，即使款项已经在本期付出，也不应当作为本期的费用成本处理。正确划分各期费用成本的界限，是正确计算各期（月）产品成本和各期（月）营业损益的需要。为了按期结算费用、计算产品成本，企业发生的不能全部计入当年损益，应在以后年度内分期摊销的租入固定资产改良支出、固定资产修理支出以及摊销期限在一年以上的其他待摊费用，应当记作长期待摊费用，在受益期限内平均摊销。企业应由本期（月）负担而尚未支付的费用，应当作为应付费用计入本期有关费用成本。为了防止虚列费用成本，在费用尚未发生以前，对于需要从费用成本（产品成本和期间费用）中预提的费用项目和标准，企业根据具体情况确定以后，应报主管财政机关备案。当费用预提数与实际支付数发生差异时，应及时调整提取标准。企业预提费用的多提数一般应在年终冲减原多计的费用成本，年终财务决算时不留余额。预提费用年终需要保留余额的，应当在企业年度财务会计报告中予以说明。严格掌握长期待摊费用和预提费用的摊销与预提，对于如实反映各期费用、正确计算各期产品成本有重要意义。要注意防止利用长期待摊费用和预提费用项目来调节各期费用成本，虚增或虚减企业利润的错误做法。

四、正确划分各种产品成本的界限

为了正确计算各种产品成本，计入本期产品成本的各项费用还必须在各种产品之间进行划分。应计入本期产品成本的各项费用有两种情况：一是能够直接计入某种产品成本的，二是多种产品共同发生的。正确划分各种产品成本的界限，要求凡是能够分清由某种产品负担的费用，应当直接计入该种产品的成本；凡是不能分清由哪种产品负担，即由几种产品共同负担的费用，应按照受益原则，采用合理的分配标准，在各种产品之间进行分配之后，再计入各种产品的成本。

五、正确划分完工产品成本与期末在产品成本的界限

企业本期发生的生产费用，经过在各种产品之间进行划分，确定了各种产品应负担的费用。为了分期确定损益，企业需要分期计算产品成本。企业期末计算产品成本时，除了本期已完工产品外，还可能有未完工的产品（期末在产品）。这样，为了正确计算出本期完工产品的实际总成本和单位成本，必须正确划分本期完工产品成本与期末在产品成本的界限。在期末计算产品成本时，企业应当注意核实期末在产品的数量和完工程度，采用合理的分配方法，将已计入该种产品成本的费用在完工产品和期末在产品之间进行分配，正确计算完工产品的实际总成本和单位成本。企业不得以计划成本、估计成本或定额成本代替实际成本，不得任意压低或提高完工产品成本和期末在产品成本。

任务二 生产费用概述

一、生产费用和产品成本

制造企业产品的生产过程同时也是生产的耗费过程。在生产经营活动中，会发生各种耗费，如原材料、燃料、辅助材料、动力、机器设备的折旧，还要支付工人和管理人员的劳动报酬以及各项经营管理费用等。制造业在一定时期（一个月、一年）内发生的、能够用货币表现的生产耗费，称为生产费用。为生产一定种类、一定数量的产品所支出的各种生产费用的总和，称为产品成本。

生产费用和产品成本是一对既有区别又有联系的概念。首先，产品成本是对象化的生产费用，产品成本是相对于一定的产品而言发生的费用，它是按照品种等成本计算对象对当期发生的生产费用进行归集所形成的。因此，生产费用的发生过程同时也是产品成本的形成过程。其次，生产费用是指某一期间为进行生产而发生的费用，与一定的期间相联系；产品成本是指为生产一种或几种产品而消耗的生产费用，它与一定种类和数量的产品相联系。

二、生产费用的分类标准

对生产费用进行分类是正确计算产品成本的重要条件。制造企业在生产经营过程中发生的耗费是多种多样的，为了正确地进行成本核算，满足企业成本管理的要求，应对种类繁多的生产费用按照一定的标准进行分类。

（一）按经济内容（性质）分类

生产费用按经济内容（性质）分类，可以反映企业在一定时期内耗费了哪些经济资源、数额各是多少，有利于分析和考核各个时期生产费用的结构与支出水平，为企业编制材料采购资金计划提供资料，也为企业和国家计算工业净产值及国民收入提供依据。

生产费用按经济内容（性质），可分为劳动对象、劳动手段和活劳动方面的耗费，统称为制造企业生产费用的三大要素。具体可分为以下各项费用要素：

1. 外购材料、燃料

外购材料是指企业为进行生产而耗用的一切从外部购入的原料、主要材料、辅助材料、半成品、包装物、修理用备件、低值易耗品；外购燃料是指企业从外部购入的各种燃料，包括液体燃料、气体燃料和固体燃料。

2. 外购动力

外购动力，是指企业为进行生产而耗用的一切从外部购入的各种动力，如供电局提供的电力、热力等。

3. 工资

工资，是指企业所有应计入制造成本和期间费用的工人与职员的工资。

4. 计提的职工福利费

计提的职工福利费，是指企业按照工资总额的一定比例计提的、用于职工福利方面的支出。

5. 折旧费与摊销费

折旧费与摊销费，是指企业按照规定方法计提的固定资产折旧费用，以及无形资产、递延资产的摊销费，不包括出租固定资产的折旧费。

6. 利息支出

利息支出，是指企业按规定计入生产费用的借款利息支出减去利息收入后的净额。

7. 税金

税金，是指企业应缴纳并计入管理费用的各种税金，如房产税、印花税、土地使用税、车船使用税等。

8. 其他支出

其他支出，是指不属于以上各要素的费用支出，如差旅费、办公费、邮电费、租赁费、保险费及诉讼费等。

(二)按其经济用途分类

生产费用按其经济用途,可分为制造成本和非制造成本(期间费用)。

1. 制造成本

制造成本,亦称为生产成本,是指企业为生产一定种类、一定数量的产品所支出的各种生产费用之和。根据制造成本的具体用途,可进一步划分为若干项目,用以反映产品成本的构成。这些项目通常称为产品成本项目。

产品成本项目的划分,要根据管理上的要求来确定。一般可设置"直接材料""直接人工""制造费用"等产品成本项目。

2. 非制造成本(期间费用)

非制造成本,亦称为非生产成本,是指产品在销售和管理过程中发生的各项费用,是与企业的销售、经营和管理活动相关的成本,主要包括销售费用、管理费用和财务费用等。

(三)生产费用的其他分类方法

1. 按其与工艺过程的关系分类

生产费用按其与工艺过程的关系,可以分为直接生产费用和间接生产费用。

(1) 直接生产费用

直接生产费用是指发生的与产品的生产工艺过程直接相关的生产费用。例如,产品生产过程中直接耗用的原材料、生产工人的工资和机器设备的折旧费等。

(2) 间接生产费用

间接生产费用是指发生的与产品的生产工艺过程没有直接关系的生产费用。例如,机物料消耗、辅助生产工人工资和车间厂房的折旧费用等。

2. 按其计入产品成本的方法分类

生产费用按其计入产品成本的方法,可分为直接计入费用和间接计入费用。

(1) 直接计入费用

直接计入费用是指在费用发生时,就能明确归属于某一成本计算对象,并能直接计入该成本计算对象的费用。例如,某种产品生产中单独领用的材料、生产工人的计件工资等。

(2) 间接计入费用

间接计入费用,简称间接费用,是指在费用发生时无法归属于某一成本计算对象,必须先按地点或用途进行归集,然后通过分配间接计入各成本计算对象的费用(一般称为分配计入费用)。例如,制造费用应先按车间归集,然后采用一定的标准分配给本车间生产的各种产品负担。

任务三　成本核算的一般程序

成本核算的一般程序，就是对生产费用进行分类核算，将生产经营过程中发生的各项要素费用按经济用途归类反映的过程。为了将生产费用计入各成本计算对象，计算出各成本计算对象的制造成本，有必要建立一个完整的账户体系。

一、成本核算账户的设置

为了核算产品成本，要设置"生产成本"一级账户。为了分别核算基本生产成本和辅助生产成本，还应在该一级账户下，分别设置"基本生产成本"和"辅助生产成本"两个二级账户。企业根据需要，也可以将"生产成本"账户分设为"基本生产成本"和"辅助生产成本"两个一级账户。

> **课内思考**
>
> 　　如果各企业根据各自生产经营的需要，将"基本生产成本"和"辅助生产成本"直接作为一级科目来核算可以吗？有何依据？

二、产品成本核算的一般程序如下：

（1）根据成本开支范围的规定，审核生产费用支出。根据成本开支范围的规定，对各项费用支出进行严格审核，确定应计入产品成本的费用和不应计入产品成本的期间费用。

（2）编制要素费用分配表。对于生产中产品所耗用的材料，可以根据领料凭证编制材料费用分配表；对于发生的人工费用，可根据产量通知单等产量工时记录凭证编制工资费用分配表等。凡是能直接计入成本计算对象的费用，根据各要素费用分配表，可直接记入"基本生产成本""辅助生产成本"账户及有关明细账户。凡是不能直接计入成本计算对象的费用，应先进行归集，再记入"制造费用"账户及其有关明细账户。

（3）辅助生产费用的归集和分配。归集在"辅助生产成本"账户及其明细账户的费用，除将完工入库的自制工具等产品的成本转为存货成本以外，还应按受益对象和所耗用的劳务数量，编制辅助生产费用分配表，据以登记"基本生产成本""制造费用"等账户及有关明细账户。

（4）制造费用的归集和分配。各基本生产车间的制造费用归集后，应分不同车间，于月终编制制造费用分配表，分配计入本车间的产品成本，记入"基本生产成本"账户及其明细账户。

（5）完工产品成本的确定和结转。经过以上费用分配，各成本计算对象应负担的生产费用已全部记入有关的产品成本明细账。如果当月产品全部完工，则所归集的生产费用为完工产品成本。如果全部未完工，则为期末在产品成本。如果只有部分完工，则需要采用一定的方法，在完工产品与期末在产品之间进行分配，以确定本期完工产品成本，并将完工验收入库的产成品成本从"基本生产成本"账户及其明细账户结转至"库存商品"账户及其明细账户。

（6）已销售产品成本结转。已销售产品成本要从"库存商品"账户及其明细账户转到"主营业务成本"账户及其明细账户。

巩固与提高

一、单项选择题

1. 下列各项中，属于产品生产成本项目的是（　　）。
   A. 外购动力费　　　B. 制造费用　　　C. 工资费用　　　D. 折旧费用
2. 属于产品成本项目的是（　　）。
   A. 外购材料费用　　B. 职工工资　　　C. 折旧费用　　　D. 制造费用
3. 下列各项中，应计入产品生产成本的费用是（　　）。
   A. 广告费　　　　　　　　　　　　B. 租入办公设备的租赁费
   C. 生产工人的工资　　　　　　　　D. 利息支出
4. 下列各项中，不能计入产品生产成本的费用是（　　）。
   A. 燃料和动力费　　　　　　　　　B. 生产工人的工资及福利费
   C. 车间管理人员的工资及福利费　　D. 期间费用
5. 下列各项中，理应计入产品成本的费用是（　　）。
   A. 职工教育经费　　　　　　　　　B. 生产车间机器设备的折旧费
   C. 技术服务部门设备的修理费　　　D. 仓库设备的修理费
6. 根据工业企业费用要素的划分，下列各项中，不属于"外购材料"项目的有（　　）。
   A. 外购半成品　　B. 外购包装物　　C. 外购低值易耗品　　D. 外购燃料
7. 下列各项中，可以计入"直接材料"成本项目的材料费用是（　　）。
   A. 为组织管理生产用的机物料　　　B. 为组织管理生产用的低值易耗品
   C. 生产过程中间接耗用的材料　　　D. 直接用于生产过程的原材料
8. 下列各项中，不应计入产品成本的费用是（　　）。
   A. 直接用于产品生产，构成产品实体的原材料
   B. 专设销售机构人员的工资及福利费

C. 生产车间固定资产的折旧费

D. 生产过程中发生的废品损失

9. 下列各项中，应计入工业企业费用的税金是（　　）。

A. 印花税　　　　　　　　　　B. 增值税

C. 耕地占用税　　　　　　　　D. 代扣代缴职工个人所得税

10. 企业生产费用是指（　　）。

A. 企业在产品生产中由工艺技术过程直接引起的各项费用

B. 企业在一定时期内发生的，用货币额表现的生产耗费

C. 企业为生产一定种类的产品所支出的各种生产耗费

D. 企业为生产一定数量的产品所支出的各种生产耗费

11. 下列各项中，属于我国工业企业费用要素的是（　　）。

A. 制造费用　　　B. 期间费用　　　C. 折旧费　　　D. 生产成本

12. 制造费用是指生产过程中发生的（　　）。

A. 间接生产费用

B. 间接计入费用

C. 应计入产品成本的各项生产费用

D. 应计入产品成本，未专设成本项目的各项生产费用

13. 为了简化核算工作，制造费用的费用项目在设立时主要考虑的因素是（　　）。

A. 费用的性质是否相同　　　　B. 是否直接用于产品生产

C. 是否间接用于产品生产　　　D. 是否用于组织和管理生产

14. 企业因生产产品发生的原材料及主要材料的耗费，应计入（　　）。

A. 基本生产成本　B. 辅助生产成本　C. 管理费用　　D. 制造费用

15. 企业因生产产品、提供劳务而发生的各项间接费用，包括工资、福利费、折旧费等，属于（　　）成本项目。

A. 管理费用　　　B. 制造费用　　　C. 直接人工　　D. 直接材料

16. 用于生产产品构成产品实体的原材料费用，应记入（　　）账户。

A. 基本生产成本　B. 制造费用　　　C. 废品损失　　D. 营业费用

17. 直接用于产品生产的燃料，应直接记入或者分配记入的账户是（　　）。

A. 制造费用　　　B. 管理费用　　　C. 财务费用　　D. 基本生产成本

18. 生产车间耗用的物料费用，应贷记"原材料"账户，借记（　　）账户。

A. 基本生产成本　B. 待摊费用　　　C. 辅助生产成本　D. 制造费用

19. 对于生产费用要素中的税金，在发生或支付时，应借记（　　）账户。

A. 生产成本　　　B. 制造费用　　　C. 管理费用　　D. 销售费用

20. 工业企业的各种费用按其经济用途分类，其主要作用在于（　　）。

A. 能反映在一定时期内总共发生了哪些费用、数额各是多少

B. 可以为编制企业的材料采购资金计划和劳动工资计划提供资料

C. 可以为企业核定储备资金定额和考核储备资金周转速度提供资料

D. 可以说明企业费用的具体用途，有利于核算与监督产品消耗定额和费用预算的执行情况，有利于加强成本管理和成本分析

二、多项选择题

1. 为了正确计算产品成本，必须正确划分（　　）。
   A. 各种产品的费用界限　　　　　　B. 完工产品和在产品的费用界限
   C. 盈利产品和亏损产品的费用界限　D. 应计入管理费用和财务费用的界限
   E. 各个月份的费用界限

2. 按经济用途，费用可分为（　　）。
   A. 制造费用　　　　　　　　　　　B. 固定费用
   C. 直接材料　　　　　　　　　　　D. 间接费用
   E. 管理费用

3. 下列各项中，属于生产费用要素的有（　　）。
   A. 利息费用　　　　　　　　　　　B. 折旧费用
   C. 实收资本　　　　　　　　　　　D. 外购材料
   E. 应付职工薪酬

4. 工业企业费用要素中的外购材料，是指企业耗用的一切从外部购进的（　　）。
   A. 主要材料　　　　　　　　　　　B. 辅助材料
   C. 气体燃料　　　　　　　　　　　D. 半成品
   E. 液体燃料

5. 下列各项中，属于制造费用项目的有（　　）。
   A. 生产车间的办公费　　　　　　　B. 生产车间管理用具的摊销
   C. 自然灾害引起的停工损失　　　　D. 生产车间管理人员的工资
   E. 生产设备的折旧费

6. 下列关于固定资产折旧计提范围的说法中，正确的有（　　）。
   A. 提前报废的固定资产，应补提折旧
   B. 房屋建筑物不论使用与否，均应计提折旧
   C. 当月减少的固定资产，当月仍然计提折旧
   D. 当月增加的固定资产，当月不计提折旧
   E. 以经营性租赁方式租入的固定资产，不计提折旧

7. 制造费用（　　）。
   A. 可能是间接计入费用　　　　　　B. 可能是直接计入费用
   C. 一定是间接计入费用　　　　　　D. 一定是直接计入费用

E. 可能其中一部分是直接计入费用，另一部分是间接计入费用
8. 生产费用要素中的税金包括（　　）。
　　A. 房产税　　　　　　　　　　B. 车船使用税
　　C. 印花税　　　　　　　　　　D. 土地使用税
　　E. 增值税
9. 下列可以表现或转化为费用的是（　　）。
　　A. 制造产品购进原材料的费用　　B. 企业建造办公大楼的费用
　　C. 管理不善造成的非常损失　　　D. 广告宣传的费用
　　E. 企业的办公费用
10. 下列各项中，应当计入财务费用的有（　　）。
　　A. 利息支出　　　　　　　　　B. 汇兑损失
　　C. 增值税　　　　　　　　　　D. 借款手续费
　　E. 失业保险费

三、判断题

1. 在只生产一种产品的工业企业或车间中，直接生产费用和间接生产费用都可以直接计入该种产品成本，都是直接计入费用，在这种情况下，没有间接计入费用。（　　）
2. 对所计提的固定资产折旧，应全部计入产品成本。（　　）
3. 专设销售机构的固定资产修理费用应作为期间费用，计入当期损益。（　　）
4. 固定资产折旧费是产品成本的组成部分，应该全部计入产品成本。（　　）
5. 企业计算出来的成本，既可以是实际成本，也可以是计划成本。（　　）
6. 企业某一期间为生产产品发生的费用总额不一定等于该会计期间产品成本的总额。（　　）
7. 产品成本项目是由国家统一规定的，任何企业都不能变动。（　　）
8. 因为材料是产品成本的组成部分，所以企业各部门领用的材料都应计入产品成本。（　　）
9. 生产人员、车间管理人员和技术人员的工资及福利费是产品成本的重要组成部分，应该直接计入各种产品成本。（　　）
10. 用于产品生产、照明、取暖的动力费用，应计入各种产品成本明细账的"燃料及动力"成本项目。（　　）

项目三

费用在各种产品以及期间费用之间的归集与分配

项目导入

企业要进行生产经营，就必须有人力和物力的消耗，恰当地核算产品成本，为企业管理层提供与决策相关的成本信息是成本核算与管理的核心工作内容。在该项目中，我们将通过一套完整的成本核算案例，按照成本核算的一般工作流程，全面、系统地学习各项生产费用的分配方法和工作原理，为综合运用成本计算方法奠定基础。

学习目标

按照成本的一般核算流程，采用不同的费用分配方法，完成各种成本费用的归集与分配工作，并最终计算出完工产品成本。

知识准备

任务一　各项要素费用的分配

一、直接材料费用的归集和分配

在企业的生产活动中，要大量消耗各种材料，如各种原材料及主要材料、辅助材料及燃料。它们有的用于产品生产，有的用于维护生产设备和管理、组织生产，还有的用于非工业生产等。其中，应计入产品成本的生产用料，应按照成本项目归集，如用于构成产品实体的原料及主要材料和有助于产品形成的辅助材料，计入"直接材料"项目；用于生产的燃料，计入"燃料和动力"项目；用于维护生产设备和管理生产的各种材料，计入"制造费用"项目。不应计入产品成本而属于期间费用的材料费用，应计入"管理费用""销售费用"科目。用于购置和建造固定资产、其他资产方面的材料费用，不得计入产品成本，也不得计入期间费用。用于产品生产的原料及主要材料，如纺织用的原棉、铸造用的生铁、冶炼用的矿石、造酒用的大麦、制造用的油脂等，通常是按照产品分别领用的，属于直接费用，应根据领料凭证，直接计入各种产品成本的"直接材料"项目。

（一）材料发出的核算

材料发出所依据的原始凭证是领料单、限额领料单或领料登记表。会计部门应该对发料凭证所载材料的种类、数量和用途等进行审核，检查所领材料的种类和用途是否符合规定、数量有无超过定额或计划。只有经过审核、签章的发料凭证才能据以发料，并作为发料核算的原始凭证。为了更好地控制材料的领发，节约材料费用，应该尽量采用限额领料单，实行限额领料制度。领料单和限额领料单分别见表3-1、表3-2。

表3-1　　　　　　　　　　　　领　料　单

领料单位：　　　　　用途：　　　　　　日期：　　　　　　发料仓库：

材料编号	材料类别	名称	规格	计量单位	数量		成本	
					请领	实发	单价	金额

发料人：　　　　　领料人：　　　　　领料单位负责人：　　　　　主管：

表3-2　　　　　　　　　　　　限　额　领　料　单

领料单位：　　　　　材料名称：　　　　　　发料仓库：
计划产量：　　　　　单位消耗定额：　　　　编号：

材料编号	材料类别	规格	计量单位	单价	领用限额	全月实用	
						数量	金额

领料日期	请领数量	实发数量	领料人签章	发料人签章	限额结余
合计					

部门供应负责人：　　　　　生产部门负责人：　　　　　仓库管理人员：

对于生产所剩余料，应该编制退料单，据以退回仓库。对于车间已领未用，下月需继续耗用的材料，为保证车间成本计算的正确性及避免手续上的麻烦，可以采用"假退料"方法,即材料实物仍在车间,只是在凭证传递时填制一张本月退料单,表示该项余料已经退库,同时还需编制一张下月的领料单,表示该项余料又作为下月的领料出库。

为了进行材料收发结存的明细核算,应该按照材料的品种、规格设置材料明细账。材料收发结存的核算,可以按照材料的实际成本进行,也可以先按材料的计划成本进行,然后在月末计算材料成本差异率,将材料发出的计划成本调整为实际成本。

1. 按实际成本计价的材料发出的核算

在按实际成本计价进行材料的日常核算时,无论材料的总账还是明细账,都要按实际成本计价,发出材料的金额可按照先进先出法、个别计价法、加权平均法等方法计算登记。为了简化总账的登记工作,一般在月末会根据全部发料凭证编制发料凭证汇总表,然后根据发料凭证汇总表登记总账。发料凭证汇总表见表3-3。

表3-3　　　　　　　　　　发料凭证汇总表

材料类别:原材料　　　　　　　202×年×月　　　　　　　　　　单位:元

应借科目		应贷科目		合计
		原材料	燃料	
基本生产成本	1~10日	76 800	3 140	79 940
	11~20日	69 420	2 960	72 380
	21~31日	73 980	3 620	77 600
	小计	220 200	9 720	229 920
辅助生产成本	1~10日	7 410	2 210	9 620
	11~20日	6 838	2 350	9 188
	21~31日	6 162	1 940	8 102
	小计	20 410	6 500	26 910
制造费用	1~10日	3 240	456	3 696
	11~20日	2 780	583	3 363
	21~31日	3 980	441	4 421
	小计	10 000	1 480	11 480
管理费用	1~10日	563	132	695
	11~20日	664	100	764
	21~31日	533	141	674
	小计	1 760	373	2 133
合计		252 370	18 073	270 443

根据表3-3,可以编制发出材料的会计分录。如果只设一个"原材料"总账科目,其会计分录如下:

借：基本生产成本	229 920.00
辅助生产成本	26 910.00
制造费用	11 480.00
管理费用	2 133.00
贷：原材料	270 443.00

如果企业所耗燃料费用所占的比重较大，则应单独设置"燃料"总账科目对其进行核算和控制。有关分录如下：

借：基本生产成本	220 200.00
辅助生产成本	20 410.00
制造费用	10 000.00
管理费用	1 760.00
贷：原材料	252 370.00
借：基本生产成本	9 720.00
辅助生产成本	6 500.00
制造费用	1 480.00
管理费用	373.00
贷：燃料	18 073.00

2. 按计划成本计价的材料发出的核算

按计划成本计价的材料的总账及明细账必须根据收、发料凭证或收、发料凭证汇总表，按计划成本登记。

为了核算材料采购的实际成本、计划成本，调整发出材料的成本差异，计算发出和结存材料的实际成本，除设置"原材料"科目以外，还应设立"材料采购"和"材料成本差异"两个总账科目，并按照材料类别设立"材料采购"明细账和"材料成本差异"明细账。通过"材料采购"和"材料成本差异"科目计算材料成本差异率。材料成本差异率的计算公式为：

$$材料成本差异率 = \frac{月初结存材料的成本差异 + 本月收入材料的成本差异}{月初结存材料的计划成本 + 本月收入材料的计划成本} \times 100\%$$

根据材料成本差异率和发出材料的计划成本，可计算发出材料的成本差异。其计算公式为：

发出材料的成本差异 = 发出材料计划成本 × 材料成本差异率

【例3-1】 某企业月初库存材料的计划成本为31 000元，实际成本为29 650元。本月收入材料的计划成本为92 000元，实际成本为90 890元。本月发出材料的计划成本为74 000元。计算本月发出材料的实际成本。

月初结存材料的成本差异额 =29 650-31 000=-1 350（元）

本月收入材料的成本差异额 =90 890-92 000=-1 110（元）

材料成本差异率 = $\dfrac{-1\,350+(-1\,110)}{31\,000+92\,000}$ = -2%

发出材料应负担的差异额 = 74 000 × (-2%) = -1 480（元）

发出材料的实际成本 = 74 000 - 1 480 = 72 520（元）

如果库存材料比较多，本月发出的材料全部或者大部分是以前月份购入的材料，也可以根据上月末、本月初结存材料的材料成本差异率计算本月发出材料的成本差异。

采用上月末、本月初的材料成本差异率，可以简化和加速发出材料的材料成本差异的核算工作。材料成本差异率的计算方法一经确定，不应任意变更。

由于"材料成本差异"总账科目应按原材料、周转材料等材料类别设立明细账，因而材料成本差异率也应按照材料类别计算。

为了汇总反映发出材料的计划成本和成本差异，并据以计算发出材料的实际成本，发料凭证汇总表中的材料成本应按计划成本和成本差异分列，其格式见表3-4。

表3-4　　　　　　　　　　　　发料凭证汇总表

材料类别：原材料　　　　　　202×年×月　　　　　　　　　　单位：元

应借科目		应贷科目：原材料、材料成本差异	
		计划成本	成本差异（差异率为2%）
基本生产成本	1~10日	68 000	1 360
	11~20日	71 400	1 428
	21~31日	69 400	1 388
	小计	208 800	4 176
辅助生产成本	1~10日	7 100	142
	11~20日	4 800	96
	21~31日	8 300	166
	小计	20 200	404
制造费用	1~10日	3 300	66
	11~20日	2 900	58
	21~31日	5 700	114
	小计	11 900	238
管理费用	1~10日	600	12
	11~20日	800	16
	21~31日	1 000	20
	小计	2 400	48
合计		243 300	4 866

根据表3-4编制发出材料计划成本和调整材料成本差异的会计分录如下：

借：基本生产成本　　　　　　　　　　　　　　　　　　　　　　208 800.00

辅助生产成本　　　　　　　　　　　　　　　　　　　　　20 200.00
　　制造费用　　　　　　　　　　　　　　　　　　　　　　　11 900.00
　　管理费用　　　　　　　　　　　　　　　　　　　　　　　 2 400.00
　　　贷：原材料　　　　　　　　　　　　　　　　　　　　　243 300.00
　借：基本生产成本　　　　　　　　　　　　　　　　　　　　 4 176.00
　　辅助生产成本　　　　　　　　　　　　　　　　　　　　　　 404.00
　　制造费用　　　　　　　　　　　　　　　　　　　　　　　　 238.00
　　管理费用　　　　　　　　　　　　　　　　　　　　　　　　　48.00
　　　贷：材料成本差异　　　　　　　　　　　　　　　　　　 4 866.00

根据相关数据，在 Excel 中编制"表 3-4 发料凭证汇总表"，相关公式设置见下图：

	A	B	C	D
1			表3-4 发料凭证汇总表	
2	材料类别：原材料	202×年×月		单位：元
3	应借科目		应贷科目：原材料、材料成本差异	
4			计划成本	成本差异（差异率2%）
5	基本生产成本	1-10日	68000	=$C5*0.02
6		11-20日	71400	=$C6*0.02
7		21-31日	69400	=$C7*0.02
8		小计	=SUM(C5:C7)	=$C8*0.02
9	辅助生产成本	1-10日	7100	=$C9*0.02
10		11-21日	4800	=$C10*0.02
11		21-31日	8300	=$C11*0.02
12		小计	=SUM(C9:C11)	=$C12*0.02
13	制造费用	1-10日	3300	=$C13*0.02
14		11-20日	2900	=$C14*0.02
15		21-31日	5700	=$C15*0.02
16		小计	=SUM(C13:C15)	=$C16*0.02
17	管理费用	1-10日	600	=$C17*0.02
18		11-20日	800	=$C18*0.02
19		21-31日	1000	=$C19*0.02
20		小计	=SUM(C17:C19)	=$C20*0.02
21	合计		=C8+C12+C16+C20	=D8+D12+D16+D20

（二）材料费用分配的核算

1. 原材料费用分配的核算

直接用于产品生产的原料及主要材料、辅助材料、包装材料等，属于直接生产费用，一般可根据"发出材料汇总表"计入相应产品成本明细账的"直接材料"成本项目中。但是，有时一批材料为几种产品共同耗用。例如，某些化工生产的用料，属于间接费用，则要采用简便的分配方法，分配计入各种产品成本。在消耗定额比较准确的情况下，通常采用材料定额消耗量比例或材料定额费用比例进行分配。

（1）材料定额消耗量比例分配法。材料定额消耗量比例分配法是按照产品材料定额消耗量比例分配材料费用的方法。它适用于各种材料消耗定额比较健全且相对准确的材料费用的分配。其计算公式为

某种产品的材料定额消耗量＝该种产品的实际产量×单位产品的材料消耗定额

材料定额消耗量比例分配法

$$材料费用分配率 = \frac{材料实际费用总额}{各种产品材料定额消耗量之和}$$

某种产品应分配的材料数量＝该种产品的材料定额消耗量×材料费用分配率

某种产品应分配的材料费用＝该种产品应分配的材料数量×材料单价

其中，"单位产品的材料消耗定额"是指单位产品可以消耗数量的限额，可以根据企业的有关指标确定；"该种产品的材料定额消耗量"是指一定产量下按照单位产品的材料消耗定额计算的可以消耗的材料数量。

上述直接用于产品生产、专设成本项目的各种材料费用，应记入"基本生产成本"科目借方及其所属各产品成本明细账"直接材料"成本项目；直接用于辅助生产、产品销售以及组织和管理生产经营活动等方面的各种材料费用，应分别记入"辅助生产成本""制造费用""销售费用"和"管理费用"等科目的借方及其所属明细账中的有关成本项目或费用项目。同时，将已发生的各种材料费用总额，记入"原材料"科目的贷方。现举例说明如下。

【例3-2】 光华公司本月生产甲、乙两种产品，实际耗用某种材料9 000千克，每千克的单价为6元，共计54 000元。生产甲产品20件，单位消耗定额为440千克；生产乙产品40件，单位消耗定额为80千克。

现采用定额消耗量比例分配法计算甲、乙两种产品应分配材料费用如下：

甲产品定额消耗量＝20×440=8 800（千克）

乙产品定额消耗量＝40×80=3 200（千克）

材料定额消耗总量＝8 800+3 200=12 000（千克）

材料消耗分配率＝9 000÷12 000=0.75

甲产品应分配的材料费用＝0.75×8 800×6=39 600（元）

乙产品应分配的材料费用＝0.75×3 200×6=14 400（元）

另外，上述计算分配，可以考核原材料消耗定额的执行情况，有利于加强原材料消耗的实物管理，但分配计算的工作量较大。为了简化分配计算的工作量，也可以按原材料定额消耗量的比例分配，直接分配原材料费用。

计算分配如下：

$$材料费用分配率 = \frac{材料实际费用总额}{各种产品材料定额消耗量之和}$$

材料费用分配率 = $\dfrac{6 \times 9\,800}{8\,800 + 3\,200}$ = 4.50

甲产品应分配的材料费用 = 4.50 × 8 800 = 39 600（元）

乙产品应分配的材料费用 = 4.50 × 3 200 = 14 400（元）

上述两种计算方法的结果相同。但后一种方法不能提供各种产品材料的实际消耗量，不利于加强材料消耗的实物管理。

根据领、退料凭证和有关资料编制"原材料费用分配汇总表"，见表 3-5。

表 3-5　　　　　　　　　　　　原材料费用分配汇总表

202× 年 × 月

领料单位及用途	产量 / 件	共同耗用材料费				直接材料费用 / 元	合计 / 元
		单位消耗定额 /（千克/件）	定额消耗量 / 千克	分配率	分配额 / 元		
甲产品	20	440	8 800		39 600	127 740	167 340
乙产品	40	80	3 200		14 400	56 460	70 860
小计			12 000	4.50	54 000	184 200	238 200
供水车间						21 610	21 610
供电车间						34 800	34 800
基本生产一车间						8 280	8 280
基本生产二车间						3 520	3 520
企业管理部门						1 760	1 760
合计					54 000	254 170	308 170

根据表 3-5，可以编制会计分录如下：

借：基本生产成本——甲产品　　　　　　　　　　　　　　　　167 340.00

　　　　　　　　　——乙产品　　　　　　　　　　　　　　　　 70 860.00

　　辅助生产成本——供水车间　　　　　　　　　　　　　　　　 21 610.00

　　　　　　　　　——供电车间　　　　　　　　　　　　　　　　 34 800.00

　　制造费用——基本生产一车间　　　　　　　　　　　　　　　　 8 280.00

　　　　　　——基本生产二车间　　　　　　　　　　　　　　　　 3 520.00

　　管理费用　　　　　　　　　　　　　　　　　　　　　　　　　 1 760.00

　贷：原材料　　　　　　　　　　　　　　　　　　　　　　　　 308 170.00

上述会计分录也可以根据发料凭证汇总表编制。但应注意的是，有关材料费用分配的会计分录，只能根据这两种凭证中的一种凭证编制。根据何种凭证编制会计分录，必须在企业会计制度中明确规定，以免重编或漏编。据以完成的账簿登记参见表 3-21、

表3-22、表3-35、表3-38。

根据相关数据,在 Excel 中编制"表3-5原材料费用分配汇总表",相关公式设置见下图:

	A	B	C	D	E	F	G	H
1	表3-5			原材料费用分配汇总表				
2				202×年×月				
3	领料单位及用途	产量/件	共同耗用材料费				直接材料费用/元	合计/元
4			单位消耗定额/(千克/件)	定额消耗量/千克	分配率	分配额/元		
5								
6	甲产品	20	440	=B6*C6		=E8*D6	127740	=G6+F6
7	乙产品	40	80	=B7*C7		=E8*D7	56460	=G7+F7
8	小计			=SUM(D6:D7)	=F8/12000	54000	=SUM(G6:G7)	=SUM(H6:H7)
9	供水车间						21610	=G9
10	供电车间						34800	=G10
11	基本生产一车间						8280	=G11
12	基本生产二车间						3520	=G12
13	企业管理部门						1760	=G13
14	合计					=F8	=SUM(G8:G13)	=SUM(H8:H13)

(2)材料定额费用比例分配法。材料定额费用比例分配法是以产品材料定额成本为标准分配材料费用的一种方法。材料费用定额和材料定额费用是消耗定额和定额消耗量的货币表现。这种方法适用于多种产品共同耗用多种材料的情况。其计算公式为:

某种产品某种材料定额费用 = 该种产品实际产量 × 单位产品该种材料费用定额

材料费用的分配——实训

$$材料费用分配率 = \frac{各种材料实际费用总额}{各种产品材料定额费用之和}$$

某种产品应负担的材料费用 = 该种产品各种材料定额费用 × 材料费用分配率

【例3-3】领用某种原材料2 106千克,单价为20元,原材料费用合计42 120元,生产甲产品400件,乙产品300件。甲产品的消耗定额为1.2千克,乙产品的消耗定额为1.1千克。分配结果如下:

直接材料费用分配率 =42 120÷(400×1.2+300×1.1)=52
甲产品应分配的直接材料费用 =400×1.2×52=24 960(元)
乙产品应分配的直接材料费用 =300×1.1×52=17 160(元)

材料定额费用比例分配法

2.燃料费用分配的核算

燃料费用分配的程序和方法与材料费用分配基本相同。

在燃料费用占产品成本比重较大的情况下,产品成本明细账中应单独设置"燃料及动力"成本项目,存货核算应增设"燃料"一级账户,燃料费用分配表应单独编制。

在燃料费用占产品成本比重较小的情况下,产品成本明细账中无须单独设置"燃料及动力"成本项目,应将燃料费用直接记入"直接材料"成本项目;在存货核算中,"燃料"可作为"原材料"账户的二级账户进行核算;燃料费用分配可在材料费用分配表中加以反映。现举例说明如下。

【例3-4】 光华公司本月直接用于甲、乙两种产品生产的燃料费用为9 719.75元,按燃料的定额费用比例分配。根据耗用燃料的产品数量和单位产品的燃料费用定额计算得到的燃料定额费用如下:甲产品为6 861元,乙产品为4 574元。现采用材料定额费用比例分配法分配计算如下:

$$燃料费用分配率 = \frac{9\,719.75}{6\,861+4\,574} = 0.85$$

甲产品的燃料费用 = 6 861×0.85 = 5 831.85(元)

乙产品的燃料费用 = 4 574×0.85 = 3 887.90(元)

根据有关凭证和例3-4中费用分配的结果,编制"燃料费用分配表",见表3-6。

表 3-6   燃料费用分配表

202× 年 × 月   单位:元

应借科目		成本或费用项目	直接计入	分配计入			合计
				定额燃料费用	分配率	分配金额	
基本生产成本	甲产品	燃料及动力		6 861.00		5 831.85	5 831.85
	乙产品	燃料及动力		4 574.00		3 887.90	3 887.90
	小计			11 435.00	0.85	9 719.75	9 719.75
辅助生产成本	供电车间	燃料及动力	21 500.00				21 500.00
	供水车间	燃料及动力	5 000.00				5 000.00
	小计		26 500.00				26 500.00
制造费用	基本生产一车间	其他	880.00				880.00
	基本生产二车间	其他	600.00				600.00
	小计		1 480.00				1 480.00
管理费用		其他	373.00				373.00
合计			28 353.00			9 719.75	38 072.75

根据如表3-6所示的燃料费用分配表,可以编制会计分录如下:

借:基本生产成本——甲产品   5 831.85
        ——乙产品   3 887.90
    辅助生产成本——供水车间   21 500.00

——供电车间		5 000.00
制造费用——基本生产一车间		880.00
——基本生产二车间		600.00
管理费用		373.00
贷：燃料及动力		38 072.75

据以完成的账簿登记参见表3-21、表3-22、表3-35、表3-38。有关周转材料发出和摊销的核算在财务会计教材中已述及，故这里不再重述。

根据相关数据，在Excel中编制"表3-6 燃料费用分配表"，相关公式设置见下图：

	A	B	C	D	E	F	G	H
1				表3-6		燃料费用分配表		
2					202×年×月			单位：元
3		应借科目		成本或费用项目	直接计入	分配计入			合计
4						定额燃料费用	分配率	分配金额	
5	基本生产成本	甲产品	燃料及动力		6861		=F7*E5	=G5
6		乙产品	燃料及动力		4574		=F7*E6	=G6
7		小计			=SUM(E5:E6)	=G7/E7	9719.75	=G7
8	辅助生产成本	供电车间	燃料及动力	21500				=D8+G8
9		供水车间	燃料及动力	5000				=D9+G9
10		小计		=SUM(D8:D9)				=D10+G10
11	制造费用	基本生产一车间	其他	880				=D11+G11
12		基本生产二车间	其他	600				=D12+G12
13		小计		=SUM(D11:D12)				=D13+G13
14	管理费用		其他	373				=D14+G14
15	合计			=D10+D13+D14			=G7	=H7+H10+H13+H14

【实务操作】

某企业生产甲、乙两种产品，共同耗用某种材料500千克，每千克4元。甲产品的实际产量为150件，单件产品的材料消耗定额为4千克；乙产品的实际产量为80件，单件产品的材料消耗定额为5千克。

要求：试计算分配甲、乙产品各自应负担的材料费。

答案1：

甲产品材料定额消耗量=150×4=600（千克）

乙产品材料定额消耗量=80×5=400（千克）

材料消耗量分配率=500÷（600+400）=0.5

甲产品应分配的材料数量=600×0.5=300（千克）

乙产品应分配的材料数量 =400×0.5=200（千克）

甲、乙产品应分配的材料数量合计 500（千克）

甲产品应分配的材料费用 =300×4=1 200（元）

乙产品应分配的材料费用 =200×4=800（元）

甲、乙产品应分配的材料费用合计 2 000（元）

答案2：

甲产品材料定额消耗量 =150×4=600（千克）

乙产品材料定额消耗量 =80×5=400（千克）

材料费用分配率 =（500×4）÷（600+400）=2

甲产品应分配的材料费用 =600×2=1 200（元）

乙产品应分配的材料费用 =400×2=800（元）

二、外购动力费的归集和分配

（一）外购动力费的归集

外购动力费包括外购电费、蒸汽费、水费等。

付款时，一般借记"应付账款"账户，贷记"银行存款"账户。那么，为什么不借记成本费用账户，贷记"银行存款"账户呢？这主要是因为外购动力费一般不是在每月末支付，而是在每月下旬的某日支付。例如，3月21日支付的电费是2月20日至3月20日所耗电费，而3月的实际电力耗费只有到3月末才能计算分配，两者往往不一致。此种账务处理是在权责发生制原则下的要求。

若每月支付外购动力费的日期基本固定，且每月付款日至月末应付动力费相差不多，也可不通过"应付账款"账户核算，而于付款时直接借记"成本费用"账户，贷记"银行存款"账户。

（二）外购动力费分配的核算

1. 分配方法

（1）在有仪表的情况下，应根据仪表所示耗用数量及单价计算。

（2）在无仪表的情况下，可按生产工时比例、定额消耗量比例、机器功率时数比例分配。

2. 账务处理

应按外购动力费的用途，将其费用计入相应的成本、费用账户。

在实际工作中，通过编制外购动力费分配表进行外购动力费的分配。其账务处理如下：

借：基本生产成本

　　辅助生产成本

制造费用

管理费用

销售费用

贷：应付账款（或银行存款）

产品成本明细账是否单设"燃料及动力"成本项目，应视情况而定。

（1）若外购动力费、燃料费占产品成本的比重较大，应单设"燃料及动力"成本项目。

（2）若外购动力费、燃料费占产品成本的比重较小，不需单设"燃料及动力"成本项目，外购动力费记入"制造费用"成本项目，燃料费记入"直接材料"成本项目。现举例说明如下：

【例3-5】 光华公司本月共用电80 000度（1度=1千瓦·时），每度电费为1.00元，共发生电费80 000元。该企业各部门均安装了电表，电表显示各部门的用电情况如下：基本生产车间生产产品用电65 000度；照明用电4 000度，其中一车间用电1 800度，二车间用电2 200度；辅助生产车间用电6 000度；企业管理部门用电5 000度。基本生产车间生产甲、乙两种产品，本月甲产品的生产工时为8 000小时，乙产品的生产工时为4 000小时。该企业采用生产工时比例分配法分配动力费用。

生产产品发生的65 000度电在甲、乙两种产品之间的分配：

$$电费分配率 = \frac{65\ 000}{8\ 000 + 4\ 000} \approx 5.416\ 7$$

甲产品负担电量=8 000×5.416 7=43 333.33（度）

乙产品负担电量=4 000×5.416 7=21 666.67（度）

现编制"外购动力费分配表"，见表3-7。

表3-7 外购动力费分配表

202×年×月　　　　　　　　　　　　　　　　　　　　　　金额单位：元

应借科目		成本或费用项目	分配计入		电费分配		
			生产工时	用电量分配率	用电度数	电价	分配金额
基本生产成本	甲产品	燃料及动力	8 000		43 333.33	1	43 333.33
	乙产品	燃料及动力	4 000		21 666.67	1	21 666.67
	小计		12 000	5.416 7	65 000.00	1	65 000.00
辅助生产成本	锅炉车间	燃料及动力			6 000.00	1	6 000.00
制造费用	基本生产一车间	电费			1 800.00	1	1 800.00
	基本生产二车间	电费			2 200.00	1	2 200.00
	小计				4 000.00	1	4 000.00
管理费用		电费			5 000.00	1	5 000.00
合计					80 000.00	1	80 000.00

根据表 3-7 编制会计分录如下：

借：基本生产成本——甲产品　　　　　　　　　　　　43 333.33
　　　　　　　　——乙产品　　　　　　　　　　　　21 666.67
　　辅助生产成本——锅炉车间　　　　　　　　　　　 6 000.00
　　制造费用——基本生产一车间　　　　　　　　　　 1 800.00
　　　　　　——基本生产二车间　　　　　　　　　　 2 200.00
　　管理费用　　　　　　　　　　　　　　　　　　　 5 000.00
　　贷：应付账款　　　　　　　　　　　　　　　　　80 000.00

根据相关数据，在 Excel 中编制"表 3-7 外购动力费分配表"，相关公式设置见下图：

	A	B	C	D	E	F	G	H
1	表3-7			外购动力费分配表				
2				202×年×月				金额单位：元
3	应借科目		成本或费用项目	分配计入		电费分配		
4				生产工时	用电量分配率	用电度数	电价	分配金额
5	基本生产成本	甲产品	燃料及动力	8000		=E7*D5	1	=F5*G5
6		乙产品	燃料及动力	4000		=D6*E7	1	=F6*G6
7		小计		=D5+D6	=F7/D7	65000	1	=H6+H5
8	辅助生产成本	锅炉车间	燃料及动力			6000	1	=F8*1
9	制造费用	基本生产一车间	电费			1800	1	=F9*1
10		基本生产二车间	电费			2200	1	=F10*1
11		小计				=F8+F9+F10	1	=H8+H9+H10
12	管理费用		电费			5000	1	=F12*1
13	合计					=F7+F11+F12	1	=H7+H11+H12

三、人工费用的归集和分配

（一）职工薪酬的内容

职工薪酬是指企业根据有关规定应付给职工的各种薪酬，包括职工工资、奖金、津贴和补贴，职工福利费，医疗、失业、工伤、生育等社会保险费，住房公积金，工会经费，职工教育经费，非货币性福利，辞退福利，股利支付等因职工提供服务而产生的支付义务。职工薪酬是企业必须付出的人力成本，既是职工对企业投入劳动获得的报酬，也是企业的成本费用。具体而言，职工薪酬主要包括以下几方面的内容：

1.职工工资、奖金、津贴和补贴

职工工资、奖金、津贴和补贴是指按照国家统计局《关于职工工资总额组成的规定》，构成工资总额的按计时工资标准和工作时间支付给职工的劳动报酬的计时工资、按计件数量和计件单价支付给职工的计件工资、支付给职工的超额劳动报酬和增收节支的劳动报酬、为了补偿职工特殊或额外的劳动消耗和因其他特殊原因支付给职工的津贴，以及为了保证职工的工资水平不受物价影响支付给职工的物价补贴等。还包括企业按规定支付给职工的加班加点工资，以及根据国际法律、法规和政策规定，在职工因病、工伤、产假、计划生育假、婚丧假、事假、探亲假、定期休假、停工学习、执行国家或社会义务等特殊情况下，按照计时工资或计件工资标准的一定比例支付的工资。

2. 职工福利费

职工福利费是指企业为职工提供的福利，如为补助职工食堂、生活困难职工等从成本费用中提取的金额。

3. 社会保险费

社会保险费是指企业按照国家规定的基准和比例计算，向社会保险经办机构缴纳的养老保险费、医疗保险费、失业保险费、工伤保险费和生育保险费等。

4. 住房公积金

住房公积金是指企业按照国家《住房公积金管理条例》规定的基准和比例计算，向住房公积金管理机构缴存的长期住房储金。

5. 工会经费和职工教育经费

工会经费和职工教育经费是指企业为了改善职工的文化生活、提高职工的业务素质，开展工会活动和职工教育及职业技能培训，根据国家规定的基准和比例，从成本费用中提取的金额。

6. 非货币性福利

非货币性福利是指企业将自产产品或其他有形资产发放给职工作为福利、企业向职工提供的无偿使用自有资产（如提供给企业高级管理人员的汽车、住房等）、企业为职工无偿提供的商品或类似医疗保健的服务等。

7. 辞退福利

辞退福利是指企业由于分离办社会、实施主辅业分离、辅业改制、分流安置富余人员、实施重组或改组计划、职工不能胜任等，在职工的劳动合同到期之前解除与职工的劳动关系，或者为鼓励职工自愿接受裁减而提出给予职工的经济补偿。

8. 股利支付

股利支付是指企业为获取职工和其他方提供的服务而授予权益工具或者承担以权益工具为基础确定的负债的交易。

（二）工资总额的组成

工资总额是指各单位在一定时期内直接支付给本单位全部职工的劳动报酬总额。其中包括计时工资、计件工资、与生产有关的各种经常性奖金，以及法令规定的各种工资性质的津贴等。工资总额除按全部职工计算以外，还要按各类人员分别计算。它是工资计划管理的一个重要指标，也是计算平均工资的依据。工资总额的计算应以直接支付给职工的全部劳动报酬为根据。工资总额由下列六个部分组成：计时工资、计件工资、奖金、津贴和补贴、加班加点工资、特殊情况下支付的工资。

1. 计时工资

计时工资是指按计时工资标准（包括地区生活费补贴）和工作时间支付给个人的劳动报酬。它包括：对已做工作按计时工资标准支付的工资；实行结构工资制的单位支付给职工的基础工资和职务（岗位）工资；新参加工作职工的见习工资（学徒的生活费）；运动员的体育津贴。

2. 计件工资

计件工资是指对已做工作按计件单价支付的劳动报酬。它包括：实行超额累进计件、直接无限计件、限额计件、超定额计件等工资制，按劳动部门或主管部门批准的定额和计件单价支付给个人的工资；按工作任务包干方法支付给个人的工资；按营业额提成或利润提成办法支付给个人的工资。

3. 奖金

奖金是指支付给职工的超额劳动报酬和增收节支的劳动报酬。它包括：生产奖；节约奖；劳动竞赛奖；机关、事业单位的奖励工资；其他奖金。

4. 津贴和补贴

津贴和补贴是指为了补偿职工特殊或额外的劳动消耗和因其他特殊原因支付给职工的津贴，以及为了保证职工的工资水平不受物价影响支付给职工的物价补贴。

5. 加班加点工资

加班加点工资是指按规定支付的加班工资和加点工资。

6. 特殊情况下支付的工资

特殊情况下支付的工资包括：根据国家法律、法规和政策规定，因病、工伤、产假、计划生育假、婚丧假、事假、探亲假、定期休假、停工学习、执行国家或社会义务等按计时工资标准或计时工资标准的一定比例支付的工资；附加工资；保留工资。

（三）工资费用的原始记录

企业应按每个职工设置"工资卡"，内含职工姓名、职务、工资等级、工资标准等资料。计算职工工资的原始记录，有考勤记录和产量记录。

1. 考勤记录

考勤记录是登记职工出勤和缺勤情况的记录，为计时工资的计算提供依据。考勤记录的形式有考勤簿、考勤卡片（考勤钟打卡）、考勤磁卡（刷卡）。

2. 产量记录

产量记录是登记工人或生产小组在出勤时间内完成产品的数量、质量和耗用工时的原始记录，是计件工资计算的依据，同时也是统计产量和工时的依据，如派工单、加工路线单、产量通知单等。

有关考勤簿和产量记录分别见表3-8和表3-9。

表3-8   考勤簿

202×年×月

车间或部门：   工段：   生产小组：   考勤员：

编号	姓名	工资等级	出勤和缺勤记录					合计		出勤分类					缺勤分类						备注
			1	2	3	4	…	出勤天数	缺勤天数	计时工资	计件工资	中班次数	夜班次数	加班加点	停工	迟到早退	公假	工伤	探亲假	产假	婚丧假	病假	事假	旷工	

表3-9   工作班产量记录

202×年×月

工人：   工作任务：   检验员：   工资：

工号	姓名	等级	工序进程单编号	产品型号	零件编号	工序名称	交发加工数量	工时定额	交验数量	合格数量	返工数量	工废数量	料废数量	短缺数量	专加工数	定额总工时	实际工时	检验员	计件单价	合格品工资	废品工资	合计
1	陈东	6	12	24		车	19	8	19	19						152	150	10	100	1 900		1 900
2	张伟	4	12	24		车	22	7	20	20						154	155	10	70	1 400		1 400
3	李明	7	12	18		铣	20	6	22	20	1	1				120	127	10	100	2 000	100	2 100
4	赵平	8	12	19		镗	18	5	18	18						90	100	10	110	1 980		1 980
……																						

（四）工资的计算

1.计时工资的计算

（1）月薪制。月薪制下计时工资的计算有两种方法：

①按月标准工资扣除缺勤日应扣工资额计算（减法）。计算公式为：

工资的计算

某职工本月应得工资 = 该职工月标准工资 −（事假天数 × 日标准工资）−
　　　　　　　　　　（病假天数 × 日标准工资 × 病假扣款率）

②按出勤天数直接计算（加法）。计算公式为：

某职工本月应得工资 = 该职工本月出勤天数 × 日标准工资 +
　　　　　　　　　　病假天数 × 日标准工资 ×（1−病假扣款率）

日标准工资的计算方法：

按照国家法定工作时间，职工每月的工作时间为：

（365−104−11）÷12=20.83（天）

按照《中华人民共和国劳动法》的规定，法定节假日用人单位应当依法支付工资，即折算日工资、小时工资时不剔除国家规定的11天法定节假日。据此，月计薪天数为：

月计薪天数 =（365−104）÷12=21.75（天）

因此，日工资率的计算公式为：

日工资率 = 月标准工资 ÷21.75

日薪制。日薪制是指企业根据生产需要，以日薪作为计酬标准，按照实际工作日每天进行支付的一种短期用工形式。日薪制的计算是按职工实际出勤天数和日工资计算其应付工资，亦称正算法。其计算公式为：

应付计时工资 = 出勤天数 × 日工资

采用日薪制计算职工应付计时工资，有利于正确计算生产工人的工资成本。但是由于每个月份的实际工作天数不同、职工出勤的天数不同，所以每个月份都需要计算，计算工作量较大。

【例3−6】某企业某工人的月工资标准为1 740元。3月有31天，其中病假3天、事假2天、休假11天（含3天法定休假）、出勤15天。根据该工人的工龄，其病假工资按工资标准的90%计算。该工人病假和事假期间没有节假日。试计算该工人本月应得工资。

按21.75天计算日工资标准：

日工资标准 =1 740÷21.75=80（元）

按月标准工资扣除缺勤日应扣工资额计算（减法）：

某职工本月应得工资 =1 740−80×2−80×3×10%=1 556（元）

按出勤天数直接计算（加法）：

某职工本月应得工资 =（15+3）×80+3×80×90%=1 656（元）

> **课内思考**
>
> 　　按缺勤天数扣除缺勤工资和按出勤天数计算的月工资计算结果有什么不同？为什么？

2. 计件工资的计算

计件工资（piece rate wage）是按照工人生产的合格品的数量（或作业量）和预先规定的计件单价来计算报酬的一种工资形式。它不是直接用劳动时间来计量，而是用一定时间内的劳动成果——产品数量或作业量来计算，因此，它是间接用劳动时间来计算的，是计时工资的转化形式。有关计算公式为：

应付计件工资 = ∑[（合格品数量 + 料废品数量）× 计件单价]

计件工资通常有个人计件和集体计件两种形式。

（1）个人计件工资的计算。

【例3-7】某工人本月加工甲零件800个，计件单价为0.90元，加工乙零件300个，计件单价为1.50元。经检验，甲零件料废3个，工废10个；乙零件工废4个，其余均为合格品。

该工人本月应得计件工资为：

应付计件工资 =（800-10）× 0.90 +（300-4）× 1.50 = 1 155（元）

（2）集体计件工资的计算。生产小组等集体计件工资的计算方法与个人计件工资的计算基本相同。

集体计件工资还需在集体内部各工人之间进行分配。常用的分配方法有两种：

①以计时工资为分配标准，在集体各成员之间进行分配。计算公式为：

$$\text{工资分配率} = \frac{\text{小组计件工资总额}}{\text{小组计时工资总额}}$$

个人应得计件工资 = 个人应得计时工资 × 工资分配率

【例3-8】某生产小组3个人共同完成某项加工任务，共得计件工资3 280元，小组计件工资分配表见表3-10。

表3-10　　　　小组计件工资分配表（以实际工作小时为分配标准）

部门：××生产小组　　　　　　202×年×月　　　　　　单位：元

姓名	小时工资率	实际工作小时	计时工资	计件工资分配率	应得计件工资
赵强	8.00	100	800		1 159.01
李伟	7.00	120	840		1 216.96
张山	6.24	100	624		904.03
合计		320	2 264	1.448 8	3 280.00

②以实际工作小时为分配标准，在集体各成员之间进行分配。计算公式为：

$$\text{工资分配率} = \frac{\text{小组计件工资总额}}{\text{小组实际工作小时合计}}$$

个人应得计件工资＝个人实际工作小时 × 工资分配率

仍以例3-8为例，采用实际工作小时为分配标准，计算个人应得计件工资。编制"小组计件工资分配表"，见表3-11。

表3-11　　　　　　　　　　小组计件工资分配表

部门：××生产小组　　　　　　202×年×月　　　　　　单位：元

姓名	实际工作小时	计件工资分配率	应得计件工资
赵强	100		1 025.00
李伟	120		1 230.00
张山	100		1 025.00
合计	320	10.250 0	3 280.00

从以上两种分配方法能明显看出，以计时工资作为分配标准进行分配，能够体现技术因素，在生产人员技术等级相差悬殊、计件工作本身科技含量水平比较高的情况下，这种分配比较合理；而若按实际工作小时作为分配标准进行分配，技术因素不能体现，在生产人员技术等级差别不大，或者计件工作本身技术性不强的情况下，可以采用此方法。

3. 奖金、津贴和补贴以及加班加点工资的计算

奖金分为单项奖和综合奖两种。单项奖按规定的奖励条件和奖金标准及有关原始记录计算；综合奖由班组、车间或部门评定分配。

各种津贴、补贴应根据国家规定的享受范围和标准进行计算。

加班加点工资应根据加班天数和加点时数，以及职工个人的日工资率和小时工资率计算。

根据上述计算出的计时工资、计件工资及其他奖金、津贴、加班加点工资，就可以计算职工的应付工资和实发工资。应付工资的计算公式为：

应付工资＝应付计时工资＋应付计件工资＋奖金＋津贴＋加班加点工资＋特殊情况下支付的工资

在实际工作中，为了减少现金收付工作，便于职工收付有关款项，企业在向职工支付工资时，一般可同时支付某些福利费和交通补贴等代发款项，并且扣除职工应付的房租费、托儿费、个人所得税等代扣款项。实发工资的计算公式为：

实发工资＝应付工资＋代发款项－代扣款项

【实务操作】

某生产小组集体完成若干生产任务，按一般计件工资的计算方法算出并取得集体工资20 000元。该小组由3个不同等级的工人组成，每人的姓名、等级、日工资率、出勤天数资料见表3-12。

表 3-12　　　　　　　　　　　工资分配表（资料）

工人姓名	等级	日工资率/元	出勤天数	分配标准	分配率	分配额/元
魏明	6	20	25			
赵严	5	18	23			
张虹	4	16	22			
合计			70			20 000.00

要求：试以日工资率和出勤日数计算的工资额为分配标准，计算每个工人应得的工资。解答见表 3-13。

表 3-13　　　　　　　　　　　工资分配表（解答）

工人姓名	等级	日工资率/元（1）	出勤天数（2）	分配标准（3）=（1）×（2）	分配率（4）	分配额/元（5）=（4）×（3）
魏明	6	20	25	500.00		7 900.00
赵严	5	18	23	414.00		6 541.20
张虹	4	16	22	352.00		5 658.80*
合计			70	1 266.00	15.80	20 000.00

* 进行尾数调整：5 558.8＝20 000－7 900－6 541.2

（五）应付职工薪酬的核算

职工薪酬费用分配的依据是工资结算单、工资结算汇总表。

月末，职工薪酬费用的分配以本月应付职工薪酬为准。若企业各月的工资相差不多，为简化核算工作，也可按当月实际支付的职工薪酬进行分配。生产工人工资中的计件工资属直接计入费用，应直接记入产品成本明细账；计时工资及其他工资一般属间接计入费用，应在各受益产品之间进行分配。

工资的分配

（1）分配标准为产品的生产工时（实际工时或定额工时）。

（2）分配公式为：

生产工人的工资分配率 = 生产工人的工资总额 ÷ 各产品实际（定额）工时之和

【例 3-9】　光华公司生产甲、乙两种产品，应直接计入的工资费用分别为 38 098 元和 17 432 元。需要间接计入的工资费用为 123 000 元，现规定按产品生产工时比例进行分配，甲、乙两种产品的生产工时分别为 8 000 小时和 4 000 小时。分别计算如下：

$$工资费用分配率 = \frac{123\ 000}{8\ 000+4\ 000} = 10.25（元/小时）$$

甲产品间接计入工资费用 ＝ 8 000 × 10.25 ＝ 82 000（元）

乙产品间接计入工资费用＝4 000×10.25＝41 000（元）

1. 工资费用分配的核算

根据工资结算单等有关资料编制光华公司"工资费用分配表"，见表3-14。

表3-14　　　　　　　　　　　　工资费用分配表

光华公司　　　　　　　　　　　　202×年×月　　　　　　　　　　　　金额单位：元

应借科目		成本或费用项目	直接计入	分配计入			合计
				生产工时	分配率	分配金额	
基本生产成本	甲产品	直接工资	38 098	8 000		82 000	120 098
	乙产品	直接工资	17 432	4 000		41 000	58 432
	小计		55 530	12 000	10.25	123 000	178 530
辅助生产成本	供电车间	直接工资	19 861				19 861
	供水车间	直接工资	17 638				17 638
	小计		37 499				37 499
制造费用	基本生产一车间	工资	23 990				23 990
	基本生产二车间	工资	28 386				28 386
	小计		52 376				52 376
管理费用		工资	26 733				26 733
销售费用		工资	8 299				8 299
在建工程		工资	25 422				25 422
合计			205 859			123 000	328 859

根据表3-14，应编制如下会计分录：

借：基本生产成本——甲产品　　　　　　　　　　　　120 098.00
　　　　　　　　　——乙产品　　　　　　　　　　　　 58 432.00
　　辅助生产成本——供电车间　　　　　　　　　　　　 19 861.00
　　　　　　　　　——供水车间　　　　　　　　　　　 17 638.00
　　制造费用——基本生产一车间　　　　　　　　　　　 23 990.00
　　　　　　——基本生产二车间　　　　　　　　　　　 28 386.00
　　管理费用　　　　　　　　　　　　　　　　　　　　 26 733.00
　　销售费用　　　　　　　　　　　　　　　　　　　　 8 299.00
　　在建工程　　　　　　　　　　　　　　　　　　　　 25 422.00
　　贷：应付职工薪酬——工资　　　　　　　　　　　　328 859.00

根据相关数据，在Excel中编制"表3-14 工资费用分配表"，相关公式设置见下图：

表3-14 工资费用分配表

光华公司　　　　　　　　　　　　　202×年×月　　　　　　　　　　　　　金额单位：元

	A	B	C	D	E	F	G	H
1					表3-14工资费用分配表			
2	光华公司				202×年×月			金额单位：元
3	应借科目		成本或费用项目	直接计入	分配计入			合计
4					生产工时	分配率	分配金额	
5	基本生产成本	甲产品	直接工资	38098	8000		=F7*E5	=D5+G5
6		乙产品	直接工资	17432	4000		=F7*E6	=D6+G6
7		小计		55530	=E6+E5	=G7/E7	123000	=D7+G7
8	辅助生产成本	供电车间	直接工资	19861				=D8+G8
9		供水车间	直接工资	17638				=D9+G9
10		小计		37499				=D10+G10
11	制造费用	基本生产一车间	工资	23990				=D11+G11
12		基本生产二车间	工资	28386				=D12+G12
13		小计		52376				=D13+G13
14	管理费用		工资	26733				=D14+G14
15	销售费用		工资	8299				=D15+G15
16	在建工程		工资	25422				=D16+G16
17	合计			=D7+D10+D13+D14+D15+D16			=G7+G10+G13+G14+G15+G16	=H7+H10+H13+H14+H15+H16

2. 社会保险费的核算

对于养老保险费、医疗保险费、失业保险费、工伤保险费和生育保险费等社会保险费，企业应当按照本地区的有关规定计提并进行账务处理。

根据工资结算单等有关工资资料编制光华公司"社会保险费计提表"，见表3-15。其中，养老保险费、医疗保险费、失业保险费、工伤保险费和生育保险费分别依据职工工资总额的 20%、8%、2%、0.8%、0.8% 计提。

表3-15 社会保险费计提表

光华公司　　　　　　　　　　　　　202×年×月　　　　　　　　　　　　　金额单位：元

应借科目		工资总额	养老保险费（20%）	医疗保险费（8%）	失业保险费（2%）	工伤保险费（0.8%）	生育保险费（0.8%）	合计
基本生产成本	甲产品	120 098.00	24 019.60	9 607.84	2 401.96	960.78	960.78	37 950.96
	乙产品	58 432.00	11 686.40	4 674.56	1 168.64	467.46	467.46	18 464.52
	小计	178 530.00	35 706.00	14 282.40	3 570.60	1 428.24	1 428.24	56 415.48
辅助生产成本	供电车间	19 861.00	3 972.20	1 588.88	397.22	158.89	158.89	6 276.08
	供水车间	17 638.00	3 527.60	1 411.04	352.76	141.10	141.10	5 573.60
	小计	37 499.00	7 499.80	2 999.92	749.98	299.99	299.99	11 849.68
制造费用	基本生产一车间	23 990.00	4 798.00	1 919.20	479.80	191.92	191.92	7 580.84
	基本生产二车间	28 386.00	5 677.20	2 270.88	567.72	227.09	227.09	8 969.98
	小计	52 376.00	10 475.20	4 190.08	1 047.52	419.01	419.01	16 550.82
管理费用		26 733.00	5 346.60	2 138.64	534.66	213.86	213.86	8 447.62
销售费用		8 299.00	1 659.80	663.92	165.98	66.39	66.39	2 622.48
在建工程		25 422.00	5 084.40	2 033.76	508.44	203.38	203.38	8 033.36
合计		328 859.00	65 771.80	26 308.72	6 577.18	2 630.87	2 630.87	103 919.44

根据表 3-15 应编制如下会计分录：

借：基本生产成本——甲产品　　　　　　　　　　　　　37 950.96
　　　　　　　　——乙产品　　　　　　　　　　　　　18 464.52
　　辅助生产成本——供电车间　　　　　　　　　　　　 6 276.08
　　　　　　　　——供水车间　　　　　　　　　　　　 5 573.60
　　制造费用——基本生产一车间　　　　　　　　　　　 7 580.84
　　　　　　——基本生产二车间　　　　　　　　　　　 8 969.98
　　管理费用　　　　　　　　　　　　　　　　　　　　 8 447.62
　　销售费用　　　　　　　　　　　　　　　　　　　　 2 622.48
　　在建工程　　　　　　　　　　　　　　　　　　　　 8 033.36
　　贷：应付职工薪酬——社会保险费　　　　　　　　　103 919.44

3. 住房公积金、工会经费、职工教育经费的核算

对于住房公积金、工会经费、职工教育经费等，企业应当按照本地区的有关规定计提并进行账务处理。根据工资结算单等有关工资资料编制光华公司"住房公积金、工会经费、职工教育经费计提表"，见表 3-16。其中，住房公积金、工会经费、职工教育经费分别依据职工工资总额的 11%、2%、2.5% 计提。

表 3-16　　　　住房公积金、工会经费、职工教育经费计提表

光华公司　　　　　　　　　　　　　202× 年 × 月　　　　　　　　　　　　金额单位：元

应借科目		工资总额	住房公积金（11%）	工会经费（2%）	职工教育经费（2.5%）	合计
基本生产成本	甲产品	120 098.00	13 210.78	2 401.96	3 002.45	18 615.19
	乙产品	58 432.00	6 427.52	1 168.64	1 460.80	9 056.96
	小计	178 530.00	19 638.30	3 570.60	4 463.25	27 672.15
辅助生产成本	供电车间	19 861.00	2 184.71	397.22	496.53	3 078.46
	供水车间	17 638.00	1 940.18	352.76	440.95	2 733.89
	小计	37 499.00	4 124.89	749.98	937.48	5 812.35
制造费用	基本生产一车间	23 990.00	2 638.90	479.80	599.75	3 718.45
	基本生产二车间	28 386.00	3 122.46	567.72	709.65	4 399.83
	小计	52 376.00	5 761.36	1 047.52	1 309.40	8 118.28
管理费用		26 733.00	2 940.63	534.66	668.33	4 143.62
销售费用		8 299.00	912.89	165.98	207.48	1 286.35
在建工程		25 422.00	2 796.42	508.44	635.55	3 940.41
合计		328 859.00	36 174.49	6 577.18	8 221.49	50 973.16

根据表 3-16 应编制如下会计分录：

借：基本生产成本——甲产品　　　　　　　　　　　　　18 615.19
　　　　　　　　——乙产品　　　　　　　　　　　　　9 056.96
　　辅助生产成本——供电车间　　　　　　　　　　　　3 078.46
　　　　　　　　——供水车间　　　　　　　　　　　　2 733.89
　　制造费用——基本生产一车间　　　　　　　　　　　3 718.45
　　　　　——基本生产二车间　　　　　　　　　　　　4 399.83
　　管理费用　　　　　　　　　　　　　　　　　　　　4 143.62
　　销售费用　　　　　　　　　　　　　　　　　　　　1 286.35
　　在建工程　　　　　　　　　　　　　　　　　　　　3 940.41
　　贷：应付职工薪酬——住房公积金　　　　　　　　　36 174.49
　　　　　　　　　——工会经费　　　　　　　　　　　6 577.18
　　　　　　　　　——职工教育经费　　　　　　　　　8 211.49

工资薪酬费用分配的有关账簿登记参见表 3-21、表 3-22、表 3-35、表 3-38。

四、折旧费用的归集和分配

我国目前采用的折旧计算方法主要是使用年限法和工作量法。此外，现行会计制度允许采用双倍余额递减法、年数总和法等加速折旧法。

应注意的是，固定资产的月折旧额按月初固定资产的原值和规定的折旧率计算，即月份内开始使用的固定资产，当月不提折旧，从下月起计算折旧；月份内减少或停用的固定资产，当月仍计算折旧，从下月起停止计算折旧。

折旧费用的分配一般通过编制折旧费用分配表进行。折旧费用一般应按固定资产使用的车间、部门分别记入"制造费用"和"管理费用"等账户。折旧总额应记入"累计折旧"账户的贷方。

未使用和不需用的固定资产，以及以经营租赁方式租入的固定资产不计算折旧；已经提足折旧超龄使用的固定资产不再计算折旧；提前报废的固定资产不补提折旧。房屋和建筑物由于有自然损耗，无论使用与否，都应计算折旧；以融资租赁方式租入的固定资产应视同自有的固定资产计算折旧；季节性停用及大修期间的固定资产应计算提取折旧。企业各车间（部门）每月计提的折旧额可按下列公式计算：

某车间（部门）本月折旧额 = 该车间（部门）上月折旧额 + 该车间（部门）上月增加固定资产应提折旧额 − 该车间（部门）上月减少固定资产应停提折旧额

光华公司的"固定资产折旧计算表"见表 3-17。

表 3-17　　　　　　　　　　　　　固定资产折旧计算表

光华工厂　　　　　　　　　　　　　　202×年×月　　　　　　　　　　　　　金额单位：元

应借科目	车间或部门	上月计提折旧	上月增加应提	上月减少应停提	本月应提折旧
制造费用	基本生产一车间	5 600.00	660.00	240.00	6 020.00
	基本生产二车间	4 350.00	150.00	80.00	4 420.00
	小计	9 950.00	810.00	320.00	10 440.00
辅助生产成本	供电车间	3 720.00	120.00	260.00	3 580.00
	供水车间	2 680.00	270.00	150.00	2 800.00
	小计	6 400.00	390.00	410.00	6 380.00
管理费用	行政管理	8 400.00		760.00	7 640.00
合计		24 750.00	1 200.00	1 490.00	24 460.00

根据表 3-17 应编制如下会计分录：

借：制造费用——基本生产一车间　　　　　　　　　　　　　　6 020.00
　　　　　　——基本生产二车间　　　　　　　　　　　　　　4 420.00
　　辅助生产成本——供电车间　　　　　　　　　　　　　　　3 580.00
　　　　　　　　——供水车间　　　　　　　　　　　　　　　2 800.00
　　管理费用　　　　　　　　　　　　　　　　　　　　　　　7 640.00
　　贷：累计折旧　　　　　　　　　　　　　　　　　　　　 24 460.00

五、其他费用的核算

工业企业要素费用中的其他费用是指除前面所述各项要素以外的费用，包括邮电费、租赁费、报刊费、排污费、差旅费、外部加工费等。这些费用都没有专门的成本项目，在费用发生时，按照发生的车间、部门，分别借记"制造费用""管理费用""在建工程"等科目，贷记"银行存款"或"库存现金"。光华公司支付的"其他费用汇总表"见表 3-18（假定均通过银行存款支付）。

表 3-18　　　　　　　　　　　　　其他费用汇总表

光华公司　　　　　　　　　　　　　　202×年×月　　　　　　　　　　　　　金额单位：元

制造费用	基本生产一车间	办公费	580.00
		差旅费	240.00
		小计	820.00
	基本生产二车间	办公费	760.00
		差旅费	120.00
		小计	880.00

续表

辅助生产成本	供电车间	办公费	859.00
	供水车间	差旅费	2 875.00
	小计		3 734.00
管理费用	行政管理部门	办公费	1 235.00
		差旅费	781.00
		小计	2 016.00
在建工程	其他		9 100.00
合　　计			16 550.00

根据表 3-18 应编制如下会计分录：

借：制造费用——基本生产一车间　　　　　　　　　820.00
　　　　　　——基本生产二车间　　　　　　　　　880.00
　　辅助生产成本——供电车间　　　　　　　　　　859.00
　　　　　　　——供水车间　　　　　　　　　　　2 875.00
　　管理费用　　　　　　　　　　　　　　　　　　2 016.00
　　在建工程　　　　　　　　　　　　　　　　　　9 100.00
　　贷：银行存款　　　　　　　　　　　　　　　　16 550.00

【例 3-10】 光华公司本月付财产保险费 5 050 元，付报纸杂志费 1 360 元，用转账支票支付。

保险及报刊费的分配是通过编制"保险及报刊费用分配表"来进行的。光华公司本月"保险及报刊费用分配表"见表 3-19。

表 3-19　　　　　　　　　保险及报刊费用分配表

光华公司　　　　　　　　　　　　202×年×月　　　　　　　　　　　　金额单位：元

应借科目		成本或费用项目		合计
总账科目	明细账科目	保险费	报刊费	
制造费用	基本生产一车间	850.00	140.00	990.00
	基本生产二车间	700.00	150.00	850.00
	小计	1 550.00	290.00	1 840.00
辅助生产成本	供电车间	600.00	150.00	750.00
	供水车间	480.00	120.00	600.00
	小计	1 080.00	270.00	1 350.00
管理费用		2 420.00	800.00	3 220.00
合　计		5 050.00	1 360.00	6 410.00

根据表 3-19 应编制如下会计分录：

借：制造费用——基本生产一车间　　　　　　　　　　　　　　990.00
　　　　　　——基本生产二车间　　　　　　　　　　　　　　850.00
　　辅助生产成本——供电车间　　　　　　　　　　　　　　　750.00
　　　　　　——供水车间　　　　　　　　　　　　　　　　　600.00
　　管理费用　　　　　　　　　　　　　　　　　　　　　　3 220.00
　　贷：银行存款　　　　　　　　　　　　　　　　　　　　6 410.00

【例 3-11】 光华公司本月发生租赁费 21 639.96 元，已通过银行存款支付。光华公司的"租赁费用分配表"见表 3-20。

表 3-20　　　　　　　　　　　　租赁费用分配表

光华公司　　　　　　　　　　　　202×年×月　　　　　　　　　　金额单位：元

应借科目		成本或费用项目	合计
总账科目	明细账科目	租赁费	
制造费用	基本生产一车间	6 800.00	6 800.00
	基本生产二车间	4 000.00	4 000.00
	小计	10 800.00	10 800.00
辅助生产成本	供电车间	2 754.07	2 754.07
	供水车间	3 625.89	3 625.89
	小计	6 379.96	6 379.96
销售费用		2 500.00	2 500.00
管理费用		1 960.00	1 960.00
合计		21 639.96	21 639.96

根据表 3-20 应编制如下会计分录：

借：制造费用——基本生产一车间　　　　　　　　　　　　　6 800.00
　　　　　　——基本生产二车间　　　　　　　　　　　　　4 000.00
　　辅助生产成本——供电车间　　　　　　　　　　　　　　2 754.07
　　　　　　——供水车间　　　　　　　　　　　　　　　　3 625.89
　　销售费用　　　　　　　　　　　　　　　　　　　　　　2 500.00
　　管理费用　　　　　　　　　　　　　　　　　　　　　　1 960.00
　　贷：银行存款　　　　　　　　　　　　　　　　　　　21 639.96

任务二　辅助生产费用的归集与分配

一、辅助生产费用的归集

企业的辅助生产主要是为基本生产服务的。有的只生产一种产品或提供一种劳务，如供电、供气、运输等辅助生产；有的生产多种产品或提供多种劳务，如从事工具、模型、备件的制造以及机器设备的修理等辅助生产。辅助生产提供的产品和劳务有时也对外销售，但这不是辅助生产的主要目的。辅助生产费用的归集和分配是通过"生产成本——辅助生产成本"科目进行的。该科目应按车间和产品品种设置明细账，进行明细核算，辅助生产发生的直接材料、直接人工费用分别根据"材料费用分配表""材料费用分配汇总表"和有关凭证，记入该科目及其明细账的借方；辅助生产发生的间接费用，应先记入"制造费用"科目的借方进行归集，然后从该科目的贷方直接转入或分配转入"生产成本——辅助生产成本"科目及其明细账的借方。辅助生产车间完工的产品或劳务成本，应从"生产成本——辅助生产成本"科目及其明细账的贷方转出。"生产成本——辅助生产成本"科目的借方余额表示辅助生产的在产品成本。光华公司的辅助生产成本明细账见表3-21、表3-22。

在表3-21、表3-22中，各种费用应根据前例中光华公司的各种费用分配表登记，待分配费用小计就是这些费用之和，是有待分配转出的辅助生产费用。

表 3-21 生产成本——辅助生产成本

车间：供电车间　　　　　　　　　　　　　　　　　　　　　　　　　　　　　　　　单位：元

202x年		凭证字号	摘要	材料费	人工费	燃料费	折旧费	租赁费	保险费	差旅费	报刊费	其他	发生额合计		余额
月	日												借方	贷方	
×	31		分配材料费	34 800.00									34 800.00		34 800.00
×	31		分配燃料费			21 500.00							21 500.00		56 300.00
×	31		分配工资		19 861.00								19 861.00		76 161.00
×	31		计提社会保险		6 276.08								6 276.08		82 437.08
×	31		计提公积金、工会及教育经费		3 078.46								3 078.46		85 515.54
×	31		计提折旧				3 580.00						3 580.00		89 095.54
×	31		差旅费							859.00			859.00		89 954.54
×	31		保险费						600.00				600.00		90 554.54
×	31		报刊费								150.00		150.00		90 704.54
×	31		租赁费					2 754.07					2 754.07		93 458.61
×	31		分配转出											93 458.61	0.00
×	31		本月合计	34 800.00	29 215.54	21 500.00	3 580.00	2 754.07	600.00	859.00	150.00		93 458.61	93 458.61	0.00

表 3-22

生产成本——辅助生产成本

车间：供水车间　　　　　　　　　　　　　　　　　　　　　　　　　　　　单位：元

202×年		凭证字号	摘要	材料费	人工费	燃料费	折旧费	租赁费	保险费	差旅费	报刊费	其他	发生额合计		余额
月	日												借方	贷方	
×	31		分配材料费	21 610.00									21 610.00		21 610.00
×	31		分配燃料费			5 000.00							5 000.00		26 610.00
×	31		分配工资		17 638.00								17 638.00		44 248.00
×	31		计提社会保险		5 573.60								5 573.60		49 821.60
×	31		计提公积金、工会及教育经费		2 733.89								2 733.89		52 555.49
×	31		计提折旧				2 800.00						2 800.00		55 355.49
×	31		差旅费							2 875.00			2 875.00		58 230.49
×	31		保险费						480.00				480.00		58 710.49
×	31		报刊费								120.00		120.00		58 830.49
×	31		租赁费					3 625.89					3 625.89		62 456.38
×	31		分配转出											62 456.38	0.00
×	31		本月合计	21 610.00	25 945.49	5 000.00	2 800.00	3 625.89	480.00	2 875.00	120.00		62 456.38	62 456.38	0.00

二、辅助生产费用的分配

归集在"生产成本——辅助生产成本"科目及其明细账借方的辅助生产费用，由于所生产的产品和提供的劳务不同，其所发生的费用分配转出的程序方法也不一样。制造工具、模型、备件等产品所发生的费用，应计入完工工具、模型、备件等产品的成本，完工时，作为自制工具或材料入库，从"生产成本——辅助生产成本"科目及其明细账的贷方转入"周转材料"或"原材料"科目的借方；领用时，按其用途和使用部门，一次或分期摊入成本。提供水、电、气和运输、修理等劳务所发生的辅助生产费用，大多按受益单位耗用的劳务数量在各单位之间进行分配。分配时，借记"制造费用"或"管理费用"等科目，贷记"生产成本——辅助生产成本"科目及其明细账。

辅助生产提供的产品和劳务主要是为基本生产车间与管理部门使用和服务的。但在某些辅助生产车间之间也有相互提供产品和劳务的情况。例如，修理车间为供电车间提供修理服务，供电车间也为修理车间提供电力。这样，为了计算修理成本，就要确定供电成本；为了计算供电成本，又要确定修理成本。这里就存在一个辅助生产费用在各辅助生产车间交互分配的问题。辅助生产费用的分配通常采用直接分配法、交互分配法、代数分配法、计划成本分配法和顺序分配法等。

（一）直接分配法

采用直接分配法，不考虑辅助生产内部相互提供的劳务量，即不经过辅助生产费用的交互分配，直接将各辅助生产车间发生的费用分配给辅助生产车间以外的各个受益单位或产品。直接分配法的计算公式为：

直接分配法

辅助生产车间的单位成本 = 辅助生产费用总额 ÷ 辅助生产车间以外的各个受益对象接受提供的劳务量之和

各受益对象应分配的辅助生产费用 = 该受益对象接受提供的劳务量 × 辅助生产车间的单位成本

【例3-12】 光华公司设有供电、供水两个辅助生产车间，根据表3-21、表3-22可知，供电车间直接发生的待分配费用为93 458.61元，供水车间直接发生的待分配费用为62 456.38元，两个车间本月提供劳务量见表3-23。

表3-23　　　　　　　　　　辅助车间本月提供劳务量

202×年×月

受益部门		供电度数	供水吨数
辅助生产车间	供电车间		500
	供水车间	6 500	

续表

受益部门		供电度数	供水吨数
基本生产车间	甲产品	30 000	
	乙产品	35 000	
	基本生产一车间	8 000	3 000
	基本生产二车间	6 000	2 200
管理部门		16 000	1 800
合计		101 500	7 500

将以上数据录入 EXCEL 中，并命名为"表 3-23 辅助车间本月提供劳务量"。

根据例 3-12 中的资料，编制直接分配法的"辅助生产费用分配表"，见表 3-24。

表 3-24　　　　　　　　　　辅助生产费用分配表

202×年 × 月　　　　　　　　　　　　　　　　金额单位：元

辅助生产车间名称			供电车间	供水车间	金额合计
待分配费用			93 458.61	62 456.38	155 914.99
对外提供劳务数量			95 000	7 000	
费用分配率			0.983 774 842	8.922 34	
甲产品耗用	基本生产成本	数量	30 000		
		金额	29 513.24		29 513.24
乙产品耗用	基本生产成本	数量	35 000		
		金额	34 432.12		34 432.12
基本生产一车间一般消耗	制造费用	数量	8 000	3 000	
		金额	7 870.20	26 767.02	34 637.22

续表

辅助生产车间名称			供电车间	供水车间	金额合计
基本生产二车间一般消耗	制造费用	数量	6 000	2 200	
		金额	5 902.65	19 629.15	25 531.80
管理部门	管理费用	数量	16 000	1 800	
		金额	15 740.40	16 060.21	31 800.61
分配费用合计			93 458.61	62 456.38	155 914.99

根据表 3-24 应编制如下会计分录：

借：基本生产成本——甲产品　　　　　　　　　　　　　　29 513.24
　　　　　　　　——乙产品　　　　　　　　　　　　　　34 432.12
　　制造费用——基本生产一车间　　　　　　　　　　　　34 637.22
　　　　　　——基本生产二车间　　　　　　　　　　　　25 531.80
　　管理费用　　　　　　　　　　　　　　　　　　　　　31 800.61
　　贷：辅助生产成本——供电车间　　　　　　　　　　　93 458.61
　　　　　　　　　　——供水车间　　　　　　　　　　　62 456.38

根据"表 3-23 辅助车间本月提供劳务量"中的资料，在 Excel 中编制"表 3-24 辅助生产费用分配表"，相关公式设置见下图：

采用直接分配法，各辅助生产车间的待分配费用只对其以外的单位分配一次，计算工作简便；但由于各辅助生产车间包括的费用不全，如例 3-12 中供电车间的费用不包括所发生的水费，供水车间的费用不包括所耗电费，因而分配结果不够准确。直接分配法一般适宜在辅

直接分配法——实训

助生产车间内部相互提供劳务不多、不进行费用的交互分配、对辅助生产成本和企业产品影响不大的情况下采用。

> **课内思考**
> 在采用直接分配法计算分配率时，分母中要扣除辅助生产车间所耗用的劳务量，为什么？分母做了扣除后，辅助生产车间所耗用的劳务量成本应由谁承担？

（二）交互分配法

交互分配法也称为一次交互分配法，是先根据各辅助生产单位相互提供产品或劳务的数量和费用分配率（产品或劳务的单位成本），在各辅助生产单位之间进行一次交互分配，再将交互分配以后辅助生产单位的全部应分配费用（交互分配前的待分配费用，加上交互分配转入的应负担费用，减去交互分配转出的费用）按提供劳务的数量，在辅助生产单位以外的各受益对象之间进行分配的一种方法。交互分配法有关费用分配的计算公式为：

交互分配法

$$交互分配费用分配率 = \frac{交互分配前辅助生产单位的待分配费用总额}{该辅助生产单位的劳务供应总量}$$

某辅助生产单位应负担的费用＝该辅助生产单位接受的劳务总量 × 交互分配费用分配率

$$对外分配费用分配率 = \frac{交互分配前待分配费用总额 + 交互分配转入费用 - 交互分配转出费用}{对辅助生产单位以外的各个受益对象接受提供的劳务量之和}$$

某辅助生产单位以外的各受益对象应分配的辅助生产费用＝该受益对象接受提供的劳务量 × 对外分配费用分配率

沿用例 3-12 中的资料，编制交互分配法的"辅助生产费用分配表"，见表 3-25。

表 3-25　　　　　　　　　　辅助生产费用分配表

202× 年 × 月　　　　　　　　　　　　　　　金额单位：元

项目	交互分配			对外分配		
辅助生产车间名称	供电车间	供水车间	合计	供电车间	供水车间	合计
待分配费用	93 458.61	62 456.38	155 914.99	91 637.34	64 277.65	155 914.99
提供劳务数量	101 500	7 500		95 000	7 000	
费用分配率	0.920 77448	8.327 51733		0.964 60358	9.18252143	

续表

项目			交互分配			对外分配	
辅助生产车间耗用	供电车间	数量		500			
		金额		4 163.76	4 163.76		
	供水车间	数量	6 500				
		金额	5 985.03		5 985.03		
	小计		5 985.03	4 163.76	10 148.79		
甲产品耗用	基本生产成本	数量				30 000	
		金额				28 938.11	28 938.11
乙产品耗用	基本生产成本	数量				35 000	
		金额				33 761.12	33 761.12
一车间一般消耗	制造费用	数量				8 000	3 000.00
		金额				7 716.83	27 547.56	35 264.39
二车间一般消耗	制造费用	数量				6 000	2 200.00
		金额				5 787.62	20 201.55	25 989.17
管理部门		数量				16 000	1 800.00
		金额				15 433.66	16 528.54	31 962.20
分配费用合计						91 637.34	64 277.65	155 914.99

注：分配率计算到小数点后四位数，尾差计入管理费用。

在表3-25中，待分配费用除以劳务总量，即费用分配率。表3-25中对外分配的待分配费用计算如下：

供电车间待分配费用 =93 458.61+4 163.76-5 985.03=91 637.34（元）

供水车间待分配费用 =62 456.38+5985.03-4 163.76=64 277.65（元）

对外分配劳务数量计算如下：

供电车间对外分配劳务数量 =101 500-6 500=95 000（度）

供水车间对外分配劳务数量 =7 500-500=7 000（吨）

根据表3-25，应编制如下会计分录：

（1）交互分配会计分录：

借：辅助生产成本——供电车间　　　　　　　　　　　　　　　　　4 163.76
　　　　　　　　——供水车间　　　　　　　　　　　　　　　　　5 985.03
　　贷：辅助生产成本——供电车间　　　　　　　　　　　　　　　5 985.03
　　　　　　　　——供水车间　　　　　　　　　　　　　　　　　4 163.76

（2）对外分配会计分录：

借：基本生产成本——甲产品　　　　　　　　　　　　　　　　　28 938.11
　　　　　　——乙产品　　　　　　　　　　　　　　　　　　33 761.12

制造费用——一车间	35 264.40
——二车间	25 989.17
管理费用	31 962.20
贷：辅助生产成本——供电车间	91 637.34
——供水车间	64 277.65

根据"表 3-23 辅助车间本月提供劳务量"中的资料，在 Excel 中编制"表 3-25 辅助生产费用分配表"，相关公式设置见下图：

表3-25	辅助生产费用分配表								
					202×年×月				金额单位：元
项目			交互分配			对外分配			
辅助生产车间名称			供电车间	供水车间	合计	供电车间	供水车间		合计
待分配费用			93458.61	62456.38	=SUM(D5:E5)	=ROUNDUP(D5+E12-D12,2)	=E5+D11-E9		=SUM(D5:H5)
提供劳务数量			='表3-23辅助车间本月提供劳务量'!C11	='表3-23辅助车间本月提供劳务量'!D11		=SUM('表3-23辅助车间本月提供劳务量'!C6:C10)	=SUM('表3-23辅助车间本月提供劳务量'!D8:D10)		
费用分配率			=D5/D6	=E5/E6		=G5/G6	=H5/H6		
辅助生产车间耗用	供电车间	数量		='表3-23辅助车间本月提供劳务量'!D4					
		金额		=E8*E7	=SUM(D9:E9)				
	供水车间	数量	='表3-23辅助车间本月提供劳务量'!C5						
		金额	=D10*D7		=SUM(D11:E11)				
	小计		=D11	=E9	=SUM(D12:E12)				
甲产品耗用	基本生产成本	数量				='表3-23辅助车间本月提供劳务量'!C6			
		金额				=ROUNDUP(G7*G13,2)			=SUM(G14:H14)
乙产品耗用	基本生产成本	数量				='表3-23辅助车间本月提供劳务量'!C7			
		金额				=ROUNDDOWN(G7*G15,2)			=SUM(G16:H16)
一车间一般消耗	制造费用	数量				='表3-23辅助车间本月提供劳务量'!C8	='表3-23辅助车间本月提供劳务量'!D8		
		金额				=G7*G17	=H7*H17		=SUM(G18:H18)
二车间一般消耗	制造费用	数量				='表3-23辅助车间本月提供劳务量'!C9	='表3-23辅助车间本月提供劳务量'!D9		
		金额				=G7*G19	=H7*H19		=SUM(G20:H20)
管理部门		数量				='表3-23辅助车间本月提供劳务量'!C10	='表3-23辅助车间本月提供劳务量'!D10		
		金额				=G5-G14-G16-G18-G20	=H5-H18-H20		=SUM(G22:H22)
分配费用合计						=G14+G16+G18+G20+G22	=H18+H20+H22		=SUM(G23:H23)

> **课内思考**
>
> 1. 直接分配法与交互分配法在分配率的计算上有何区别？
> 2. 为什么说交互分配法比直接分配法的分配结果更准确？
> 3. 比较两种分配方法的账务处理有什么不同。

采用交互分配法，由于辅助生产车间内部提供劳务进行了交互分配，因而提高了分配结果的正确性。但由于各种辅助生产费用都要计算两个费用分配率，进行两次分配，特别是在辅助生产车间较多的情况下，加大了分配的工作量，因此，这种方法适用于辅助生产部门之间相互提供产品和劳务的数量较多的情况。

（三）代数分配法

代数分配法是先根据数学上解联立方程的原理，计算出辅助生产单位产品和劳务的实际单位成本，再按照产品和劳务的实际供应量与实际单位成本，在全部受益对象之间分配辅助生产费用的方法。

仍以例 3-12 为例。

代数分配法

假设每度电的成本为 x 元,每吨水的成本为 y 元,根据资料建立如下二元一次方程组:

$$\begin{cases} 93\,458.61+500y=101\,500x \\ 62\,456.38+6\,500x=7\,500y \end{cases}$$

解上述方程组得:

$x=0.965\,920\,534\,3$(元),$y=9.164\,648\,463\,1$(元)

上述计算结果表明,本月每度电的实际成本为 0.965 920 534 3 元,每一机修小时的实际成本为 9.164 648 463 1 元。据此编制"辅助生产费用分配表",见表 3-26。

表 3-26 辅助生产费用分配表

202×年 ×月 金额单位:元

辅助生产车间名称			供电车间	供水车间	金额合计
待分配费用			93 458.61	62 456.38	155 914.99
提供劳务数量			101 500	7 500	
用代数分配法算出的实际单位成本			0.965 920 534 3	9.164 648 463 1	
辅助生产车间耗用	供电车间	数量		500.00	
		金额		4 582.32	4 582.32
	供水车间	数量	6 500		
		金额	6 278.48		6 278.48
	金额小计		6 278.48	4 582.33	10 860.81
甲产品耗用	基本生产成本	数量	30 000.00		
		金额	28 977.62		28 977.62
乙产品耗用	基本生产成本	数量	35 000.00		
		金额	33 807.22		33 807.22
一车间一般消耗	制造费用	数量	8 000.00	3 000.00	
		金额	7 727.36	27 493.95	35 221.31
二车间一般消耗	制造费用	数量	6 000.00	2 200.00	
		金额	5 795.52	20 162.23	25 957.75
管理部门	管理费用	数量	16 000.00	1800.00	
		金额	15 454.73	16 496.37	31 951.10
分配费用合计			98 040.93	68 734.87	166 775.80

根据表 3-26 应编制如下会计分录:

借:辅助生产成本——供电车间　　　　　　　　　　　　4 582.32
　　　　　　　　——供水车间　　　　　　　　　　　　6 278.48
　　基本生产成本——甲产品　　　　　　　　　　　　　28 977.62

——乙产品	33 807.22
制造费用——一车间	35 221.31
——二车间	25 957.75
管理费用	31 951.10
贷：辅助生产成本——供电车间	98 040.93
——供水车间	68 734.87

采用代数分配法分配辅助生产费用时，分配结果最准确。但在分配时要解联立方程，如果辅助生产车间较多，未知数较多，则计算工作比较复杂，因而这种方法在实现会计电算化的企业比较适宜。

> **课内思考**
>
> 1. 在辅助生产费用分配的方法中，代数分配法是最准确的，你同意吗？请说明理由。
> 2. 代数分配法会计分录的借、贷方金额合计 166 775.80 元，与供电、修理两个辅助生产车间待分配费用之和 155 914.99 元相比，多出 10 860.81 元，为什么？

（四）计划成本分配法

计划成本分配法是先按辅助生产单位产品或劳务的计划单位成本和实际供应量，在全部受益对象之间分配生产费用，再计算和分配辅助生产单位实际发生的费用（待分配费用加上辅助生产单位内部按计划成本分配转入的费用）与按计划单位成本分配转出费用的差额，即辅助生产单位产品或劳务的成本差异的方法。为了简化分配工作，辅助生产的成本差异一般全部调整计入管理费用，不再分配给其他各受益对象。

计划成本分配法

现仍以例 3-12 中的资料为例，编制计划成本分配法的"辅助生产费用分配表"，见表 3-27。

表 3-27　　　　　　　　　　辅助生产费用分配表

202× 年 × 月　　　　　　　　　　　　　　金额单位：元

辅助生产车间名称	供电车间	供水车间	金额合计
待分配费用	93 458.61	62 456.38	155 914.99
提供劳务数量	101 500.00	7 500.00	
计划单位成本	0.98	9.00	

续表

辅助生产车间名称			供电车间	供水车间	金额合计
辅助生产车间耗用	供电车间	数量		500.00	
		金额		4 500.00	4 500.00
	供水车间	数量	6 500.00		
		金额	6 370.00		6 370.00
金额小计			6 370.00	4 500.00	10 870.00
甲产品耗用	基本生产成本	数量	30 000.00		
		金额	29 400.00		29 400.00
乙产品耗用	基本生产成本	数量	35 000.00		
		金额	34 300.00		34 300.00
一车间一般消耗	制造费用	数量	8 000.00	3 000.00	
		金额	7 840.00	27 000.00	34 840.00
二车间一般消耗	制造费用	数量	6 000.00	2 200.00	
		金额	5 880.00	19 800.00	25 680.00
管理部门	管理费用	数量	16 000.00	1 800.00	
		金额	15 680.00	16 200.00	31 880.00
按计划分配费用合计			99 470.00	67 500.00	166 970.00
辅助生产实际成本			97 958.61	68 826.38	166 784.99
辅助生产成本差异			（1 511.39）	1 326.38	（185.01）

在表3-27中，辅助生产实际成本的计算公式为：

供电车间实际成本＝93 458.61+4 500=97 958.61（元）

供水车间实际成本＝62 456.38+6 370=68 826.38（元）

根据表3-27应编制如下会计分录：

借：辅助生产成本——供电车间　　　　　　　　　　　　　4 500.00

　　　　　　　　——供水车间　　　　　　　　　　　　　6 370.00

　　基本生产成本——甲产品　　　　　　　　　　　　　29 400.00

　　　　　　　　——乙产品　　　　　　　　　　　　　34 300.00

　　制造费用——一车间　　　　　　　　　　　　　　　34 840.00

　　　　　　——二车间　　　　　　　　　　　　　　　25 680.00

　　管理费用　　　　　　　　　　　　　　　　　　　　31 880.00

　　贷：辅助生产成本——供电车间　　　　　　　　　　　99 470.00

　　　　　　　　　　——供水车间　　　　　　　　　　　67 500.00

将辅助生产成本差异计入管理费用，有：

借：管理费用　　　　　　　　　　　　　　　　　　　　　　　　　185.01
　　贷：辅助生产成本——供电车间　　　　　　　　　　　　　　　　1 511.39
　　　　　　　　　　——供水车间　　　　　　　　　　　　　　　　1 326.38

根据"表3-23 辅助车间本月提供劳务量"中的资料，在 Excel 中编制"表3-27 辅助生产费用分配表"，相关公式设置见下图：

	A	B	C	D	E	F
1	表3-27			辅助生产费用分配表		
2				202×年×月		金额单位：元
3	辅助生产车间名称			供电车间	供水车间	金额合计
4	待分配费用			93458.61	62456.38	155914.99
5	提供劳务数量			='表3-23辅助车间本月提供劳务量'!C11	='表3-23辅助车间本月提供劳务量'!D11	
6	计划单位成本			0.98	9	
7	辅助生产车间耗用	供电车间	数量		='表3-23辅助车间本月提供劳务量'!D4	
8			金额		=E6*E7	4500
9		供水车间	数量	='表3-23辅助车间本月提供劳务量'!C5		
10			金额	=D6*D9		6370
11		金额小计		=D10	=E8	10870
12	甲产品耗用	基本生产成本	数量	='表3-23辅助车间本月提供劳务量'!C6		
13			金额	=D6*D12		=D13
14	乙产品耗用	基本生产成本	数量	='表3-23辅助车间本月提供劳务量'!C7		
15			金额	=D6*D14		=D15
16	一车间一般消耗	制造费用	数量	='表3-23辅助车间本月提供劳务量'!C8	='表3-23辅助车间本月提供劳务量'!D8	
17			金额	=D6*D16	=E6*E16	=SUM(D17:E17)
18	二车间一般消耗	制造费用	数量	='表3-23辅助车间本月提供劳务量'!C9	='表3-23辅助车间本月提供劳务量'!D9	
19			金额	=D6*D18	=E6*E18	=SUM(D19:E19)
20	管理部门	管理费用	数量	='表3-23辅助车间本月提供劳务量'!C10	='表3-23辅助车间本月提供劳务量'!D10	
21			金额	=D6*D20	=E6*E20	=SUM(D21:E21)
22	按计划分配费用合计			=D6*D5	=E6*E5	=SUM(D22:E22)
23	辅助生产实际成本			=D4+E8	=E4+D10	=SUM(D23:E23)
24	辅助生产成本差异			=D23-D22	=E23-E22	=SUM(D24:E24)

采用计划成本分配法时，各种辅助生产费用只分配一次，而且劳务的计划成本单位成本是早已确定的，不必单独计算费用分配率，因而简化了计算工作；通过辅助生产成本差异的计算，还能反映和考核辅助生产成本计划的执行情况；由于辅助生产的成本差异全部计入管理费用，各受益单位所负担的劳务费用都不包括辅助生产差异，因而还便于分析和考核各受益单位的成本，有利于分清企业内部各单位的经济责任。只是采用这种分配方法时，辅助生产劳务的计划单位成本应比较准确。因此，它适合厂内计划价格制定比较准确、基础工作较多的企业采用。

(五)顺序分配法

所谓顺序分配法,又称为梯形分配法,是在各辅助生产车间分配费用时,按照各辅助生产车间受益多少的顺序排列,并逐一将其费用分配给其他车间(包括排在后面的辅助生产车间)、部门。受益少的辅助生产车间排在前面,受益多的辅助生产车间排在后面,并依次向后面各车间、部门分配,后面的辅助生产车间费用不再对前面的辅助生产车间进行分配。其计算公式为:

顺序分配法

$$某辅助生产车间费用分配率 = \frac{直接发生费用额 + 耗用前序辅助生产费用额}{提供劳务总量 - 前序辅助生产耗用量}$$

某受益部门应负担费用额 = 该部门受益劳务量 × 辅助生产费用分配率

如例 3-12 中光华公司的供电车间和供水车间两个辅助生产车间,若供电车间耗用供水车间的费用少,则辅助生产费用的分配顺序是应先分配供电车间的费用(包括分配给修理车间),再分配供水车间的费用(不分配给供电车间)。

现仍以例 3-12 中的资料为例,编制顺序分配法的"辅助生产费用分配表",见表 3-28。

表 3-28

辅助生产费用分配表（顺序分配法）
202×年×月

项目	劳务数量	待分配费用			分配率	分配额									合计
		直接发生费用	分配转入费用	小计		供水车间		甲产品耗用		乙产品耗用		一车间一般消耗		二车间一般消耗		管理部门	
						数量	金额	数量	金额	数量	金额	数量	金额	数量	金额	数量	金额	
供电车间	101 500	93 458.61		93 458.61	0.920 774	6 500	5 985.03	30 000	27 623.23	35 000	32 227.11	8 000	7 366.20	6 000	5 524.65	16 000	14 732.39	93 458.61
供水车间	7 000	62 456.38	5 985.03	68 441.41	9.777 345							3 000	29 332.03	2 200	21 510.16	1 800	17 599.22	68 441.41
合计		155 914.99	5 985.03	161 900.02			5 985.03		27 623.23		32 227.11		36 698.23		27 034.81		32 331.61	161 900.02

根据"表 3-23 辅助车间本月提供劳务量"中的资料，在 Excel 中编制"表 3-28 辅助生产费用分配表"，相关公式设置见下图：

辅助生产费用分配表

202×年×月

	A	B	C	D	E	F	G	H	I	J	K	L
1												
2												
3		劳务数量	待分配费用				供水车间		甲产品耗用		乙产品耗用	
4	项目		直接发生费用	分配转入费用	小计	分配率	数量	金额	数量	金额	数量	金额
5												
6	供电车间	='表3-23辅助车间本月提供劳务量'!C11	93458.61		93458.61	=E6/B6	=' 表3-23辅助车间本月提供劳务量'!C5	=F6*G6	=' 表3-23辅助车间本月提供劳务量'!C6	=F6*I6	=' 表3-23辅助车间本月提供劳务量'!C7	=F6*K6
7	供水车间	='表3-23辅助车间本月提供劳务量'!D11	62456.38	=H5	=SUM(C7:D7)	9.777345						
8	合计		155914.99	5985.03	161900.02			=SUM(H6)		=SUM(J6)		=SUM(L6)

辅助生产费用分配表

202×年×月

	A	M	N	O	P	Q	R	S
1								
2								
3		分配额						
4	项目	一车间一般消耗		二车间一般消耗		管理部门		合计
5		数量	金额	数量	金额	数量	金额	
6	供电车间	=' 表3-23辅助车间本月提供劳务量'!C8	=F6*M6	=' 表3-23辅助车间本月提供劳务量'!C9	=F6*O6	=' 表3-23辅助车间本月提供劳务量'!C10	=F6*Q6	=H6+J6+L6+M6+P6+R6
7	供水车间	=' 表3-23辅助车间本月提供劳务量'!D8	=F7*M7	=' 表3-23辅助车间本月提供劳务量'!D9	=F7*O7	=' 表3-23辅助车间本月提供劳务量'!D10	=E7-N7-P7	=H7+J7+L7+N7+P7+R7
8	合计		=SUM(N6)		=SUM(P6)		=SUM(R7)	=SUM(S6:S7)

电费分配率 = $\dfrac{93\,458.61}{101\,500}$ = 0.920 774

水费分配率 = $\dfrac{62\,456.38+5\,985.03}{7\,500-500}$ = 9.777 345

根据表 3-28 应编制如下会计分录：

借：辅助生产成本——供水车间	5 985.03
基本生产成本——甲产品	27 623.23
——乙产品	32 227.11
制造费用——一车间	7 366.20
——二车间	5 524.65
管理费用	14 732.39
贷：辅助生产成本——供电车间	93 458.61
借：制造费用——一车间	29 332.03
——二车间	21 510.16
管理费用	17 599.22
贷：辅助生产成本——供水车间	68 441.41

采用顺序分配法时，在一定程度上考虑了辅助生产车间互相提供劳务的因素，计算工作有所简化。但由于排列在前面的辅助生产车间不负担排列在后面的辅助生产车间的费用，因而分配结果的正确性会受到一定的影响。所以，这种方法仅适用于各辅助生产车间之间的相互受益程序有明显顺序的企业。

【实务操作】

某企业设有供水车间和供电车间两个辅助生产车间，本月直接发生的费用如下：供电车间为 24 000 元，供水车间为 21 000 元。

要求：根据表 3-29 中的资料，采用直接分配法、交互分配法、代数分配法、计划成本分配法和顺序分配法分配辅助生产费用，分别填制表 3-29 ~ 表 3-34，并编制相应的会计分录。

表 3-29　　　　　　　　　　辅助生产产品（劳务）供应通知单

受益部门	用电度数	用水吨数
供电车间		200
供水车间	4 000	
基本生产车间	13 000	2 400
管理部门	3 000	400
合计	20 000	3 000

表 3-30　　　　　　　　　　　　　　辅助生产费用分配表
（直接分配法）　　　　　　　　　　金额单位：元

项目	待分配费用	分配数量	分配率	分配金额				合计
				制造费用		管理费用		
				数量	金额	数量	金额	
供电车间								
供水车间								
合计								

表 3-31　　　　　　　　　　　　　　辅助生产费用分配表
（交互分配法）　　　　　　　　　　金额单位：元

项目			交互分配			对外分配		
辅助生产车间名称			供电车间	供水车间	合计	供电车间	供水车间	合计
待分配费用								
劳务供应数量总额								
费用分配率（单位成本）								
辅助生产车间耗用	供电车间	数量						
		金额						
	供水车间	数量						
		金额						
基本生产车间耗用		数量						
		金额						
行政管理部门耗用		数量						
		金额						
分配金额合计								

表 3-32　　　　　　　　　　　　　　辅助生产费用分配表
（代数分配法）　　　　　　　　　　金额单位：元

辅助生产车间名称			供电车间	供水车间	合计
待分配费用					
劳务供应数量总额					
费用分配率（单位成本）					
辅助生产车间耗用	供电车间	数量			
		金额			
	供水车间	数量			
		金额			
	小计				

续表

辅助生产车间名称		供电车间	供水车间	合计
基本生产车间耗用	数量			
	金额			
行政管理部门耗用	数量			
	金额			
分配金额合计				

表 3-33　　　　　　　　　　　　　辅助生产费用分配表

（计划成本分配法）　　　　　　　　　　金额单位：元

项目		供水车间		供电车间		合计
		数量	金额	数量	金额	
待分配的数量和费用						
计划单位成本						
辅助生产成本	供水车间					
	供电车间					
	小计					
制造费用	基本生产车间水费					
	基本生产车间电费					
	小计					
管理费用	行政管理部门水费					
	行政管理部门电费					
	小计					
按计划成本分配金额合计						
辅助生产实际成本						
辅助生产成本差异						

表 3-34　　　　　　　　　　　　　辅助生产费用分配表

（顺序分配法）　　　　　　　　　　　金额单位：元

项目	分配数量	分配费用			分配率	分配金额						合计
		直接发生费用	分配转入费用	小计		供水车间		制造费用		管理费用		
						数量	金额	数量	金额	数量	金额	
供电车间												
供水车间												
合计												

答案：

直接分配法：电费分配率为 1.50，水费分配率为 7.50。

交互分配法：交互分配电费分配率为 1.20，水费分配率为 7；对外分配电费分配率为 1.287 5，水费分配率为 8.714 3。

（3）代数分配法：电费分配率为 1.287 2，水费分配率为 8.716 2。

（4）计划成本分配法：辅助生产成本超支差异为 1 320 元。

（5）顺序分配法：电费分配率为 1.20，水费分配率为 9.214 3。

代数分配法

任务三　制造费用的归集与分配

一、制造费用的归集

制造费用是指企业各生产单位为组织和管理生产而发生的各项间接费用，包括工资和福利费、折旧费、修理费、办公费、水电费、机物料消耗费、劳动保护费、租赁费、保险费、排污费、存货盘亏费（减盘盈）及其他制造费用。企业发生的各项制造费用是按其用途和发生地点，通过"制造费用"科目进行归集和分配的。根据管理的需要，"制造费用"科目可以按生产车间开设明细账，账内按照费用项目开设专栏，进行明细核算。当费用发生时，根据支出凭证借记"制造费用"科目及其所属有关明细账。材料、产品等存货的盘盈、盘亏数，则应根据盘点报告表登记。归集在"制造费用"科目借方的各项费用，在月末时应全部分配转入"生产成本"科目，计入产品成本。"制造费用"科目一般在月末时没有余额。现列示光华公司基本生产一车间的"制造费用明细账"，格式见表 3-35。

表 3-35　制造费用明细账

车间：一车间　　金额单位：元

202×年		凭证字号	摘要	材料费	人工费	燃料费	折旧费	租赁费	保险费	差旅费	办公费	其他	发生额合计		余额
月	日												借方	贷方	
×	31		分配材料费	8 280.00									8 280.00		8 280.00
×	31		分配燃料费			880.00							880.00		9 160.00
×	31		分配工资		23 990.00								23 990.00		33 150.00
×	31		计提社会保险		7 580.84								7 580.84		40 730.84
×	31		计提公积金、工会及教育经费		3 718.45								3 718.45		44 449.29
×	31		计提折旧				6 020.00						6 020.00		50 469.29
×	31		分配办公费								580.00		580.00		51 049.29
×	31		差旅费							240.00			240.00		51 289.29
×	31		保险费、报刊费						850.00		140.00		990.00		52 279.29
×	31		租赁费					6 800.00					6 800.00		59 079.29
×	31		分配辅助生产成本（直接分配）					26 767.02		7 870.20			34 637.22		93 716.51
×	31		分配转出											93 716.51	0.00
			本月合计	8 280.00	35 289.29	880.00	6 020.00	33 567.02	850.00	8 110.20	720.00		93 716.51	93 716.51	0.00

二、制造费用的分配

生产一种产品的车间发生的制造费用可直接计入其产品成本；生产多种产品的车间就要采用既合理又简便的分配方法，将制造费用分配计入各种产品成本。制造费用分配计入产品成本的方法，常用的有按生产工时、机器工时、直接人工费、年度计划分配率分配法和作业成本法等比例分配的方法。在有产品实用工时统计资料的车间里，可按生产工时的比例分配制造费用。如果企业没有实用工时统计资料，但有比较准确的产品工时定额，也可按产品定额工时的比例进行分配。在机械化程度较高的车间里，制造费用可按机器工时比例分配。

（一）生产工人工时比例分配法、生产工人工资比例分配法、机器工时比例分配法

生产工时与生产工资比例分配法

生产工人工时（生产工人工资、机器工时）比例分配法是按照各种产品所耗用生产工人工时（生产工人工资、机器工时）的比例分配制造费用。分配标准分别为生产工人工时、生产工人工资、机器工时。

其计算公式为：

$$制造费用分配率 = \frac{制造费用总额}{各种产品生产工人工时（生产工人工资、机器工时）总数}$$

某种产品应负担的制造费用 = 该种产品的生产工人工时（生产工人工资、机器工时）数 × 分配率

【例3-13】 假定光华公司基本生产一车间生产甲、乙两种产品，按生产工时比例分配制造费用。甲产品的生产工时为8 000小时，乙产品的生产工时为4 000小时。根据表3-35，基本生产车间"制造费用明细账"中所列制造费用总额为93 716.51元，应分配计算如下：

$$制造费用分配率 = \frac{93\,716.51}{8\,000 + 4\,000} = 7.809\,709$$

甲产品应分配的制造费用 = 8 000 × 7.809 709 = 62 477.67（元）

乙产品应分配的制造费用 = 4 000 × 7.809 709 = 31 238.84（元）

根据上列计算结果，编制"制造费用分配表"，见表3-36。

表3-36　　　　　　　　　　制造费用分配表

车间：一车间　　　　　　　　202×年×月　　　　　　　　金额单位：元

应借科目		生产工时	分配率	分配金额
基本生产成本	甲产品	8 000		62 477.67
	乙产品	4 000		31 238.84
合计		12 000	7.809 709	93 716.51

根据表3-36，编制下列会计分录：

借：基本生产成本——甲产品　　　　　　　　　　　　62 477.67
　　　　　　　　——乙产品　　　　　　　　　　　　31 238.84
　　贷：制造费用　　　　　　　　　　　　　　　　　93 716.51

（二）按年度计划分配率分配

按年度计划分配率分配是指各月的制造费用按年度计划确定的计划分配率分配，不考虑各月实际发生的制造费用。

计算公式为：

$$年度计划分配率 = \frac{年度制造费用计划总数}{年度各产品计划产量的定额工时总数}$$

某月某产品应负担的制造费用＝该月该种产品实际产量的定额工时数×年度计划分配率

按年度计划分配率分配法

【例3-14】某基本生产车间全年制造费用计划发生额为400 000元；全年各种产品的计划产量如下：甲产品为250件，乙产品为100件。单件产品工时定额如下：甲产品为60小时，乙产品为50小时。本月实际产量如下：甲产品为20件，乙产品为8件。本月实际发生制造费用为33 000元，"制造费用"账户本月期初余额为借方1 000元。

甲产品年度计划产量的定额工时＝250×60＝15 000

乙产品年度计划产量的定额工时＝100×50＝5 000

年度计划分配率＝400 000÷（15 000＋5 000）＝20

本月甲产品实际产量的定额工时＝20×60＝1 200

本月乙产品实际产量的定额工时＝8×50＝400

本月甲产品应分配的制造费用＝1 200×20＝24 000（元）

本月乙产品应分配的制造费用＝400×20＝8 000（元）

合计 32 000（元）

"制造费用"的期末余额为借方2 000元。

采用计划分配率分配制造费用时，"制造费用"账户月末可能有借方余额，也可能有贷方余额。在旧准则下，借方余额表示超过计划的预付费用，属于待摊费用，应列作企业的资产项目；贷方余额表示按照计划应付而未付的费用，属于预提费用，应列作企业的负债项目。

而在新准则下，对中期财务报告中制造费用余额的处理主要有以下三种：

（1）记入存货的成本。因为制造费用具有生产性，它一般是分配进产品的生产成本，作为在产品成本，最后成为存货成本，所以记入存货成本比较符合制造费用的生产特点。

（2）记入"其他流动资产"科目。

（3）对制造费用的余额不进行分配，直接计入"管理费用"。

《企业会计制度》规定，材料采用计划成本以及库存商品采用计划成本或售价核算的企业，在填列"存货"项目时，还应加（或减）材料成本差异、商品成本差异。而制造费用的差异，其实际上是产品的计划成本和实际成本的差异，因此记入存货比较合理。另外，西方国家在中期报告中对于制造费用账户余额的处理，一般有两种方法。一是编列收益表，作为销货成本的调整数；二是资产负债表作为存货项目的调整项目，或列为递延项目的借项或贷项。作为递延项目的借项和贷项就类似于我国原先的记入"预提费用"和"待摊费用"。鉴于以上两点原因，编者认为，将计划制造费用的余额记入"存货"项目比较合理。

全年制造费用的实际发生额与计划分配额的差额，通常应在年末调整，即年终时，按已分配比例计入 12 月的产品成本中。

【例 3–15】 承例 3–14。假定本年度实际发生制造费用 408 360 元，至年末累计已分配制造费用 415 000 元（其中甲产品已分配 311 250 元，乙产品已分配 103 750 元），试将"制造费用"账户的差额进行调整。

年末，"制造费用"账户有贷方余额 6 640（=415 000–408 360）元，应按已分配比例调整冲回。

甲产品应调减制造费用 =6 640×311 250/415 000=4 980（元）

乙产品应调减制造费用 =6 640×103 750/415 000=1 660（元）

调整分录如下：

借：基本生产成本——甲产品　　　　　　　　　　　　　　　　　　4 980
　　　　　　——乙产品　　　　　　　　　　　　　　　　　　　　　1 660
　　贷：制造费用　　　　　　　　　　　　　　　　　　　　　　　　6 640

制造费用的大部分支出属于产品生产的间接费用，因而不能按照产品制定定额，而只能按照车间、部门和费用项目编制制造费用计划来加以控制。通过制造费用的归集和分配，反映和监督各项费用计划的执行情况，并将其正确、及时地计入产品成本。

【实务操作】

1.某企业基本生产车间生产甲、乙两种产品。本月已归集在"制造费用——基本生产车间"账户借方的制造费用合计 56 000 元。甲产品的生产工时为 3 600 小时，乙产品的生产工时为 2 000 小时。

要求：按生产工人工时比例分配制造费用。

答案：

制造费用分配率 =56 000÷（3 600+2 000）=10

甲产品应负担的制造费用 =3 600×10=36 000（元）

乙产品应负担的制造费用 =2 000×10=20 000（元）

会计分录：

借：基本生产成本——甲产品　　　　　　　　　　　　　　　　　　36 000
　　　　　　　——乙产品　　　　　　　　　　　　　　　　　　20 000
　　贷：制造费用　　　　　　　　　　　　　　　　　　　　　　　56 000

2. 假设某基本生产车间甲产品的生产工时为 56 000 小时，乙产品的生产工时为 32 000 小时，本月发生制造费用 36 080 元。

要求：在甲、乙两种产品之间分配制造费用，并编制会计分录。

答案：

制造费用分配率 =36 080÷（56 000+32 000）=0.41

甲产品应分配的制造费用 =56 000×0.41=22 960（元）

乙产品应分配的制造费用 =32 000×0.41=13 120（元）

编制会计分录如下：

借：基本生产成本——甲产品　　　　　　　　　　　　　　　　　　22 960
　　　　　　　——乙产品　　　　　　　　　　　　　　　　　　13 120
　　贷：制造费用　　　　　　　　　　　　　　　　　　　　　　　36 080

任务四　损失性费用的归集与分配

生产损失是指企业在生产产品过程中由于生产原因而发生的各种损失，包括生产产品过程中的废品损失、停工损失及管理不善形成的在产品盘亏、毁损、变质等，生产损失应由产品生产成本负担，是产品成本的构成部分。

一、废品损失的归集和分配

（一）废品及废品损失的概念

1. 废品的概念

废品是指不符合规定的技术标准、不能按照原定用途使用，或者需要加工修理才能使用的在产品、半成品或产成品。废品包括以下几方面：

（1）可修复废品：指技术上可以修复，而且所花费的修复费用在经济上合算的废品。

（2）不可修复废品：指技术上不可修复，而且所花费的修复费用在经济上不合算的废品。

可修复废品损失的归集与分配

不可修复废品损失的归集与分配

2. 废品损失的概念

废品损失是指在生产过程中发现的和入库后发现的不可修复废品的生产成本,以及可修复废品的修复费用,扣除回收的废品残料价值和应收赔款以后的损失。它包括以下几方面:

(1)不可修复废品的报废损失:指不可修复废品的生产成本扣除回收残料价值和赔款后的净损失。

(2)可修复废品的修复费用:指可修复废品在返修过程中发生的修理费用〔耗用的材料费、人工费等〕。

需要指出的是:

(1)经过质量检验部门鉴定不需要返修、可以降价出售的不合格品,其降价损失作为销售损益体现,不应作为废品损失处理。

(2)产成品入库后,由于保管不善等而损坏变质形成的损失,应列入管理费用,也不作为废品损失处理。

(3)实行包退、包修、包换"三包"的企业,产品出售后发现的废品所发生的一切损失,应列入销售费用,不包括在废品损失内。

(二)废品损失的归集和分配程序

1. 废品损失的核算形式

(1)不单独核算废品损失

有些简单生产的企业,在产品的生产过程中,不易发生废品,或即便发生废品,损失额也比较小,而且管理上不需要单独考核废品损失。这时为了简化核算程序,可以采用不单独核算废品损失的方法。

在不单独核算废品损失的企业中,可修复废品的修复费用,应直接计入生产成本的有关成本项目;不可修复废品只扣除产量,不结转成本;废品的残料价值和过失人赔款可直接冲减相应基本生产成本明细账中的"直接材料"和"直接人工"成本项目。

(2)单独核算废品损失

在大、中型的复杂生产企业中,产品生产易发生废品,而且管理上也要求单独考核废品损失及其相关成本项目的费用,这时可以采用单独核算废品损失的方法。

在单独核算废品损失的企业中,可以单独设置"废品损失"总账,也可以在"基本生产成本"总账下设"废品损失"二级账,账内按成本项目设专栏进行核算。并且在"基本生产成本"明细账的成本项目中,还应增设"废品损失"成本项目,以便单独体现废品损失的费用额。单独核算废品损失的企业,由于废品的种类不同,核算方法也不相同,下面分别加以介绍。

2. 不可修复废品损失的归集与分配

为了归集和分配不可修复的废品损失,必须首先计算废品的成本。废品成本是指生产过程中截至报废时所耗费的一切费用，扣除废品的残值和应收赔款，算出废品净损失，计入该种产品的成本。由于不可修复废品的成本与合格品的成本是同时发生并归集在一起的，因此，需要采取一定的方法予以确定。一般有两种方法：一是按废品所耗实际成本计算；二是按废品所耗定额成本计算。

（1）按废品所消耗的实际成本计算，即产品成本明细账所归集的生产费用在废品与合格品之间采用适当的方法进行分配。

①完工入库时发生废品。当不可修复废品发生在完工入库时，单位合格品与单位废品应负担相同的费用，因而可以按合格品与废品的产量作为分配标准进行分配。其计算公式为：

$$某项生产费用分配率 = \frac{该项生产费用}{合格品产量 + 废品产量}$$

$$废品应负担生产费用额 = 废品产量 \times 分配率$$

②生产过程中发生废品。如果废品发生在生产过程中，应根据投料程度和加工程度进行分配。假如原材料系一次性投入，则原材料等直接材料仍可按产量作为分配标准，直接人工和制造费用则可以按生产工时作为分配标准。其计算公式为：

$$直接材料费用分配率 = \frac{直接材料费用总额}{合格品产量 + 废品产量}$$

$$废品负担的直接材料 = 直接材料费用分配率 \times 废品产量$$

$$直接人工（制造费用）分配率 = \frac{直接人工（制造费用）总额}{合格品生产工时 + 废品生产工时}$$

$$废品负担的直接人工（制造费用）= 该项目分配率 \times 废品生产工时$$

【例3-16】 光华公司本月共加工甲产品440件，本月完工产品为400件，在产品为40件。经检验，完工产品中的合格品为390件，不可修复废品为10件。甲产品本月的生产成本发生情况见表3-37。甲产品共耗用工时8 000小时，其中废品耗用工时150小时。废品残料回收价值为2 120元，过失人赔偿的材料费为1 660元。该公司原材料为投产时一次性投入。根据以上资料，光华公司编制"废品损失计算表"，见表3-37。

表3-37　　　　　　　　　　　废品损失计算表（甲产品）

产品名称：甲产品　　　　　　　　　　　202×年×月　　　　　　　　　　　金额单位：元

项目	数量/件	直接材料	生产工时	直接人工	制造费用	合计
费用总额	440	218 285.09	8 000	176 664.15	62 477.67	457 426.91
分配率		496.10		22.08	7.81	
废品成本	10	4 961.02	150	3 312.45	1 171.46	9 444.93
减：残值		2 120.00				2 120.00
赔款		1 660.00				1 660.00
废品损失		1 181.02		3 312.45	1 171.46	5 664.93

根据表 3-37 及其他有关原始凭证，编制会计分录如下：

（1）结转不可修复废品损失。

借：废品损失——甲产品　　　　　　　　　　　　　　　　　9 444.93

　　　贷：基本生产成本——甲产品　　　　　　　　　　　　　　9 444.93

（2）回收废品残料价值。

借：原材料　　　　　　　　　　　　　　　　　　　　　　　2 120.00

　　　贷：废品损失——甲产品　　　　　　　　　　　　　　　　2 120.00

（3）应向过失人索赔。

借：其他应收款　　　　　　　　　　　　　　　　　　　　　1 660.00

　　　贷：废品损失——甲产品　　　　　　　　　　　　　　　　1 660.00

（4）结转废品净损失。

借：基本生产成本——甲产品　　　　　　　　　　　　　　　5 664.93

　　　贷：废品损失——甲产品　　　　　　　　　　　　　　　　5 664.93

根据有关会计分录，登记相关明细账，见表 3-38、表 3-39。

表 3-38　　　　　　　　　　　　　生产成本明细账

产品名称：甲产品　　　　　　完工产量：400 件　　　　　　合格品产量：390 件

| 202×年 | | 凭证字号 | 摘要 | 直接材料 | 直接人工 | 制造费用 | 废品损失 | 发生额合计 | | 余额 |
月	日							借方	贷方	
×	1		期初余额	15 600						15 600
	31		分配材料费	167 340.00				167 340.00		182 940.00
	31		分配燃料费	5 831.85				5 831.85		188 771.85
	31		分配工资		120 098.00			120 098.00		308 869.85
	31		计提社会保险		37 950.96			37 950.96		346 820.81
	31		计提公积金、工会及教育经费		18 615.19			18 615.19		365 436.00
	31		分配辅助生产成本（直接分配）	29 513.24				29 513.24		394 949.24
	31		分配制造费用			62 477.67		62 477.67		457 426.91
	31		结转不可修复废品成本	(4 961.02)	(3 312.45)	(1 171.46)			9 444.93	447 981.98
	31		转入废品净损失				5 664.93	5 664.93		453 646.91
	31		本月合计	213 324.07	173 351.70	61 306.21	5 664.93	447 491.84	9 444.93	453 646.91
	31		完工转出	(193 930.97)	(173 351.70)	(61 306.21)	(5 664.93)		434 253.81	19 393.10
	31		期末在产品成本	19 393.10	0.00	0.00	0.00			19 393.10

注：完工产品成本的计算见表 3-44。

表 3-39　　　　　　　　　　　废品损失明细账

产品名称：甲产品　　　　　　　　　　　　　　　　　　　　　　　　　　金额单位：元

202×年		凭证字号	摘要	直接材料	直接人工	制造费用	发生额合计		余额
月	日						借方	贷方	
×	31		不可修复废品成本	4 961.02	3 312.45	1 171.46	9 444.93		9 444.93
	31		材料成本	（2 120.00）				2 120.00	7 324.93
	31		责任人赔偿	（1 660.00）				1 660.00	5 664.93
	31		转出净损失	（1 181.02）	（3 312.45）	（1 171.46）		5 664.93	0.00

不可修复废品损失按实际成本计算，其结果较为准确，但工作量较大，并且只能在月末生产费用算出后才能进行，不利于及时控制废品损失。

3. 按废品所耗定额费用计算

不考虑废品实际发生的生产费用数额，直接根据废品数量和各项费用定额计算废品成本。

【例3-17】某车间本月生产丙产品，验收入库时发现有不可修复废品6件，每件丙产品的费用定额如下：直接材料为200元，直接人工为40元，制造费用为30元，回收废品残值为200元，按定额成本计算废品成本和废品损失。根据上述资料编制"废品损失计算表"，见表3-40。

表3-40　　　　　　　　　　　废品损失计算表（丙产品）

产品名称：丙产品　　　　　　　　202×年×月　　　　废品数量：6件　　　金额单位：元

项目	直接材料	直接人工	制造费用	合计
费用定额	200.00	40.00	30.00	270.00
废品定额成本	1 200.00	240.00	180.00	1 620.00
减：回收残值	200.00			200.00
废品损失	1 000.00	240.00	180.00	1 420.00

采用费用定额计算废品成本方法简便，计算及时，有利于控制废品损失，故其应用较为广泛。

4. 可修复废品损失的归集和分配

可修复废品损失是指废品在修复过程中发生的各项修复费用。可修复废品返修以前发生的费用在"生产成本——基本生产成本"账户及有关的成本计算单中不必转出，它不是废品损失。返修时发生的修复费用，应根据原材料、工资、辅助生产费用和制造费用等分配表记入"废品损失"账户的借方，以及有关账户的贷方。如有残料和应收赔款，根据废料交库凭证及其他有关结算凭证，从"废品损失"账户的贷方转入"原材料""其他应收款"等账户的借方。将废品净损失（修复费用减残值和赔款）从"废品损失"账户的贷方转入"生产成本——基本生产成本"账户的借方及其有关成本明细账的废品损失成本项目。

【例3-18】某企业本月生产乙产品800件,生产过程中发现了10件可修复废品。在修复过程中,耗用原材料400元,人工费用为300元,制造费用为280元。应由责任人赔偿70元。根据上述资料,编制会计分录如下:

(1)发生修复费用:

借:废品损失——乙产品　　　　　　　　　　　　　　　　980.00
　　贷:原材料　　　　　　　　　　　　　　　　　　　　　400.00
　　　　应付职工薪酬　　　　　　　　　　　　　　　　　　300.00
　　　　制造费用　　　　　　　　　　　　　　　　　　　　280.00

(2)应向过失人索赔:

借:其他应收款——×××　　　　　　　　　　　　　　　　70.00
　　贷:废品损失——乙产品　　　　　　　　　　　　　　　70.00

(3)结转废品净损失:

借:基本生产成本——乙产品　　　　　　　　　　　　　　910.00
　　贷:废品损失——乙产品　　　　　　　　　　　　　　　910.00

二、停工损失的归集和分配

(一)停工损失的含义

停工损失是指企业或生产车间、班组在停工期间内(非季节性停工期间)发生的各项费用,包括停工期内发生的材料费、燃料费、应支付的生产工人的工资、应计提的福利费和应分摊的制造费用。

企业发生停工的原因是多种多样的,如停电、待料、机械故障、机器设备修理、发生非常灾害以及计划压缩产量等,都可能引起停工。企业在停工期间所发生的停工损失应由开工生产的产品负担,计入产品生产成本。

停工计算损失的时间和空间界限一般由企业主管部门规定,因而一定时间和范围内的停工不计算损失,只有超过一定时间和范围的停工才计算损失。

(二)停工损失的归集和分配程序

停工损失的归集和分配是通过设置"停工损失"账户进行的。该账户应按车间和成本项目进行明细核算。根据停工报告单和各种费用分配表、分配汇总表等有关凭证,将停工期内发生、应列入停工损失的费用记入"停工损失"账户的借方进行归集。过失单位、过失人员或保险公司的赔款,应从该账户的贷方转入"其他应收款"等账户的借方。将停工净损失从该账户的贷方转出,属于自然灾害的部分转入"营业外支出"账户的借方，应由本月产品成本负担的部分则转入"生产成本——基本生产成本"账户的借方，并采用合理的分配标准，分配计入各车间各产品成本明细账停工损失成本项目。分配结转停工损失以后，该账户应无余额。

【例3-19】 某厂第一车间由于设备大修停工6天，停工期间应支付工人工资6 840元，应负担制造费用1 000元。第三车间由于外部供电线路原因停工2天，停工期间应支付工人工资4 560元，应负担制造费用600元。根据以上资料，编制会计分录如下：

借：停工损失——第一车间　　　　　　　　　　　　　　　　7 840.00
　　　　　　——第二车间　　　　　　　　　　　　　　　　5 160.00
　贷：应付职工薪酬　　　　　　　　　　　　　　　　　　　11 400.00
　　　制造费用——第一车间　　　　　　　　　　　　　　　　1 000.00
　　　　　　　——第二车间　　　　　　　　　　　　　　　　　600.00

【例3-20】 在例3-19中，第一车间停工为设备大修正常停工，停工损失7 840元应计入成本中；第三车间停工为非正常停工，计入营业外支出。假设经交涉，电业局同意赔偿停工给企业造成的损失3 000元。根据资料，编制会计分录如下：

借：制造费用——第一车间　　　　　　　　　　　　　　　　7 840.00
　　其他应收款——电业局　　　　　　　　　　　　　　　　3 000.00
　　营业外支出——停工损失　　　　　　　　　　　　　　　2 160.00
　贷：停工损失——第一车间　　　　　　　　　　　　　　　7 840.00
　　　　　　　——第二车间　　　　　　　　　　　　　　　5 160.00

> **课内思考**
> 1. 废品损失的核算一定要设"废品损失"账户吗？
> 2. 由于产生了废品，"基本生产成本"账户反映的产品总成本数可能会减少吗？
> 3. 停工损失是指企业在停工期间发生的各项费用吗？

【实务操作】

某工业企业某车间生产甲产品50件，生产过程中发现1件为不可修复废品。甲产品成本明细账归集的生产费用如下：直接材料为62 500元，直接人工为4 875元，制造费用为24 375元，合计91 750元。原材料于生产开始时一次性投入。生产工时如下：合格品为1 505小时，废品为120小时，合计1 625小时。废品回收的残料计价200元。另外，甲产品生产过程中发现2件可修复废品，当即进行修复，耗用原材料200元，工人工资为40元，制造费用为50元，此外，应向过失人索赔100元。

要求：（1）编制不可修复废品成本计算表（见表3-41）；

（2）编制废品损失归集与结转的会计分录（产品成本计算单见表3-42）；

（3）登记废品损失明细账（见表3-43）；

表 3-41 不可修复废品损失计算表

产品：甲产品　　　　　　　　　　　　　202×年 10月　　　　　　　　　　　　金额单位：元

项目	数量/件	直接材料	生产工时	直接人工	制造费用	合计
费用总额						
分配率						
不可修复废品成本						
减：残值						
减：赔款						
废品损失						

表 3-42 产品成本计算单

产品名称：甲产品　　　　　　　　　　　　　　　　　　　　　　　　　　　　　产量：7 480 件

月	日	摘要	直接材料	直接人工	制造费用	废品损失	合计
10	31	生产费用合计					
		结转废品生产成本					
		转入废品净损失					
		产品总成本					
		产品单位成本					

表 3-43 废品损失明细账

产品名称：甲产品

202×年		凭证字号	摘要	直接材料	直接人工	制造费用	发生额合计		余额
月	日						借方	贷方	
10	31		分摊修复费用						
	31		转入废品成本						
	31		残料交库						
	31		过失人赔偿						
	31		转出净损失						
	31		本月合计						

答案：

借：废品损失——甲产品　　　　　　　　　　　　　　　　　　3 410

　　贷：基本生产成本——甲产品　　　　　　　　　　　　　　　　　　3 410

回收废品残料价值：

借：原材料　　　　　　　　　　　　　　　　　　　　　　　　200

　　贷：废品损失——甲产品　　　　　　　　　　　　　　　　　　　　200

可修复废品发生的修复费用：

借：废品损失——甲产品	290
贷：原材料	200
应付职工薪酬	40
制造费用	50

应向过失人索赔：

借：其他应收款	100
贷：废品损失——甲产品	100

任务五　计算完工产品成本

通过上述各项费用的归集和分配，基本生产车间在生产过程中发生的各项费用已经集中反映在"生产成本——基本生产成本"科目及其明细账的借方，这些费用都是本月发生的产品费用，并不是本月完工产品的成本。要计算出本月的完工产品成本，还要将本月发生的生产费用，加上月初的在产品成本，然后将其在本月完工产品和月末在产品之间进行分配。本月发生的生产费用和月初、月末在产品及本月完工产品成本四项费用之间的关系可用下列公式表达：

月初在产品成本 + 本月发生的生产费用 = 本月完工产品成本 + 月末在产品成本

或

月初在产品成本 + 本月发生的生产费用 − 月末在产品成本 = 本月完工产品成本

由于公式中前两项是已知数，所以，在完工产品与月末在产品之间分配费用的方法有两类：一是将前两项之和按一定比例在后两项之间进行分配，从而求得完工产品与月末在产品的成本；二是先确定月末在产品的成本，再计算求得完工产品的成本。但无论采用哪一类方法，都必须取得在产品数量的核算资料。

一、在产品收发结存的核算

企业的在产品是指没有完成全部生产过程、不能作为商品销售的在产品，包括正在车间加工的在产品和已经完成一个或几个生产步骤，但还需继续加工的半成品。对外销售的自制半成品属于商品产品，验收入库后不应列入在产品之内。以上在产品是广义的或者就整个企业来说的在产品。从狭义的或者就某一车间或某一生产步骤来说，在产品只包括该车间或该生产步骤正在加工的那部分在产品，车间或生产步骤完工的半成品不包括在内。在产品结存的数量与其他材料物资结存的数量一样，应同时具备账面核算资料和实际盘点资料。一方面，企业要做好在产品收发结存的日常核算工作；另一方面，企业要做好在产品的清查工作。做好这两项工作，既可以从账面上随时掌握在产品的动态，又可以清查在产品的实际数量。这不仅对正确计算产品成本、加强生产资金管理以及保护财产有重要意义，而且对保证账实相符有重要意义。车间在产品收发结存的日常核算通常是通过在产品收发结存账进行的。在实际工作中，这种账簿也叫在产品台账，应分车间并且按同产品的品种和在产品名称（如零、部件的名称）设立，以便用来反映车间各种在产品的转入、转出和结存的数量。各车间应认真做好在产品的计量、验收和交接工作，并在此基础上根据领料凭证、在产品内部转移凭证、产成品检验凭证和产品交库凭证，及时登记在产品收发结存账。该账簿由车间核算人员登记。为了核实在产品的数量，保证在产品的安全、完整，企业必须认真做好在产品的清查工作。在产品应定期进行清查，也可以不定期轮流清查。有的车间没有建立在产品的日常收发核算，则每月末都必须清查一次在产品，以便取得在产品的实际盘存资料。清查后，应根据盘点结果和账面资料编制在产品盘点表，填明在产品的账面数、实存数和盘存盈亏数，以及盈亏的原因和处理意见。对于报废和毁损的在产品，还要登记残值。在产品发生盘盈时，应按盘盈在产品的成本（一般按计划成本计价）借记"生产成本"科目，并记入相应的生产成本明细账各成本项目，贷记"待处理财产损溢"科目。经过审批进行处理时，则借记"待处理财产损溢"科目，贷记"管理费用"等科目。在产品发生盘亏和毁损时，应借记"待处理财产损溢"科目，贷记"生产成本"科目，并从相应的产品成本明细账各成本项目中转出，冲减在产品成本。毁损在产品的残值，应借记"原材料"科目，贷记"待处理财产损溢"科目，冲减损失。经过审批进行处理时，应根据不同的情况分别将损失从"待处理财产损溢"科目的贷方转入"管理费用""其他应收款"或"营业外支出"等有关科目的借方。如果在产品盘亏的原因是没有办理领料或交接手续，或者某种产品的零件为另一种产品挪用，则应补办手续，及时转账更正。

二、完工产品与在产品之间成本分配的方法

生产成本在完工产品与在产品之间的分配，在成本计算工作中是一个重要而又比较复杂的问题。企业应当根据在产品数量的多少、各月在产品数量变化的大小、各项费用所占比重的大小以及定额管理基础的好坏等具体条件，选择既合理又简便的分配方法。常用的方法有以下六种。

材料费用在完工产品与在产品之间的分配

（一）不计算在产品成本（在产品成本为零）

这种方法适用于月末在产品数量很小的情况。是否计算在产品成本对完工产品成本影响不大，为了简化核算工作，可以不计算在产品成本，即在产品成本是零。本月完工产品成本就是本月发生的产品生产费用。用计算公式表示为：

本月完工产品成本＝本月发生生产费用

人工与制造费用在完工产品与在产品之间的分配

（二）在产品成本按年初数固定计算

这种方法适用于月末在产品数量很小，或者在产品数量虽然大但各月之间在产品数量变动不大，月初、月末在产品成本的差额对完工产品成本影响不大的情况。为简化核算工作，各月在产品成本可以固定按年初数计算。采用这种方法时，某种产品本月发生的生产费用就是本月完工产品的成本。年终时，根据实地盘点的在产品数量，重新调整计算在产品成本，以避免在产品成本与实际成本出入过大，影响成本计算的正确性。计算公式为：

1—11月各月 ＝ 月初在产品成本 ＋ 本月发生 ＋ 月末在产品成本 ＝ 本月发生
完工产品成本　（年初固定数额）　生产费用　（年初固定数额）　生产费用

12月完工 ＝ 月初在产品成本 ＋ 本月发生 － 月末在产品成本
产品成本　（年初固定数额）　生产费用　（年末盘点数）

（三）在产品成本按其所耗用的原材料费用计算

这种方法是在产品成本按所耗用的原材料费用计算，其他费用全部由完工产品成本负担。这种方法适合用于原材料费用在产品成本中所占比重较大，而且原材料是在生产开始时一次就全部投入的情况。为了简化核算工作，月末在产品可以只计算原材料费用，其他费用全部由完工产品负担。计算公式为：

本月完工 ＝ 月初在产品 ＋ 本月发生 － 月末在产品
产品成本　材料成本　生产费用　材料成本

【例3—21】 沿用例3—16中的资料，光华公司甲产品的生产成本在完工产品与期末在产品之间的分配情况如下（见表3—44）。

表3—44　　　　　　　　　　完工产品与月末在产品分配表

光华公司　　　　　　　　　　　202×年×月　　　　　　　　　　　甲产品

成本项目	原材料费用	人工费用	制造费用	废品损失	合计
月初在产品费用	15 600				15 600
本月生产费用	197 724.07	173 351.7	61 306.21	5 664.93	438 046.91
生产费用合计	213 324.07	173 351.7	61 306.21	5 664.93	453 646.91
完工产品数量	400				400
月末在产品数量	40				40
月末在产品约当量	40				40
费用分配率	484.827 431 8				484.827 431 8
完工产品成本	193 930.972 7	173 351.7	61 306.21	5 664.93	434 253.812 7
月末在产品成本	19 393.097 27	0	0	0	19 393.097 27
单位成本	497.258 904 4	444.491 538 5	157.195 410 3	14.525 461 54	1 113.471 315

原材料费用分配率 = $\dfrac{213\ 324.07}{400+40}$ = 484.827 431 8

月末在产品应分配的原材料费用 = 484.827 431 8×40 = 19 393.097 27（元）

完工产品应分配的原材料费用 = 213 324.07-19 393.097 27 = 193 930.972 7（元）

完工产品成本 = 193 930.972 7+173 351.7+61 306.21+5 664.93 = 434 253.812 7（元）

结转完工产品成本的会计分录为：

  借：库存商品——甲产品   434 253.81

    贷：基本生产成本——甲产品   434 253.81

根据例 3-16 中的资料，在 Excel 中编制"表 3-44 完工产品与月末在产品分配表"，相关公式设置见下图：

	A	B	C	D	E	F
1		表3-44		完工产品与月末在产品分配表		
2	光华公司		202×年×月			甲产品
3	成本项目	原材料费用	人工费用	制造费用	废品损失	
4	月初在产品费用	15600				=SUM(B4:E4)
5	本月生产费用	197724.07	173351.7	61306.21	5664.93	=SUM(B5:E5)
6	生产费用合计	=SUM(B4:B5)	=SUM(C4:C5)	=SUM(D4:D5)	=SUM(E4:E5)	=SUM(F4:F5)
7	完工产品数量	400				=B7
8	月末在产品数量	40				=B8
9	月末在产品约当量	40				=B9
10	费用分配率	=B6/(B7+B9)				=B10
11	完工产品成本	=B6-B12	=C6	=D6	=E6	=SUM(B11:E11)
12	月末在产品成本	=B9*B10	0	0	0	=SUM(B12:E12)

（四）约当产量法

所谓约当产量，是指在产品按其完工程度折合成完工产品的产量。例如，在产品为 10 件，平均完工 40%，则约等于完工产品为 4 件。约当产量法，就是将月末结存的在产品，按其完工程度折合成约当产量，然后将产品应负担的全部生产费用，按完工产品产量和在产品约当产量的比例进行分配的一种方法。这种方法的计算公式如下：

月末在产品约当产量 = 在产品数量 × 完工程度

单位成本 = $\dfrac{\text{月初在产品成本}+\text{本月发生生产费用}}{\text{完工产品数量}+\text{月末在产品约当产量}}$

完工产品成本 = 完工产品数量 × 单位成本

月末在产品成本 = 月末在产品约当产量 × 单位成本

由于在产品在生产加工过程中加工程度和投料情况不同，因此必须区别成本项目，计算在产品的约当产量。要正确计算在产品的约当产量，首先必须确定投料程度和完工程度。

1. 投料程度的确定

直接材料费用项目约当产量的确定，取决于产品生产过程中的投料程度。在产品投料程度是指在产品已投材料占完工产品应投材料的百分比。在生产过程中，材料的投入形式通常有以下几种：在生产开始时一次性投入；在生产过程中陆续投入，且投入量与加工进度一致；在生产过程中陆续投入，且投入量与加工进度不一致；在生产过程中分工序一次性投入。由于投料形式不同，因此在产品的投料程度也不同，现分述如下：

（1）原材料在生产开始时一次性投入。

【例3-22】 某厂生产某产品，本月完工产品为32台，月末在产品为16台，原材料于生产开始时一次投入。本月成本合计如下：直接材料为48 000元，直接人工为32 000元，制造费用为21 200元。在产品完工程度为50%。完工产品和月末在产品的原材料费用、人工及其他费用的分配计算如下：

月末在产品约当产量：16×100% =16（台）

原材料费用分配率=48 000／（32+16）=1 000

完工产品材料费用=32×1 000=32 000（元）

月末在产品材料费用=16×1 000=16 000（元）

月末在产品约当产量=16×50%=8（台）

直接人工和制造费用分配率=53 200／（32+8）=1 330

完工产品直接人工和制造费用=32×1 330=42 560（元）

月末在产品直接人工和制造费用=8×1 330=10 640（元）

完工成品成本=32 000+42 560=74 560（元）

月末在产品成本=16 000+10 640=26 640（元）

（2）原材料陆续投入，且投入量与加工进度一致。当直接材料随生产过程陆续投入，且投入量与加工进度一致时，在产品投料程度的计算与完工程度的计算相同。此时，分配直接材料费用的在产品约当产量按完工程度折算。

【例3-23】 某产品本月完工400件，月末在产品为160件，原材料随着加工进度陆续投入，月末在产品完工程度测定为50%，月初在本月发生的原材料费用共计31 200元，人工及其他费用共计13 440元。完工产品和月末在产品的原材料费用、人工及其他费用的分配计算如下：

月末在产品约当产量=160×50%=80（件）

原材料费用分配率=$\dfrac{31\ 200}{400+80}$=65

人工及其他费用分解=$\dfrac{13\ 440}{400+80}$=28

完工产品原材料费用=400×65=26 000（元）

完工产品人工及其他费用 =400×28=11 200（元）

月末在产品原材料费用 =80×65=5 200（元）

月末在产品人工及其他费用 =80×28=2 240（元）

（3）原材料陆续投入，且投入量与加工进度不一致。当直接材料随生产过程陆续投入，且原材料投料程度与加工进度不一致时，原材料的投料程度应按每道工序的原材料投料定额计算。其计算公式为：

$$\text{某工序在产品投料程度} = \frac{\text{前面各道工序投料定额之和} + \text{本工序投料定额} \times 50\%}{\text{完工产品投料定额}} \times 100\%$$

【例3-24】 某产品本月完工1 200件，由两道工序制成，原材料在生产过程中分工序陆续投入。各工序原材料消耗定额如下：第一道工序为280千克，第二道工序为220千克。月末各工序在产品数量如下：第一道工序为300件，第二道工序为150件。月初和本月发生的原材料费用为42 030元。

$$\text{第一道工序投料率} = \frac{280 \times 50\%}{500} \times 100\% = 28\%$$

$$\text{第二道工序投料率} = \frac{280 + 220 \times 50\%}{500} \times 100\% = 78\%$$

第一道工序在产品约当产量 =300×28%=84（件）

第二道工序在产品约当产量 =150×78%=117（件）

期末在产品约当产量 =84+117=201（件）

$$\text{原材料分配率} = \frac{42\,030}{1\,200 + 201} = 30$$

月末在产品分配材料费用 =201×30=6 030（元）

完工产品分配材料费用 =1 200×30=36 000（元）

（4）原材料在各工序一次性投入。如果生产过程中，原材料不是在生产开始时一次性投入，而是分工序一次性投入，即在每道工序开始时一次性投入本工序所耗的原材料。此时，各工序在产品耗用的原材料与完工产品耗用的原材料是一样的。月末在产品投料程度可按下列公式计算：

$$\text{某工序在产品投料程度} = \frac{\text{到本工序为止的累计投料定额}}{\text{完工产品投料定额}} \times 100\%$$

【例3-25】 沿用例3-24的资料，如果原材料是在各工序一次性投入的，则计算过程如下：

$$\text{第一道工序投料率} = \frac{280}{500} \times 100\% = 56\%$$

第二道工序投料率 = $\dfrac{280+220}{500} \times 100\% = 100\%$

第一道工序在产品约当产量 = $300 \times 56\% = 168$（件）

第二道工序在产品约当产量 = $150 \times 100\% = 150$（件）

期末在产品约当产量 = $168+150 = 318$（件）

原材料分配率 = $\dfrac{42\ 030}{1\ 200+318} = 27.69$

月末在产品分配材料费用 = $318 \times 27.69 = 8\ 805.42$（元）

完工产品分配材料费用 = $42\ 030 - 8\ 805.42 = 33\ 224.58$（元）

2. 完工程度的确定

对于直接人工和制造费用，也称加工费用，通常按完工程度计算约当产量。完工程度的确定通常有以下两种形式：

（1）按平均完工程度计算。当企业的生产进度比较均衡，各道工序在产品数量和加工量相差不大，后面各工序在产品多加工的程度可以弥补前面各工序少加工的程度时，全部在产品完工程度均可按50%平均计算，如例3-23。

（2）按各工序的累计工时定额占完工产品工时定额的比例计算。如果各道工序在产品数量和加工量差别较大，后面各工序在产品多加工的程度不可弥补前面各工序少加工的程度，则要分工序分别计算在产品的完工程度。计算公式为

$$\text{某工序在产品完工程度} = \dfrac{\text{前面各道工序工时定额之和} + \text{本工序工时定额} \times 50\%}{\text{完工产品工时定额}} \times 100\%$$

【例3-26】 仍以例3-24为例，某产品本月完工1 200件，由两道工序制成，两道工序的工时定额分别为30小时和20小时，产品的工时定额为50小时。月末各工序的在产品数量如下：第一道工序为300件，第二道工序为150件。月初和本月发生的人工和其他费用为35 250元，其他资料和计算方法同例3-24。人工及其他费用分配如下：

第一道工序投料率 = $\dfrac{30 \times 50\%}{50} \times 100\% = 30\%$

第二道工序投料率 = $\dfrac{30 + 20 \times 50\%}{50} \times 100\% = 80\%$

第一道工序在产品约当产量 = $300 \times 30\% = 90$（件）

第二道工序在产品约当产量 = $150 \times 80\% = 120$（件）

期末在产品约当产量 = $90 + 120 = 210$（件）

人工及其他费用分配率 = $\dfrac{35\ 250}{1\ 200+210} = 25$

月末在产品分配人工及其他费用 = $210 \times 25 = 5\ 250$（元）

完工产品分配人工及其他费用 =1 200×25=30 000（元）

（五）在产品成本按定额成本计算

这种方法是事先经过调查研究、技术测定或按照定额资料，对各个加工阶段的在产品直接确定一个定额单位成本，月终根据在产品数量，分别乘以各项定额单位成本，即可计算出月末在产品的定额成本。将月初在产品成本加上本月发生费用，减去月末在产品的定额成本，就可计算出完工产品总成本了。产成品总成本除以完工产品产量，即完工产品单位成本。这种方法的计算公式如下：

月末在产品成本 = 月末在产品数量 × 在产品定额单位成本

完工产品总成本 = （月初在产品成本 + 本月发生费用）- 月末在产品成本

$$完工产品单位成本 = \frac{完工产品总成本}{完工产品产量}$$

【例3-27】 A产品月末在产品为200件，每件在产品的材料消耗定额为10千克，每千克材料的单价为3元。每件在产品的工时定额为20小时，每小时人工费用定额为0.60元，每小时其他费用定额为0.80元。本月生产费用合计（月初在产品费用加本月发生费用）：原材料为37 800元，人工费用为29 400元，制造费用为9 000元。

月末在产品定额成本如下：

原材料定额成本 =200×10×3=6 000（元）

人工定额成本 =200×20×0.6=2 400（元）

制造费用定额成本 =200×20×0.8=3 200（元）

月末在产品定额成本 =6 000+2 400+3 200=11 600（元）

完工产品成本如下：

原材料费用 =37 800-6 000=31 800（元）

人工费用 =29 400-2 400=27 000（元）

制造费用 =9 000-3 200=5 800（元）

完工产品总成本 =31 800+27 000+5 800=64 600（元）

采用这种方法时，由于月末在产品成本不负担实际生产费用脱离定额的差异，而全部由完工产品成本负担，所以在实际生产费用脱离定额差异比较大的情况下，就会影响产品成本计算的正确性。

（六）按定额比例分配完工产品和月末在产品成本（定额比例法）

如果各月末在产品数量变动较大，但制定了比较准确的消耗定额，那么生产费用可以在完工产品和月末在产品之间以定额消耗量或定额费用为比例分配。通常材料费用按定额消耗量（成本）比例分配，而其他费用按定额工时比例分配。计算公式如下（以按定额成本比例分配为例）：

$$材料费用分配率 = \frac{月初在产品实际材料成本 + 本月发生的实际材料成本}{完工产品定额材料成本 + 月末在产品定额材料成本}$$

完工产品应分配的材料费用 = 完工产品定额材料成本 × 材料费用分配率

月末在产品应分配的材料费用 = 月末在产品定额材料成本 × 材料费用分配率

$$其他加工费用分配率 = \frac{月初在产品实际其他加工费用 + 本月发生的实际其他加工费用}{完工产品定额工时 + 月末在产品定额工时}$$

完工产品应分配的其他加工费用 = 完工产品定额工时 × 其他加工费用分配率

月末在产品应分配的其他加工费用 = 月末在产品定额工时 × 其他加工费用分配率

【例 3-28】 某企业生产 A 产品，月初在产品费用如下：原材料为 40 000 元，人工费用为 6 000 元，制造费用为 13 000 元；本月生产费用如下：原材料费用为 130 000 元，人工费用为 9 000 元，制造费用为 18 000 元，完工产品定额原材料费用为 150 000 元，定额工时为 9 500 小时；月末在产品定额原材料费用为 50 000 元，定额工时为 3 000 小时。采用定额比例法的第一个公式计算费用分配率，原材料费用按定额费用比例分配，人工及其他加工费用按定额工时比例分配。编制"例 3-28 的完工产品与月末在产品费用分配表"，见表 3-45。

表 3-45　　　　例 3-28 的完工产品与月末在产品费用分配表

×× 企业　　　　　　　　　　202× 年 × 月　　　　　　　　A 产品　　金额单位：元

成本项目		原材料	定额工时/小时	人工费用	制造费用	合计
月初在产品费用		40 000		6 000	13 000	59 000
本月生产费用		130 000		9 000	18 000	157 000
生产费用合计		170 000		15 000	31 000	216 000
费用分配率		0.85		1.2	2.48	—
完工产品费用	定额	150 000	9 500			—
	实际	127 500		11 400	23 560	162 460
月末在产品费用	定额	50 000	3 000			—
	实际	42 500		3 600	7 440	53 540

表 3-45 中各项费用分配的计算公式为：

$$原材料费用分配率 = \frac{170\ 000}{150\ 000 + 50\ 000} = 0.85$$

$$人工费分配率 = \frac{15\ 000}{9\ 500 + 3\ 000} = 1.2$$

制造费用分配率 = $\dfrac{31\,000}{9\,500+3\,000}$ =2.48

完工产品原材料费用 =150 000×0.85=127 500（元）

月末在产品原材料费用 =50 000×0.85=42 500（元）

完工产品人工费 =9 500×1.2=11 400（元）

月末在产品人工费 =3 000×1.2=3 600（元）

完工产品制造费用 =9 500×2.48=23 560（元）

月末在产品制造费用 =3 000×2.48=7 440（元）

完工产品成本 =127 500+11 400+23 560=162 460（元）

月末在产品成本 =42 500+3 600+7 440=53 540（元）

根据例 3-28 中的资料，在 Excel 中编制"表 3-45 例 3-28 的完工产品与月末在产品分配表"，相关公式设置见下图：

	A	B	C	D	E	F	G
1	表3-45			例3-28的完工产品与月末在产品费用分配表			
2	××企业		202×年×月		A产品		金额单位：元
3	成本项目		原材料	定额工时/小时	人工费用	制造费用	合计
4	月初在产品费用		40000		6000	13000	59000
5	本月生产费用		130000		9000	18000	157000
6	生产费用合计		=SUM(C4:C5)		=SUM(E4:E5)	=SUM(F4:F5)	=SUM(G4:G5)
7	费用分配率		=C6/(C8+C10)		=E6/(D8+D10)	=F6/(D8+D10)	-
8	完工产品费用	定额	150000	9500			-
9		实际	=C7*C8		=E7*D8	=F7*D8	=SUM(C9:F9)
10	月末在产品费用	定额	50000	3000			-
11		实际	=C10*C7		=E7*D10	=F7*D10	=SUM(C11:F11)

以上作为费用分配标准的月末在产品定额原材料费用和定额工时，都是根据月末各工序在产品的账面结存数量或实际盘存数量，以及相应的消耗定额或费用定额具体计算的。如果在产品的种类和生产工序繁多，那么按照这种方法计算，工作量繁重。为了简化成本计算工作，月末在产品的定额数据也可以采用倒挤的方法计算，其计算公式为：

月末在产品定额原材料费用或定额工时 = 月初在产品定额原材料费用或定额工时 + 本月投入的定额原材料费用或定额工时 − 本月完工产品定额原材料费用或定额工时

在具备了月初在产品的定额原材料费用和定额工时，以及本月投入的定额原材料费用和定额工时数据的情况下，就可以采用前述第二个费用分配率公式，分别计算完工产品和月末在产品费用。

【例 3-29】 某企业生产甲产品，月初在产品原材料定额费用为 12 5000 元，工时定额为 50 000 小时，月初在产品的实际费用如下：原材料费用为 13 100 元，人工费用为 3 890 元，制造费用为 1 129 元。本月原材料的定额费用为 2 5200 元，定额工时为 70 000 小时。本月实际费用如下：原材料费用为 23 469 元，人工费用为 48 910 元，制造费用为 6 671 元，本月完工产品原材料定额费用为 23 000 元，定额工时为 80 000 小时。

根据上述资料，采用定额比例法中的第二个公式计算费用分配率，并计算分配完工产品成本，编制"例 3-29 完工产品与月末在产品费用分配表"，见表 3-46。

表 3-46　　　　　　　　例 3-29 完工产品与月末在产品费用分配表

××企业　　　　　　　　　　　202×年×月　　　　　　　　A 产品　　金额单位：元

成本项目		原材料	定额工时/小时	人工费用	制造费用	合计
月初在产品费用	定额	12 500	50 000			
	实际	13 100		3 890	1 129	18 119
本月生产费用	定额	25 200	70 000			
	实际	23 469		48 910	6 671	79 050
生产费用合计	定额	37 700	120 000			
	实际	36 569		52 800	7 800	97 169
费用分配率		0.97		0.44	0.065	
完工产品费用	定额	23 000	80 000			
	实际	22 310		35 200	5 200	62 710
月末在产品费用	定额	14 700	40 000			
	实际	14 259		17 600	2 600	34 459

表 3-46 中月末在产品的定额材料费用和定额工时的计算属于倒挤求出：

月末在产品定额原材料费用 =12 500+25 200−23 000=14 700（元）

月末在产品定额工时 =50 000+70 000−80 000=40 000（小时）

表 3-46 中各项费用分配计算如下：

原材料费用分配率 $= \dfrac{36\ 569}{37\ 700} = 0.97$

人工费分配率 $= \dfrac{52\ 800}{120\ 000} = 0.44$

制造费用分配率 $= \dfrac{7\ 800}{120\ 000} = 0.065$

完工产品原材料费用 =23 000×0.97=22 310（元）

月末在产品原材料费用 =14 700×0.97=14 259（元）

完工产品人工费 =80 000×0.44=35 200（元）

月末在产品人工费 =40 000×0.44=17 600（元）

完工产品制造费用 =80 000×0.065=5 200（元）

月末在产品制造费用 =40 000×0.065=2 600（元）

完工产品成本 =22 310+35 200+5 200=62 710（元）

月末在产品成本 =14 259+17 600+2 600=34 459（元）

根据例 3-29 中的资料，在 Excel 中编制"表 3-46 例 3-29 完工产品与月末在产品分配表"，相关公式设置见下图：

	A	B	C	D	E	F	G
1			表3-46		例3-29完工产品与月末在产品费用分配表		
2	××企业			202×年×月	A产品		金额单位：元
3	成本项目		原材料	定额工时/小时	人工费用	制造费用	合计
4	月初在产品费用	定额	12500	50000			
5		实际	13100		3890	1129	=SUM(C5:F5)
6	本月生产费用	定额	25200	70000			
7		实际	23460		48910	6671	=SUM(C7:F7)
8	生产费用合计	定额	=C4+C6	=D4+D6			
9		实际	=C5+C7		=E5+E7	=F5+F7	=SUM(C9:F9)
10	费用分配率		=ROUND(C9/C8,2)		=E9/D8	=F9/D8	
11	完工产品费用	定额	23000	80000			
12		实际	=$C10*$C11		=D11*E10	=F10*D11	=SUM(C12:F12)
13	月末在产品费用	定额	=C8-C11	=D8-D11			
14		实际	=C13*C10		=D13*E10	=F10*D13	=SUM(C14:F14)

通过上述计算可以看出，采用定额比例法分配完工产品与月末在产品的费用，不仅分配结果比较合理，而且便于将实际费用与定额费用相比较，分析和考核定额的执行情况。在采用上述第二个公式分配时，由于公式中分子和分母都是月初在产品与本月发生的费用，分子是实际数，分母是定额数，便于互相比较，因而这一优点体现得更为明显。

前述介绍了完工产品与在产品费用分配的几种常用方法，企业可根据实际需要自行选择某一种或几种方法。

> **课内思考**
>
> 1. 采用约当产量比例法分配原材料费用时,对于原材料在生产开始时一次投入、原材料随加工进度陆续投入、原材料在每道工序开始时一次投入三种情况,在原材料费用分配率的计算上有什么不同?请说明理由。
> 2. 在计算在产品完工率时,前面各工序的工时定额按 100% 计算,而本工序的工时定额按 50% 计算,为什么?
> 3. 定额成本法和定额比例法的应用条件有什么不同?请说明理由。

巩固与提高

第一部分:要素费用的分配

一、单项选择题

1. 几种产品共同耗用的原材料费用属于间接计入费用,应采用的分配方法是( )。
   A. 计划成本分配法　　　　　　　B. 材料定额费用比例分配法
   C. 工时比例分配法　　　　　　　D. 代数分配法

2. 直接用于产品生产的燃料,应直接记入或者分配记入的账户是( )。
   A. 制造费用　　B. 管理费用　　C. 财务费用　　D. 基本生产成本

3. 对于直接用于产品生产,专门设有成本项目的费用,应单独( )账户。
   A. "生产成本"　B. "制造费用"　C. "管理费用"　D. "销售费用"

4. 下列各项种,不得计入产品成本的费用是( )。
   A. 车间厂房折旧费　　　　　　　B. 车间机物料消耗
   C. 房产税　　　　　　　　　　　D. 有助于产品形成的辅助材料费用

5. 应计入产品成本的费用是( )。
   A. 管理费用　　B. 财务费用　　C. 销售费用　　D. 生产费用

6. 下列各项中,不属于产品成本材料费用要素的是( )。
   A. 产品消耗的原材料　　　　　　B. 材料保管过程中消耗的材料
   C. 生产车间管理部门领用的材料　D. 直接装配在产品上的外购半成品

7. 基本生产车间耗用的消耗材料,应计入( )账户。
   A. "制造费用"　B. "生产成本"　C. "管理费用"　D. "财务费用"

8. 对于生产过程中的剩余料,应编制( ),据以退回仓库。
   A. 领料单　　　B. 出库单　　　C. 退料单　　　D. 累计发料单

9. 下列单据中,不应作为记录材料消耗数量的原始依据的是( )。

A. 领料单　　　　B. 限额领料单　　　C. 退料单　　　　　D. 盘点对账单

10. 月末车间已领未用但下月仍需使用的材料，应办理（　　）手续，冲减原来领用材料费用。

A. 假退料　　　　B. 退库　　　　　　C. 重新领用　　　　D. 计入成本

11. 先进先出法会使（　　）。

A. 期末存货成本接近实际　　　　　　B. 期末存货成本背离实际

C. 发出存货成本接近实际　　　　　　D. 物价上涨时会使利润偏低

12. "材料成本差异"账户的期末借方余额表示（　　）。

A. 实际成本大于计划成本的超支差异额

B. 实际成本小于计划成本的超支差异额

C. 实际买价大于计划成本的超支差异额

D. 实际买价小于计划成本的超支差异额

13. 支付外购动力费用时，应借记（　　）账户。

A. "制造费用"　　B. "应付账款"　　C. "基本生产"　　D. "银行存款"

14. 不包括在直接人工项目中的职工薪酬费用是（　　）。

A. 职工福利费　　　　　　　　　　　B. 非货币性福利

C. 辞退福利　　　　　　　　　　　　D. 住房公积金

15. 下列说法中正确的是（　　）。

A. 外购动力在成本核算中没有独立的成本项目

B. 企业生产产品耗用的燃料在实践中无法直接计入产品成本

C. 计件工资制下，生产工人取得的计件工资等收入都应该直接计入直接工资项目

D. 在工资核算中，工资费用分配的核算是根据工资结算单编制的工资费用分配表进行的

16. 2月生产合格品25件，料废品5件，加工失误产生废品2件，计价单价为4元，应付计件工资为（　　）元。

A. 100　　　　　B. 120　　　　　C. 128　　　　　D. 108

产量工时记录是统计产量和工时，以及计算（　　）的原始依据。

A. 计时工资　　　B. 应付工资　　　C. 加点工资　　　D. 计件工资

18. 生产工人工资比例分配法适用于（　　）。

A. 季节性生产的车间

B. 工时定额较准确的车间

C. 各种产品生产的机械化程度相差不多的车间

D. 机械化程度较高的车间

19. 按产品材料定额成本比例分配法分配材料费用时，其适用的条件是（　　）。

A. 产品的产量与所耗用的材料有密切的联系

B. 产品的重量与所耗用的材料有密切的联系

C. 几种产品共同耗用几种材料

D. 各项材料消耗定量比较准确稳定

20. 企业分配薪酬费用时，基本生产车间管理人员的薪酬，应借记（　　）账户。
   A. "生产成本"　　B. "制造费用"　　C. "辅助生产成本"　　D. "管理费用"

二、多项选择题

1. 下列各项中，不属于包装物的有（　　）。
   A. 生产过程中领用的盛装物品　　　　B. 用于加工包装物的加工材料
   C. 包装材料　　　　　　　　　　　　D. 生产车间周转使用的盛装物品
   E. 仓库周转使用的盛装物品

2. 下列各项中，包括在直接材料费用成本项目中的有（　　）。
   A. 产品生产过程中直接消耗的原材料
   B. 产品生产过程中直接消耗的外购半成品
   C. 产品生产过程中直接消耗的自制半成品
   D. 产品在生产过程中直接消耗的辅助材料
   E. 产品销售过程中领用的包装物

3. 记录材料消耗数量的原始凭证主要有（　　）等。
   A. 领料登记表　　　　　　　　　　　B. 退料单
   C. 限额领料单　　　　　　　　　　　D. 领料单
   E. 盘点表

4. 采用实际成本计价组织材料核算时，确定消耗材料价格的方法有（　　）等。
   A. 先进先出法　　　　　　　　　　　B. 加权平均法
   C. 移动加权平均法　　　　　　　　　D. 个别计价法
   E. 计划成本法

5. 材料按计划成本计价进行核算时，应设置的账户有（　　）。
   A. "原材料"　　　　　　　　　　　　B. "材料成本差异"
   C. "材料采购"　　　　　　　　　　　D. "银行存款"
   E. "在途物资"

6. "材料成本差异"账户用于核算（　　）的实际成本与计划成本的差异。
   A. 外购材料　　　　　　　　　　　　B. 自制材料
   C. 产成品　　　　　　　　　　　　　D. 外购燃料
   E. 周转材料

7. 生产经营过程中领用的材料，按照用途进行归类，生产产品耗用、生产车间耗用、企业行政管理部门耗用，应分别计入（　　）账户。

A. "生产成本" B. "制造费用"
C. "管理费用" D. "销售费用"
E. "财务费用"

8. 材料费用的分配标准有（　　）。
   A. 材料定额耗用量 B. 材料定额费用
   C. 产品体积 D. 产品产量
   E. 产品工时定额

9. 职工薪酬总额主要包括（　　）。
   A. 计时工资 B. 计件工资
   C. 五险一金 D. 各种补贴和津贴
   E. 加班加点工资

10. 按月薪制计算工资，应付工资额取决于（　　）。
    A. 月标准工资 B. 日工资率
    C. 缺勤天数 D. 出勤天数
    E. 定额工时

11. 计算计时工资时，需要考虑的因素有（　　）。
    A. 月标准工资 B. 出勤记录
    C. 缺勤情况及性质 D. 扣发工资的比例和标准
    E. 计件单价

12. 计算集体计件工资时，作为计件工资基数的产品数量包括（　　）。
    A. 合格产品数量 B. 料废产品数量
    C. 工废产品数量 D. 个人完工的合格品数量
    E. 个人未完工的产品数量

13. 企业以其自产产品发给职工作为职工薪酬的，借记的账户包括（　　）。
    A. "制造费用" B. "管理费用"
    C. "生产成本" D. "应交税费"
    E. "在建工程"

14. 下列各项中，在福利费中开支的有（　　）。
    A. 医务经费 B. 管理人员工资
    C. 职工医药费 D. 职工生活困难补助
    E. 销售人员工资

15. 工资结算的主要内容是（　　）。
    A. 职工应付工资 B. 各种代扣款
    C. 实发工资 D. 工资标准
    E. 各种代发款项

16. 下列要素费用中，应计入期间费用的有（   ）。
    A. 燃料费用   B. 利息费用
    C. 折旧费用   D. 管理费用
    E. 销售费用

17. 计入产品成本的各种材料费用，按其用途分配，应计入（   ）账户的借方。
    A. "待摊费用"   B. "管理费用"
    C. "制造费用"   D. "生产成本"
    E. "销售费用"

18. 发生下列各项费用时，可以直接借记"基本生产成本"账户的有（   ）。
    A. 车间照明用电费   B. 构成产品实体的原材料费用
    C. 车间管理人员工资   D. 车间生产工人工资
    E. 车间办公费

19. 下列各项中，属于当月应计提折旧的固定资产有（   ）。
    A. 闲置的厂房   B. 以经营租赁方式租入的设备
    C. 超龄使用的设备   D. 月份内报废的设备
    E. 未使用和不需要的设备

20. 企业分配工资费用时，贷记"应付职工薪酬"的账户，相对应的借方账户可能有（   ）等账户。
    A. "生产成本"   B. "制造费用"
    C. "管理费用"   D. "销售费用"
    E. "在建工程"

三、判断题

1. 属于几种产品共同耗用的辅助材料，可以直接计入各种产品成本。（   ）
2. 在实际工作中，材料费用的分配是通过材料科费用分配表进行的。（   ）
3. 生产人员、车间管理人员和技术人员的薪酬，是产品成本的重要组成部分，应该直接计入各种产品成本。（   ）
4. "外购材料"和"直接材料"都是材料费用，因此都属于要素费用。（   ）
5. 实行计件工资制的企业，由于材料缺陷产生的废品，不付计件工资。（   ）
6. 无论是计时工资形式还是计件工资形式，人工费用的分配都相同。（   ）
7. 每月按30天计算日工资率时，缺勤期间的节假日、星期天不算缺勤，不扣工资。（   ）
8. 支付外购动力费用时，企业一般是通过"银行存款"账户核算。（   ）
9. 税金是生产费用要素之一。（   ）
10. 生产车间耗用的材料，全部计入"直接材料"成本项目。（   ）

11. 车间领用的材料在产品完工时，如有余料，应填制退料凭证及时退回仓库。对于下月需要继续耗用的材料，为了简化领料、退料手续，可以办理"假退料"手续。（   ）

12. 生产工人工资比例分析法实质上就是工时比例分析法。（   ）

13. 生产人员、车间管理人员的工资及福利费，根据工资费用分配表，应直接计入产品生产成本。（   ）

14. 按照医务及福利部门人员工资的一定比例计提的应付福利费，应在应付福利费中列支。（   ）

15. 固定资产折旧费属于产品成本的组成内容，应全部计入产品成本。（   ）

四、实务题

1. 资料：

江北公司生产甲、乙两种产品，共同耗用1号原材料，甲、乙产品共同耗用材料按定额消耗量比例法分配材料费用。本月甲产品投产100件，单件消耗1号材料定额5千克；乙产品投产200件，单件消耗1号材料定额7.5千克。甲、乙两种产品本月实际消耗1号材料2 800千克，1号材料单价10元/千克。

要求：

（1）根据上述资料，采用产品材料定额消耗量比例法分配材料费用，并将结果填入材料费用分配表内，如表3-1所示。

表3-1　　　　　　　　　　　　材料费用分配表

产品名称	产量（件）	材料消耗定额（千克/件）	定额消耗量（千克）	材料消耗量分配率	分配材料数量（千克）	材料单价（元/千克）	分配金额
甲产品							
乙产品							
合计							

（2）根据材料费用分配表，编制相关会计分录。

2. 资料：

2021年9月，江北公司材料费用汇总表如表3-2所示。该公司材料成本差异率为 –1%，基本生产车间A、B两种产品共同耗用的原材料按定额耗用费用比例分配，燃料消耗按实际产量比例分配。本月生产A、B两种产品，其中A产品产量4 000件，原材料单位定额耗用定额20千克；B产品产量2 000件，原材料科单位定额耗用定额30千克。原材料单位计划成本 0.25元/千克。

表3-2   材料费用汇总表
2021年9月

领用部门	用途	计划成本
基本生产车间	直接用于A产品生产原材料	60 000
	直接用于B产品生产原材料	70 000
	A、B产品共同耗用原材料	42 000
	A、B产品共同耗用燃料	120 000
	机物料消耗	8 000
行政管理部门	办公用品	14 000
供电车间	生产用	18 000

要求：

（1）根据编制材料费用分配汇总表，如表3-3所示。

表3-3   原材料费用分配表
年   月   日   单位：元

借方			计划成本					材料成本差异（–1%）	实际成本
总账	明细账	成本或费用项目	直接计入	分配计入			合计		
				定额费用	分配率	分配金额			
生产成本——基本生产成本	A产品	直接材料							
	B产品								
	小计								
			直接计入	分配计入			合计		
				实际产量	分配率	分配金额			
	A产品	燃料和动力							
	B产品								
	小计								

续表

借方			计划成本					材料成本差异（-1%）	实际成本
总账	明细账	成本或费用项目	直接计入	分配计入			合计		
				定额费用	分配率	分配金额			
生产成本——辅助生产成本	供电车间								
制造费用	基本生产车间	机物料消耗							
管理费用		办公费							
合 计									

（2）根据材料费用分配汇总表，编制相关会计分录。

3.资料：

江北公司月末由仓库转来发料凭证汇总表。本月发出材料计划成本总计 52 000 元，其中甲产品生产领用 32 000 元，乙产品生产领用 17 500 元，车间一般耗用 2 000 元，管理部门领用 500 元。本月材料成本差异率为 +1%。

要求：

计算发出材料转出的成本差异，并编制相关会计分录。

4. 资料：

2021年9月26日，江北公司查明本月共计用电46 000度，单价1.2元/度。各车间、部门本月用电度数情况如下：基本生产车间用电35 000度，其中车间照明用电2 000度，机修车间用电5 000度，行政管理部门用电6 000度。基本生产车间生产A、B两种产品，产品电费成本按工时比例分配，本月A产品生产工时36 000小时，B产品生产工时24 000小时。

要求：

（1）根据上述资料编制外购动力费用分配表，如表3—4所示。

表3–4　　　　　　　　　　　　外购动力费用分配表

年　月　日　　　　　　　　　　　　　　　　　　　　　　　单位：元

应借账户			项目				
	明细账户	成本项目	生产工时	分配率	分配金额	用电度数	分配金额
生产成本	A产品	燃料和动力					
	B产品	燃料和动力					
	小计						
制造费用		电费					
生产成本	辅助生产成本	燃料和动力					
管理费用							
合计							

（2）根据外购动力费用分配表，编制相关会计分录。

（3）2021年10月10日，公司以银行存款62 376元支付9月份电费，其中电费55 200元，增值税税额7 176元。编制公司支付电费时的会计分录。

5. 资料：

江北公司职工夏刚的月工资标准为 3 782 元，2021 年 7 月份 31 天，事假 5 天，病假 3 天，月双休假 9 天，出勤 16 天。根据该工人的工龄，其病假工资按工资标准的 90% 计算。该工人事假期间包括一个星期休假（2 天）。另外，该月夏刚还应享受保健津贴 500 元，夜班津贴 350 元，综合奖 700 元。代扣个人所得税 15 元，个人社会保险 230 元，住房公积金 150 元。

要求：

按照下面四种方法，分别计算夏刚 7 月份的计时工资。

（1）按 30 天计算日标准工资，按出勤天数计算工资。

（2）按 30 天计算日标准工资，按缺勤天数扣工资。

（3）按 21.75 天计算日标准工资，按出勤天数计算工资。

（4）按 21.75 天计算日标准工资，按缺勤天数扣工资。

（5）按上述计算结果分别计算夏刚 7 月份的实发工资。

6. 资料：

江北公司一车间采用计件工资形式计付工资。2021 年 10 月，该车间工人胡红加工甲、乙两种产品，其中生产甲产品 600 件，乙产品 500 件，甲产品计件单价 5 元/件，乙产品计价单价 2 元/件。经检验，甲产品合格品 520 件，料废品 50 件，工废品 30 件；乙产品合格品 400 件，料废品 75 件，工废品 25 件。

要求：

根据上述资料，计算胡红 2021 年 10 月的计件工资。

7. 资料：

江南公司职工李馨的月标准工资 3 600 元。2021 年 10 月国庆期间 7 天都在加班，其中前 3 天为法定假日，后 4 天为双休日。

要求：按照我国《劳动法》规定，10 月份公司应付给李馨多少加班工资？

8. 资料：

2021 年 9 月，江南公司发放工资共计 101 000 元，其中一车间生产工人工资 45 000 元，二车间生产工人工资 30 000 元，车间管理人员工资 6 000 元，行政管理人员 12 000 元，销售人员 8 000 元。该公司一车间生产甲、乙两种产品，二车间生产丙产品，工人工资按工时比例分配，本月甲产品生产工时 32 000 小时，乙产品生产工时 13 000 小时，丙产品生产工时 12 000 小时。

要求：

（1）根据上述资料编制工资分配汇总表，如表 3-5 所示。

表 3-5　　　　　　　　　　　工资分配汇总表

年　月　日　　　　　　　　　　　　　　　　　　　　单位：元

应借账户		成本或费用项目	直接计入生产工时	分配计入		工资费用合计
				分配率	分配金额	
生产成本	甲产品	直接人工				
	乙产品	直接人工				
	小计					
	丙产品	直接人工				
制造费用						
管理费用						
销售费用						
合计						

（2）根据工资分配汇总表，编制相关会计分录。

9.资料：

2021年10月，江北公司工资结算汇总表如表3-6所示。

表3-6　　　　　　　　　　　　　　工资结算汇总表

单位：江北公司　　　　　　　　　　　　　2021年10月　　　　　　　　　　　　　　单位：元

部门	应发工资			缺勤应扣			应发工资	代扣款项				实发工资
	计时工资	奖金	津贴	病假	事假	小计		个人所得税	社会保险费	住房公积金	小计	
生产车间工人	100 000	8 000	6 000	700	300	1 000	113 000	1 200	12 430	11 300	24 930	88 070
生产车间管理人员	10 000	1 000	5 000	150	30	180	15 820	850	1 740.2	1 582	4 172.2	11 647.8
辅助生产车间	5 000	300	2 500	100	30	130	7 670	30	843.7	767	1 640.7	6 029.3
企业管理人员	6 000	500	3 000	200	50	250	9 250	50	1 017.5	925	1 992.5	7 257.5
销售机构人员	3 000	300	200	50	10	60	3 440	40	378.4	344	762.4	2 677.6
医务人员	1 000	100	50		10	10	1 140		125.4	114	239.4	900.6
小计	125 000	10 200	16 750	1 200	430	1 630	150 320	2 170	16 535.2	15 032	33 737.2	116 582.8

该公司工资附加费按当月应付工资总额作为工资基数计提，单位负担养老、医疗、失业、工伤、生育保险的比例分别为20%、8%、2%、1%、0.5%，（个人承担养老、医疗、

失业保险的比例分别为 8%、2%、1%，住房公积金企业和职工个人各承担 10%，工会经费、职工教育经费单位按 2% 和 1.5% 比例计提。

基本生产车间生产甲、乙两种产品，按工时比例分配工资费用和工资附加费用，本月甲产品生产工时 12 000 小时，乙产品生产工时 10 600 小时。

要求：

（1）根据上述资料编制社会保险费用计提表，如表 3-7 所示。

表 3-7　　　　　　　　　　社会保险费提取表

年　月　日　　　　　　　　　　　　　　　　　单位：元

车间或部门	工资总额	医疗保险 8%	养老保险 20%	失业保险 2%	工伤保险 1%	生育保险 0.5%	社保合计
生产车间工人							
生产车间管理人员							
辅助生产车间工人							
企业管理人员							
销售机构人员							
医务人员							
合计							

（2）根据上述资料编制住房公积金、工会经费和职工教育经费计提表，如表 3-8 所示。

表 3-8　　　　　住房公积金、工会经费和职工教育经费计提表

年　月　日　　　　　　　　　　　　　　　　　单位：元

车间或部门	工资总额	住房公积金 10%	工会经费 2%	职工教育经费 1.5%	合　计
生产车间工人					
车间管理人员					
辅助生产车间工人					
企业管理人员					
销售机构人员					
医务人员					
合计					

（3）根据表 3-7 和表 3-8，编制工资及工资附加费用分配表，如表 3-9 所示。

表 3-9　　　　　　　　　　　工资及工资附加费用分配汇总表
　　　　　　　　　　　　　　　　　年　月　日　　　　　　　　　　　　　　单位：元

车间或部门		工资	社会保险费	住房公积金	工会经费	职工教育经	合计
基本生产车间	生产工人						
		工时		分配率		分配金额	
	甲产品						
	乙产品						
	管理部门						
辅助生产车间	机修车间						
行政管理部门							
销售部门							
医务部门							
合　计							

（4）根据上述计算结果编制相关会计分录。

（5）2021 年 11 月 10 日，公司以现金 116 582.8 元发放职工工资，编制相关会计分录。

（6）2021年11月10日，公司以银行存款分别上缴社会保险费63 886元、住房公积金30 064元和个人所得税2 170元，编制相关会计分录。

10. 资料：

江北公司为增值税一般纳税人，增值税税率13%。2021年10月国庆节期间，将本公司生产的甲产品作为福利发放给职工，每人10件。甲产品单位成本50元/件，市场售价80元件。该公司共有职工95人，其中一车间50人（生产甲产品），二车间30人（生产乙产品），行政管理人员10人，销售部门人员5人。

要求：

根据上述资料编制相关会计分录。

第二部分：综合费用的分配

一、单项选择题

1. 辅助生产车间的产品或劳务主要用于（　　）。
   A. 辅助生产车间内部的生产和管理　　B. 基本生产和经营管理
   C. 对外销售　　　　　　　　　　　　D. 专项工程建造

2. 辅助生产费用直接分配法的特点是辅助生产费用（　　）。
   A. 直接计入"生产成本——辅助生产成本"科目
   B. 直接分配给所有受益的车间、部门
   C. 直接分配给辅助生产以外的各受益单位

D. 直接计入辅助生产提供的劳务成本

3. 将辅助生产车间费用先进行一次相互分配，然后将辅助生产费用对辅助生产车间以外的各受益对象进行分配，这种辅助生产费用的分配方法是（　　）。

　　A. 直接分配法　　B. 顺序分配法　　C. 交互分配法　　D. 代数分配法

4. 在辅助生产费用分配方法中，不考虑各辅助生产车间相互提供产品和劳务的是（　　）。

　　A. 代数分配法　　B. 直接分配法　　C. 交互分配法　　D. 计划成本分配法

5. 在辅助生产费用的各种分配方法中，计算结果最准确，且适用于实行会计电算化企业的是（　　）。

　　A. 计划成本分配法　　B. 交互分配法　　C. 代数分配法　　D. 直接分配法

6. 在辅助生产费用采用计划成本分配法时，为了简化计算，辅助生产劳务的成本差异一般全部计入（　　）。

　　A. 管理费用　　B. 生产成本　　C. 制造费用　　D. 营业外损益

7. 辅助生产费用的顺序分配法是指各辅助生产车间之间的费用分配应按照（　　）。

　　A. 费用多的辅助生产车间排列在前，费用少的辅助生产车间排列在后的顺序分配

　　B. 费用少的辅助生产车间排列在前，费用多的辅助生产车间排列在后的顺序分配

　　C. 受益多的辅助生产车间排列在前，受益少的辅助生产车间排列在后的顺序分配

　　D. 受益少的辅助生产车间排列在前，受益多的辅助生产车间排列在后的顺序分配

8. 辅助生产费用交互分配后的实际费用，应在有关单位之间进行分配，其中的有关单位是指（　　）。

　　A. 各受益单位　　　　　　　　B. 各辅助生产车间
　　C. 基本生产车间　　　　　　　D. 辅助生产车间以外的各受益单位

9. 采用交互分配法分配辅助生产费用时，交互分配后某辅助生产车间实际费用的计算方法是（　　）。

　　A. 该车间原始费用加上分配转入的费用

　　B. 该车间原始费用减去分配转出的费用

　　C. 该车间原始费用加上分配转出的费用减去分配转入的费

　　D. 该车间原始费用加上分配转入的费用减去分配转出的费用

10. 季节性生产企业，其制造费用的分配宜采用（　　）。

　　A. 年度计划分配率分配法　　　B. 生产工人工时比例分配法
　　C. 生产工人工资比例分配法　　D. 机器工时比例分配法

11. 为了简化核算工作，制造费用的费用项目在设立时主要考虑的因素是（　　）。

　　A. 费用的性质是否相同　　　　B. 是否直接用于产品生产
　　C. 是否间接用于产品生产　　　D. 是否用于组织和管理生产

12. "制造费用"账户，月末（　　）。

A. 若有余额一定在借方　　　　　　　B. 一定没有余额
C. 若有余额一定在贷方　　　　　　　D. 余额可能在借方，也可能在贷方

13. 某车间采用按年度计划分配率分配法分配制造费用。该车间全年制造费用计划 3 780 元。全年各种产品的计划产量分别为甲产品 200 件，乙产品 400 件；单件产品的工时定额分别为甲产品 5 小时，乙产品 2 小时。该车间制造费用年度计划分配率是（　　）。

　　A. 2.1　　　　B. 6.3　　　　C. 540　　　　D. 0.9

14. 某基本生产车间本月归集制造费用 15 000 元。本月该车间生产 A、B 两种产品，产量分别为 200 件和 300 件。本月该车间为生产 A、B 产品共耗用生产工时 8 000 小时，其中 A 产品 3 000 小时，B 产品 5 000 小时，则该车间制造费用的分配率为（　　）。

　　A. 30　　　　B. 3　　　　C. 5　　　　D. 1.875

15. 下列各项中，应确认为可修复废品损失的是（　　）。
　　A. 返修以前发生的生产费用
　　B. 可修复废品的生产成本
　　C. 返修过程中发生的修复费用
　　D. 可修复废品的生产成本加上返修过程中发生的修复费用

16. 下列各项中，应核算停工损失的是（　　）。
　　A. 机器设备故障发生的大修　　　　B. 季节性停工
　　C. 不满一个月的停工　　　　　　　D. 辅助生产车间设备的停工

17. 在进行产品成本核算时，要求单独核算的废品损失一般（　　）。
　　A. 在产品和完工产品之间采用特定方法进行分配
　　B. 全部由完工产品负担
　　C. 直接作为期间费用
　　D. 全部由月末在产品负担

18. 应计入产品成本的停工损失是（　　）。
　　A. 火灾造成的停工损失
　　B. 应由过失单位赔偿的停工损失
　　C. 季节性和固定资产修理期间的停工损失
　　D. 地震造成的停工损失

19. 实行包退、包修、包换"三包"的企业，产品出售以后发现的废品所发生的一切损失，在财务上应计入（　　）。
　　A. 废品损失　　B. 销售费用　　C. 管理费用　　D. 基本生产成本

20. 不可修复废品的生产成本可以按废品所耗的实际费用计算，也可以按废品所耗的（　　）计算。
　　A. 消耗定额　　B. 定额费用　　C. 定额消耗　　D. 费用定额

二、多项选择题

1. 下列方法中，属于辅助生产费用分配方法的有（　　）。
   A. 交互分配法　　　　　　　　B. 代数分配法
   C. 定额比例法　　　　　　　　D. 直接分配法
   E. 计划成本分配法

2. 下列分配辅助生产费用的各种方法中，有交互分配性质的包括（　　）。
   A. 交互分配法　　　　　　　　B. 代数分配法
   C. 计划成本分配法　　　　　　D. 直接分配法
   E. 顺序分配法

3. 辅助生产车间的机器设备在计提折旧时，借方的账户可能有（　　）。
   A. "基本生产成本"　　　　　　B. "辅助生产成本"
   C. "制造费用"　　　　　　　　D. "管理费用"
   E. "销售费用"

4. 采用代数分配法分配辅助生产费用时，（　　）。
   A. 能够提供准确的分配结果
   B. 能够简化成本计算工作
   C. 适用于已实现电算化的企业
   D. 便于分析和考核各辅助生产车间成本
   E. 直接对辅助生产车间以外的部门进行分配

5. 下列关于辅助生产费用分配方法的说法中，表述错误的有（　　）。
   A. 直接分配法是直接向辅助车间以外的各受益对象分配辅助生产费用的方法
   B. 交互分配法经历两次分配，所以分配结果最准确
   C. 代数分配法适用于已实现电算化的企业
   D. 计划成本分配法适用于辅助生产车间之间相互提供产品或劳务很少的企业
   E. 顺序分配法按照受益少的辅助生产车间排列在前，受益多的辅助生产车间排列在后的顺序分配

6. 辅助生产车间一般不设置"制造费用"科目，这是因为（　　）。
   A. 没有必要　　　　　　　　　B. 辅助生产车间不对外销售产品
   C. 简化核算工作的需要　　　　D. 辅助生产车间没有制造费用
   E. 辅助生产车间的规模较小，发生的制造费用较少

7. 发生下列各项费用时，可以直接借记"基本生产成本"账户的有（　　）。
   A. 车间照明用电费　　　　　　B. 构成产品实体的原材料费用
   C. 车间管理人员的工资　　　　D. 车间生产工人的工资
   E. 车间办公费

8. 企业的制造费用可分为（　　）。

A. 直接用于产品生产但未专设成本项目的费用

B. 间接用于产品生产的费用

C. 对生产部门进行管理发生的费用

D. 生产部门发生的产品生产管理费用

E. 企业管理部门组织和管理生产的费用

9. 下列各项中，属于制造费用项目的有（　　）。

　A. 生产车间的办公费　　　　　　　　B. 生产车间管理用具的摊销

　C. 自然灾害引起的停工损失　　　　　D. 生产车间管理人员的工资

　E. 生产设备的折旧费

10. 制造费用的分配方法主要包括（　　）。

　A. 生产工时比例法　　　　　　　　　B. 生产工人工资比例法

　C. 机器工时比例法　　　　　　　　　D. 年度计划分配率分配法

　E. 直接分配法

11. 计算废品净损失时，应考虑的内容有（　　）。

　A. 生产过程中发现的不可修复废品的生产成本

　B. 可修复废品的修复费用

　C. 废品的残值

　D. 废品的应收赔款

　E. 入库后发现的生产过程中造成的不可修复废品的生产成本

12. 可修复废品的确认，必须满足的条件有（　　）。

　A. 经过修理仍不能使用的

　B. 所花费的修复费用在经济上是合算的

　C. 经过修理可以使用的

　D. 所花费的修复费用在经济上是不合算的

　E. 不经过修理也可以使用的

13. "废品损失"由（　　）构成。

　A. 不可修复废品的生产费用　　　　　B. 可修复废品的修理费用

　C. 扣除回收的废品残料价值　　　　　D. 降价损失

　E. 可修复废品返修以前的生产费用

14. 成本核算中的损失费用是指产品生产过程中所发生的各种耗费，包括（　　）。

　A. 停工损失　　　　　　　　　　　　B. 非常损失

　C. 坏账损失　　　　　　　　　　　　D. 废品损失

　E. 在产品盘亏损失

15. 下列各项中，属于应计入产品成本的废品损失的有（　　）。

　A. 加工原因造成的废品损失　　　　　B. 原材料原因造成的废品损失

C. 入库后保管不当造成的废品损失　　D. 降价出售的损失

E. "三包"损失

三、判断题

1. 辅助生产车间提供的产品劳务都是为基本生产车间服务的。（　　）
2. 制造费用与产品的生产工艺之间没有直接联系，因而间接计入费用。（　　）
3. 各种辅助生产费用分配方法的共同点是，它们都是在各辅助生产内部进行交互分配的。（　　）
4. 采用顺序分配法分配辅助生产费用时，其顺序应该是受益多的辅助生产费用排列在前，受益少的辅助生产费用排列在后。（　　）
5. 辅助生产费用的直接分配法就是将辅助生产费用直接计入各种辅助生产产品或劳务成本的方法。（　　）
6. 采用交互分配法分配辅助生产费用时，对外分配的辅助生产费用应为交互分配前的费用加上交互分配时分配转入的费用。（　　）
7. 采用计划成本分配法分配辅助生产费用时，计算出的辅助生产车间实际发生的费用完全是实际费用。（　　）
8. 在采用计时工资的情况下，只生产一种产品，生产人员的工资及福利费应直接计入该种产品成本。（　　）
9. 可修复废品返修以前发生的费用，应转出至"废品损失"科目中进行成本核算。（　　）
10. 可修复废品是指经过修理可以使用的废品。（　　）

四、实务题

1. 资料：

江北公司生产甲产品，设有一个基本生产车间和机修、供电两个辅助生产车间。2021年11月，机修车间发生费用63 000元，供电车间发生费用60 000元。该公司本月向各受益部门提供产品或劳务的资料如表3-10所示。

表3-10　　　　　　　　辅助生产车间提供产品或劳务汇总表

受益对象	劳务供应量	
	修理工作量（小时）	供电数量（度）
机修车间耗用		30 000
供电车间耗用	1 000	
基本生产车间产品直接耗用		80 000
基本生产车间管理耗用	2 500	10 000

续表

受益对象	劳务供应量	
	修理工作量（小时）	供电数量（度）
行政管理部门耗用	2 000	25 000
专设销售机构耗用	1 500	5 000
合计	7 000	150 000

（1）采用直接分配法分配辅助生产费用，编制辅助生产费用分配表，如表3-11所示，并编制相关会计分录。

表3-11　　　　　　　　　辅助生产费用分配表（直接分配法）

2021年11月　　　　　　　　　　　　　　　　　　　　　单位：元

项目		机修车间	供电车间	合　计
待分配费用				
劳务供应总量				
其中：供应辅助生产以外对象				
费用分配率（单位成本）				
基本生产——甲产品	耗用数量			
	负担金额			
基本生产车间	耗用数量			
	负担金额			
行政管理部门	耗用数量			
	负担金额			
专设销售机构	耗用数量			
	负担金额			
合计				

会计分录：

（2）采用交互分配法分配辅助生产费用，编制辅助生产费用分配表，如表 3-12 所示，并编制相关会计分录。

表 3-12　　　　　　　　辅助生产费用分配表（交互分配法）

2021 年 11 月　　　　　　　　　　　　　　　　　　　　单位：元

项　目			机修车间	供电车间	合　计
待分配费用					
劳务供应总量					
交互分配费用分配率					
交互分配费用	机修车间	耗用数量			
		负担金额			
	供电车间	耗用数量			
		负担金额			
交互分配后待分配费用					
供应辅助生产以外对象的劳务量					
对外分配费用分配率					
对外分配	基本生产——甲产品	耗用数量			
		负担金额			
	基本生产车间	耗用数量			
		负担金额			
	行政管理部门	耗用数量			
		负担金额			
	专设销售机构	耗用数量			
		负担金额			
合计					

会计分录：

（3）采用代数分配法分配辅助生产费用，编制辅助生产费用分配表，如表3-13所示，并编制相关会计分录。

表3-13　　　　　　　　　　辅助生产费用分配表（代数分配法）

2021年11月　　　　　　　　　　　　　　　　　　　　　单位：元

项目		机修车间	供电车间	合计
待分配费用				
劳务供应总量				
费用分配率（单位成本）				
机修车间	耗用数量			
	负担金额			
供电车间	耗用数量			
	负担金额			
基本生产—甲产品	耗用数量			
	负担金额			
基本生产费用	耗用数量			
	负担金额			
行政管理部门	耗用数量			
	负担金额			
专设销售机构	耗用数量			
	负担金额			
合计				

会计分录：

（4）若公司确定的计划单位成本为，修理费为 11 元/小时，电费为 0.5 元/度，采用计划成本分配法分配辅助生产费用，编制辅助生产费用分配表，如表 3-14 所示，并编制相关会计分录。

表 3-14　　　　　　　　辅助生产费用分配表（计划成本分配法）

2021 年 11 月　　　　　　　　　　　　　　　　　　　　　单位：元

项　目		机修车间	供电车间	合　计
待分配费用				
对外提供的劳务供应量				
费用分配率（计划单位成本）				
机修车间	耗用数量			
	负担金额			
供电车间	耗用数量			
	负担金额			
基本生产—甲产品	耗用数量			
	负担金额			
基本生产费用	耗用数量			
	负担金额			
行政管理部门	耗用数量			
	负担金额			
专设销售机构	耗用数量			
	负担金额			
按计划成本分配合计				
辅助生产实际成本				
辅助生产成本差异				

会计分录：

2. 资料：

2021年10月，江北公司生产车间生产甲、乙、丙三种产品。甲产品实耗生产工时2 000小时，乙产品实耗生产工时800小时，丙产品实耗生产工时1 200小时。该车间本月制造费用实际发生额为64 600元。

要求：

（1）采用生产工时比例法分配计算各产品应负担的制造费用，编制制造费用分配额如表3-15所示。

表3-15　　　　　　　　　　制造费用分配表（生产工时比例法）

2021年10月　　　　　　　　　　　　　　　　　　单位：元

项目	生产工时	分配率	分配额
甲产品			
乙产品			
丙产品			
合计			

（2）根据制造费用分配表，编制相关会计分录：

3. 资料：

江北公司第一基本生产车间生产A、B、C、D四种产品，全年制造费用计划数为409 500元，1月份实际发生制造费用40 000元，各种产品的产量及有关资料如表3-16所示。

表3-16　　　　　　　　　　　　产量情况

产品名称	全年计划产量（件）	工时定额（小时）	1月份实际产量（件）	全年实际产量（件）
A	11 400	5	1 000	12 000
B	3 600	7	260	4 000
C	2 800	10	200	2 600
D	2 000	3.4	180	2 000

要求：

按年度计划分配率分配法，计算 1 月份各种产品应负担的制造费用，非编制相关会计分录。

4. 资料：

2021 年 10 月，江北公司生产甲和乙两种产品，第二生产车间发生有关的制造费用如下所述：

（1）生产车间分配材料费用 9 000 元。

（2）生产车间分配动力费用 400 元。

生产车间分配工资及其他费用 3 540 元。

（4）生产车间购置办公费 1 300 元。

（5）车间为一线工人购买劳保用品 2 240 元。

（6）辅助生产成本 34 080 元。

要求：

（1）根据上述资料登记制造费用明细账，如表 3-17 所示。

表 3-17　　　　　　　　　　　制造费用明细账

生产车间：第二生产车间　　　　　　　2021 年 10 月　　　　　　　　　　单位：元

年		凭证		摘要	费用项目						合计
月	日	字	号		物料	燃料及动力	工资	办公费	辅助生产	其他	

（2）江北公司按生产工时分配制造费用。第二生产车间生产甲产品和乙产品的实际生产工时分别为 1 600 小时和 2 400 小时。按生产工时比例法编制制造费用分配表，如表 3-18 所示，并编制相关会计分录。

表 3-18　　　　　　　　制造费用分配表（生产工时比例法）

车间名称：第二生产车间　　　　　2021 年 10 月　　　　　　　　　　单位：元

项　目	生产工时	分配率	分配额
甲产品			
乙产品			
合　计			

会计分录：

5. 资料：

江南公司基本生产车间生产甲产品。2021 年 11 月份投产 1 000 件，本月生产费用发生情况如下：直接材料 20 000 元，直接人工 8 000 元，制造费用 11 000 元，材料是在生产开始时一次投入。经检验发现不可修复废品 50 件，本月总生产工时为 27 500 小时，其中不可修复废品工时 1 300 小时，废品残料作价 300 元入材料库。直接材料按合格品和废品数量比例分配，其他费用按生产工时比例分配，按废品所耗实际成本计算。

要求：

（1）根据上述资料，编制不可修复废品损失计算表，如表 3-19 所示。

表 3-19　　　　　　　　不可修复废品损失计算表（按实际成本）

生产车间：基本生产车间　　　　　　　　　　　　　　　　　产品名称：甲产品
废品数量：50 件　　　　　　　　2021 年 11 月　　　　　　　　　单位：元

摘要	产量/件	直接材料	生产工时/小时	直接人工	制造费用	合计
生产成本总额						
费用分配率						
废品生产成本						
废品残值						
废品报废损失						

（2）根据不可修复废品损失计算表，编制相关会计分录。

6.资料：

江南公司基本生产车间生产乙产品。2021年11月份投产2 000件，生产费用发生情况如下：直接材料50 000元，直接人工18 000元，制造费用20 000元，材料是在生产过程中陆续投入的。经检验发生不可修复废品90件，投料程度80%，废品生产工时为19小时，乙产品定额资料为：直接材料28元，直接人工50元，制造费用78元，残料作价50元入材料库。按定额成本法计算废品损失。

要求：

（1）根据上述资料，编制不可修复废品损失计算表，如表3-20所示。

表3-20 　　　　　　　　**不可修复废品损失计算表（按定额成本）**

生产车间：基本生产车间　　　　　　　　　　　　　　　　　产品名称：乙产品
废品数量：90件　　　　　　　　2021年11月　　　　　　　　　单位：元

项　目	直接材料	直接人工	制造费用	合　计
费用定额				
废品定额成本				
减：回收残料价值				
废品损失				

（2）根据不可修复废品损失计算表，编制相关会计分录。

7. 资料：

江南公司基本生产车间生产乙产品。2021 年 11 月份完工 1 910 件；入库检查时发现可修复废品 240 件，为修复该批废品，耗用材料 480 元，生产工时 60 小时，本月人工费分配率 1.5 元/小时，制造费用分配率 1.8 元/小时，应收过失人赔款 100 元。

要求：

根据上述资料，计算可修复废品损失，并根据题目 6 和题目 7，登记废品损失明细账，如表 3-21 所示。

表 3-21　　　　　　　　　　废品损失明细账

产品名称：乙产品　　　　　　　　　　2021 年 11 月　　　　　　　　　　单位：元

年			摘要	直接材料	直接人工	制造费用	合计
月	日						
11	30		转入不可修复废品				
	30		回收残料				
	30		转入可修复废品				
	30		责任人赔偿				
	30		结转乙产品净损失				

8. 资料：

江南公司基本生产车间本月由于供电局突然停电导致停工 3 天，停工期间损失材料费用 8 000 元，应支付生产工人薪酬 5 000 元，应分摊制造费用 1 000 元，市供电局同意赔偿 4 000 元。

要求：

根据上述资料，编制相关会计分录。

第三部分：完工产品与月末在产品成本的分配

一、单项选择题

1. 狭义在产品包括（　　）。
   A. 正在车间加工的在产品　　　　B. 需进一步加工的半成品
   C. 对外销售的自制半成品　　　　D. 产成品

2. 在产品进行清查时发现在产品盘盈，应借记（　　）账户。
   A. "基本生产成本"　　　　　　　B. "待处理财产损溢"
   C. "管理费用"　　　　　　　　　D. "营业外收入"

3. 在产品按固定成本计价，适用于（　　）。
   A. 各月月末在产品数量很小　　　B. 各月月末在产品数量很大
   C. 月末在产品数量变化不大　　　D. 月末在产品成本金额不大

4. 某种产品月末在产品数量较大、各月在产品数量变化也较大，但原材料费用在成本中所占比重较大，月末在产品应按（　　）计价。
   A. 所耗原材料费用　　　　　　　B. 定额比例法
   C. 约当产量比例法　　　　　　　D. 定额成本法

5. 在产品加工程度为（　　）与完工产品工时定额的比率。
   A. 所在工序工时定额的 10%
   B. 所在工序工时定额
   C. 前面各道工序工时定额之和与本工序工时定额的 50% 的合计数
   D. 上道工序工时定额与本工序工时定额之和

6. 某车间月生产 D 产品 10 000 件，月末在产品数量通常在 5 件左右，且成本构成比较稳定,则对在产品成本宜采用（　　）。

  A. 不计在产品成本法　　　　　　B. 按固定成本计算在产品成本法

  C. 按约当产量计算在产品成本法　D. 按定额比例计算在产品成本法

7. 在产品不计算成本法,适用于（　　）。

  A. 各月月末在产品数量很小　　　B. 各月月末在产品数量很大

  C. 没有在产品　　　　　　　　　D. 各月月末在产品数量均衡

8. 如果原材料不是在生产开始时一次投入,也不是随加工进度陆续投入,是在每道工序开始时一次投入,则分配原材料费用的投料率应按（　　）计算。

  A. 每一工序的原材料消耗定额　　B. 所在工序消耗定额的 50%

  C. 所在工序累计消耗定额　　　　D. 所在工序累计消耗定额的 50%

9. 对各项消耗定额或定额费用比较准确、稳定,而且各月末在产品数量变化不大的产品,其产品成本应按（　　）计价。

  A. 定额比例　　　　　　　　　　B. 固定成本

  C. 不计算在产品成本　　　　　　D. 定额成本

10. 在产品按完工产品计算法,必须满足（　　）。

  A. 月末在产品已经接近完工　　　B. 月初、月末在产品数量接近

  C. 原材料在生产开始时一次投入　D. 原材料费用比重较大

11. 某产品经两道工序加工完成,工时定额分别为 24 小时和 16 小时,各工序在产品在本道工序的加工程度均按 50% 计算,则第二道工序在产品的累计工时定额为（　　）。

  A. 12　　　　B. 24　　　　C. 32　　　　D. 40

12. 产品需要经历三道工序完成,各工序的定额工时分别为 30 小时、10 小时和 10 小时,则第二道工序在产品的完工程度是（　　）。

  A. 50%　　　B. 70%　　　C. 80%　　　D. 90%

13. 某产品经过两道工序加工完成。第一道工序月末在产品数量为 1 件,完工程度为 20%;第二道工序的月末在产品数量为 200 件,完工程度为 70%。据此计算的月末在产品约当产量为（　　）件。

  A. 20　　　　B. 135　　　C. 140　　　D. 160

14. 采用约当产量法计算完工产品和在产品成本时,若原材料不是在开始生产时一次投入的,而是随生产进度陆续投入的,但在每工序是一次投入的。假设原材料消耗定额第一工序 30 千克,第二工序为 60 千克,则第二工序在产品的投料率为（　　）。

  A. 67%　　　B. 22%　　　C. 100%　　D. 97%

15. 某企业生产产品经过两道工序,各工序的工时定额分别为 30 小时和 40 小时,则第二道工序在产品的完工率约为（　　）。

  A. 68%　　　B. 69%　　　C. 70%　　　D. 71%

16. 若某企业生产甲产品，本月完工 250 件，月末在产品 100 件，在产品完工程度为 50%，月初和本月投入的原材料费用累计 56 520 元，原材料随加工进度陆续投入，则完工产品和月末在产品的原材料费用分别为（   ）。

  A. 45 000 元和 11 250 元   B. 45 000 元和 16 250 元

  C. 34 298 元和 21 952 元   D. 47 100 元和 9 420 元

17. 采用约当产量法进行原材料费用的分配，在产品完工程度可能按工时定额计算的条件是（   ）。

  A. 原材料在生产开始时一次投入 B. 原材料陆续投入并与加工进度基本一致

  C. 原材料陆续投入但与加工进度不一致 D. 原材料分工序一次投入

18. 关于生产费用在完工产品和在产品之间分配的方法，下列说法不正确的是（   ）。

  A. 在产品不计成本法适用于各月末在产品数量很少、价值很低的产品

  B. 在产品按年初固定数计算法适用于各月末在产品数量变化不大的产品

  C. 如果在产品接近完工，可以将其按完工产品计算成本

  D. 如果某产品各项消耗定额比较准确、稳定且月末在产品数量变化不大，则可以采用定额比例法

19. 当企业月末在产品数量及其变化均较大，产品成本中原材料费用和工资等加工费用在成本中所占比重相当，应选用的费用分配方法是（   ）。

  A. 定额比例法   B. 在产品按原材料费用计价法

  C. 约当产量法   D. 在产品按定额成本计价法

20. 在产品采用定额成本计价法计算时，其实际成本与定额成本之间的差异应计入（   ）。

  A. 在产品成本   B. 营业外支出

  C. 完工产品成本   D. 期间费用

二、多项选择题

1. 在确定生产费用在完工产品与在产品之间分配的方法时，应考虑的因素有（   ）。

  A. 各月在产品数量变化的大小 B. 在产品数量的多少

  C. 定额管理基础的好坏   D. 各项费用比重的大小

  E. 在产品是否接近完工

2. 完工产品与在产品之间分配费用的方法有（   ）。

  A. 不计算在产品成本法   B. 约当产量比例法

  C. 定额比例法   D. 生产工时比例法

  E. 计划成本分配法

3. 在产品按所耗原材料费用计价法,适用于(　　)的情况。

　　A. 月末在产品数量较大　　　　　　B. 各月末在产品数量变化较稳定

　　C. 各月末在产品数量变化较大　　　D. 原材料费用在成本中所占比重较大

　　E. 各成本费用在成本中所占比重比较均衡

4. 生产费用在完工产品和在产品之间进行分配,会使本月发生的生产费用全部由本月完工产品成本负担的方法有(　　)。

　　A. 在产品不计成本法　　　　　　　B. 在产品按定额成本计价法

　　C. 在产品按年初固定数计算法　　　D. 在产品按原材料费用计价法

　　E. 约当产量法

5. 广义的在产品包括(　　)。

　　A. 正在车间加工的在产品　　　　　B. 正在返修的废品

　　C. 等待返修的废品　　　　　　　　D. 对外销售的自制半成品

　　E. 已经完成部分生产步骤的半成品

6. 约当产量比例法适用于(　　)的产品。

　　A. 月末在产品数量较大

　　B. 各月末在产品数量变化较大

　　C. 月末在产品数量变化较小

　　D. 产品成本中原材料费用和工资及附加费等加工费用的比重相差不多

　　E. 原材料费用在成本中所占比重较大

7. 采用约当产量比例法分配生产费用,在产品约当产量应按(　　)计算。

　　A. 投料程度　　　　　　　　　　　B. 加工程度

　　C. 预计废品率　　　　　　　　　　D. 完工入库程度

　　E. 在产品实际数量

8. 约当产量比例法下,关于在产品的原材料投料程度不正确的有(　　)。

　　A. 如原材料为生产开始时一次投入,则在产品的投料程度为100%

　　B. 如原材料为分工序陆续投入,则在产品的投料程度应为本工序在产品工时定额除以各工序的工时定额之和

　　C. 如原材料为分工序陆续投入,则在产品的投料程度应为在产品上道工序累计投料数与本工序投料数×50%之和除以各工序的投料数之和

　　D. 如原材料为分工序投入,并在每道工序开始时一次投入,则每道工序的在产品投料程度均应为100%

　　E. 如原材料为分工序投入,并在每道工序开始时一次投入,则某道工序的在产品投料程度应为在产品上道工序累计投料数与本工序投料数之和除以各工序的投料数之和

9. 在约当产量比例法下测定在产品完工程度,应分(　　)测定。

A. 工序 B. 完工数量
C. 成本项目 D. 生产周期
E. 投产数量

10. 在产品采用定额成本法计价的条件有（   ）。
    A. 产品数量的各项消耗定额比较稳定 B. 产品的各项费用定额比较准确
    C. 各月末在产品数量变化不大 D. 各月末在产品数量变化较大
    E. 各项消耗定额比较准确

11. 不需要每月计算在产品成本的在产品成本计算方法有（   ）。
    A. 不计成本法 B. 固定成本法
    C. 约当产量法 D. 完工产品法
    E. 定额成本法

12. 材料投入形式主要有（   ）。
    A. 材料在生产开始时一次投入 B. 材料在生产过程中陆续投入
    C. 材料在生产过程中分工序一次投入 D. 材料在生产过程中分工序陆续投入
    E. 材料在供应过程中分阶段批量投入

13. 生产费用在完工产品和在产品之间进行分配的方式一般有（   ）。
    A. 约当产量比例法
    B. 定额比例法
    C. 在产品按定额成本计价法
    D. 先确定月末在产品费用，再从生产费用中减去月末在产品费用，计算完工产品费用
    E. 在产品按完工产品分配法

14. 盘亏和毁损的在产品经过审批进行处理时，应分别按不同情况将损失从"待处理财产损溢——待处理流动资产损溢"账户的贷方转入（   ）账户的借方。
    A. "其他应收款" B. "制造费用"
    C. "管理费用" D. "营业外支出"
    E. "生产成本"

15. 基本生产车间完工产品成本转出时，可能借记的账户有（   ）。
    A. "原材料" B. "基本生产成本"
    C. "库存商品" D "周转材料——低值易耗品"
    E. "辅助生产成本"

三、判断题

1. 当企业完工产品入库时，编制的会计分录是借记"库存商品"账户，贷记"生产成本"账户。（   ）

2. 广义在产品包括正在加工的产品和加工告一段落、留存在半成品库和以后各步骤的半成品。（　　）

3. 对于盘盈的在产品，应于批准后冲减"管理费用"账户。（　　）

4. 采用约当产量法计算在产品成本时，如果原材料不是在生产开始时一次投入，而是随着加工进度陆续投入的，其投料程度与其加工进度完全一致，则计算材料费用的约当产量与计算加工费用的约当产量应是一致的。（　　）

5. 在完工产品与在产品之间分配费用的约当产量比例法只适用于工资和其他加工费用的分配，不适用于原材料费用的分配。（　　）

6. 当企业的各项消耗定额或费用定额比较准确、稳定，而且各月末在产品数量变化不大时，可采用定额比例法计算在产品的成本。（　　）

7. 采用定额比例法计算完工产品和在产品成本时，各种费用应采用相同的分配标准。（　　）

8. 按定额成本计算法计算在产品成本时，期末在产品按定额成本计算；定额成本与实际成本之间的差异额，应在年末时采用适当的分配方法在各种产品当中进行分配。（　　）

9. 在产品按定额成本计价时，在产品费用脱离定额的差异全部由完工产品成本负担。（　　）

10. 在产品按其所耗原材料费用计价时，在产品所耗其他费用全部由完工产品成本负担。（　　）

11. 在产品按所耗原材料费用计价时，都应按完工产品与月末在产品的数量比例分配它们的原材料费用。（　　）

12. 虽然企业的定额管理水平较高，但如果月末在产品数量较多，也不宜采用按定额成本计算在产品成本法来计算月末在产品成本。（　　）

13. 只要存在期末在产品，就应当计算期末在产品成本，以便正确确定完工产品成本。（　　）

14. 采用约当产量比例法分配费用时，全部在产品完工程度均可按50%平均计算。（　　）

15. 在产品的约当产量也就是在产品盘点的数量。（　　）

四、实务题

1. 资料：

光明企业基本生产车间期末在产品清查结果如下：甲产品的在产品盘盈20件，单位成本20元；乙产品的在产品盘亏16件，单位成本30元，过失人赔款50元；丙产品的在产品毁损250件，单位成本10元；残料入库作价150元，保险公司赔偿1 500元，其余损失计入产品成本。

要求：

根据上述资料，编制相关会计分录。

2. 资料：

光明企业生产 B 产品，产品成本中原材料费用所占比重较大。2021 年 9 月初在产品成本为 6 500 元，原材料一次投入。本月投入生产费用为：直接材料 123 000 元，直接人工 10 000 元，制造费用 12 000 元。本月完工产品 180 件，月末在产品 20 件。

要求：

采用在产品按所耗原材料分配法，计算月末在产品和本月完工产品成本，并填列成本计算单，如表 3–22 所示。

表 3–22　　　　　　　　　　　成本计算单

产品名称：B 产品　　　　　　　　2021 年 9 月　　　　　　　　　　　单位：元

摘　要	直接材料	直接人工	制造费用	合　计
月初在产品成本				
本月发生生产费用				
本月生产费用合计				
费用分配率（单位成本）				
完工产品成本				
月末在产品成本				

3. 资料：

2021 年 11 月，光明企业生产 C 产品。月初在产品成本 15 000 元，其中直接材料 8 000 元，直接人工 4 000 元，制造费用 3 000 元。本月发生费用 330 000 元，其中直接材料 172 000 元，直接人工 93 000 元，制造费用 65 000 元。本月完工产品 420 件，月末在产品 80 件。月末在产品已接近完工。

要求：

采用月末在产品按完工产品成本计价法，计算本月完工产品成本和月末在产品成本，并填列成本计算单，如表 3-23 所示。

表 3-23　　　　　　　　　　成本计算单
产品名称：C 产品　　　　　　2021 年 11 月　　　　　　　　　　单位：元

摘　要	直接材料	直接人工	制造费用	合计
月初在产品成本				
本月发生生产费用				
本月生产费用合计				
费用分配率（单位成本）				
完工产品成本				
月末在产品成本				

4. 资料：

2021 年 1 月，光明企业生产 D 产品，本月完工产品 600 件，原材料于生产开始时一次投入，单位产品直接材料消耗定额为 60 千克/件，材料计划单价 2 元/千克；月末在产品 90 件，定额工时 700 小时，单位工时工资 5 元/小时，制造费用 3 元/小时。本月生产费用资料如下：月初在产品成本 9 200 元，其中直接材料 5 800 元，直接人工 2 100 元，制造费用 1 300 元；本月投入生产费用 128 200 元，其中直接材料 81 00 元，直接人工 26 900 元，制造费用 20 300 元。

要求：

采用定额成本法，计算完工产品成本和月末在产品成本，并填列成本计算单，表 3-24 所示。

表 3-24　　　　　　　　　　成本计算单
产品名称：D 产品　　　　　　2021 年 11 月　　　　　　　　　　单位：元

摘　要	直接材料	直接人工	制造费用	合计
月初在产品成本				
本月发生生产费用				
本月生产费用合计				
月末在产品定额成本				
本月完工产品成本				
本月完工产品单位成本				

5. 资料：

某产品经过两道工序制成，各工序原材料消耗定额分别为：第一工序 100 千克，第二工序 50 千克。

要求：

（1）如果每道工序原材料于生产开始时一次投入，请计算原材料投料率，并编制在产品投料程度计算表，如表 3-25 所示。

表 3-25　　　　　　　　　　　　　投料程度计算表

工序	原材料消耗定额	投料率
一		
二		
合计		

（2）如果每道工序原材料于生产后陆续投入且各道工序字的材料消耗量不同，请计算原材料投料率，并编制在产品投料程度计算表，如表 3-26 所示。

表 3-26　　　　　　　　　　　　　投料程度计算表

工序	原材料消耗定额	投料率
一		
二		
合计		

6. 资料：

2021 年 9 月，光明企业生产 A 产品，需经过三道工序加工，其各道工序的工时定额分别为 12 小时、15 小时和 3 小时。该企业月初在产品成本：直接材料 4 500 元，直接人工 2 070 元，制造费用 1 242 元；本月发生的生产费用：直接材料 37 590 元，直接人工 12 930 元，制造费用 8 758 元。月末完工产品 2 086 件，各道工序的在产品分别为 200 件、400 件和 120 件。该产品的原材料是在生产开始时一次投入的。

要求：

（1）计算各道工序在产品的完工率及在产品约当产量，并编制在产品完工率及约当产量计算表，如表 3-27 所示。

表 3-27　　　　　　　　　　在产品完工率及约当产量计算表

工序	月末在产品数量（件）	产品工时定额（小时）	在产品完工率（%）	在产品约当产量（件）
一				
二				
三				
合计				

（2）采用约当产量比例法分配完工产品成本和在产品成本，并填列成本计算单，如表 3-28 所示。

表 3-28　　　　　　　　　　　成本计算单
产品名称：A 产品　　　　　　　2021 年 9 月　　　　　　　　　　　　单位：元

摘　要	直接材料	直接人工	制造费用	合　计
月初在产品成本				
本月发生生产费用				
本月生产费用合计				
约当总产量				
费用分配率（单位成本）				
本月完工产品成本				
月末在产品成本				

7. 资料：

2021 年 10 月，光明企业生产 E 产品，本月完工 600 件，月末在产品 200 件，原材料在生产开始时一次投入，且企业生产的生产进度非常均衡。本月各项费用资料如下：月初在产品成本为 3 600 元，其中直接材料 2 000 元，直接人工 1 000 元，制造费用 600 元；本月投入生产费用 71 600 元，其中直接材料 39 600 元，直接人工 18 600 元，制造费用 13 400 元。

要求：

采用约当产量比例法，计算完工产品成本和月末在产品成本，并填列成本计算单，如表 3-29 所示。

表 3-29　　　　　　　　　　　成本计算单
产品名称：E 产品　　　　　　　2021 年 10 月　　　　　　　　　　　单位：元

摘　要	直接材料	直接人工	制造费用	合　计
月初在产品成本				
本月发生生产费用				
本月生产费用合计				
约当总产量				
费用分配率（单位成本）				
本月完工产品成本				
月末在产品成本				

8. 资料：

2021年9月，光明企业生产F产品需经过三道工序加工完成，本月完工F产品2 000件，各工序月末在产品数量分别为160件、200件和240件，各工序单位产品原材料消耗定额分别为70千克、80千克和50千克，各工序工时定额分别为40小时、30小时和30小时。原材料于每道工序开始时一次投入。月初及本月费用合计分别为直接材料85 610元，直接人工56 304元，制造费用42 228元。

要求：

（1）计算各工序的投料率、完工率及各约当产量，并编制约当产量计算表，如表3-30所示。

表3-30　　　　　　　　　　　　　约当产量计算表

工序	在产品数量	材料费用			加工费用		
		材料消耗定额	投料率	在产品约当产量	工时定额	完工率	在产品约当产量
1	160	70			40		
2	200	80			30		
3	240	50			30		
合计	600	200	—		100	—	

（2）计算本月完工产品与月末在产品的生产成本，并填列成本计算单，如表3-31所示。

表3-31　　　　　　　　　　　　　成本计算单

产品名称：F产品　　　　　　　　　　2021年9月　　　　　　　　　　单位：元

摘　要	直接材料	直接人工	制造费用	合　计
月初及本月发生生产费用				
约当总产量				
费用分配率（单位成本）				
本月完工产品成本				
月末在产品成本				

9. 资料：

2021年9月，光明企业生产C产品，本月完工产品400件，月末在产品250件，完工程度为50%。单位完工产品原材料定额5千克/件，工时定额为4小时。原材料随产品加工程度陆续投入。本月各项费用资料如下：月初在产品直接材料费用1 800元，直接人工1 240元，制造费用1 600元；本月投入直接材料9 400元，直接人工6 000元，制造费用 6 640 元。

要求：

采用定额比例法，计算完工产品成本和月末在产品成本，并填列成本计算单，如表 3-32 所示。

表 3-32　　　　　　　　　　　　　成本计算单

产品名称：C 产品　　　　　　　　2021 年 9 月　　　　　　　　　　　　　单位：元

摘　　要	直接材料	直接人工	制造费用	合计
月初在产品成本				
本月发生生产费用				
本月生产费用合计				
总定额（消耗量/工时）				
费用分配率				
本月完工产品成本				
月末在产品成本				

10. 资料：

2021 年 10 月，光明企业生产甲、乙两种产品，甲产品月初在产品成本为 44 500 元，本月直接材料 16 000 元，直接人工 11 900 元，制造费用 16 600 元；乙产品月初在产品成本 18 000 元，其中直接材料 9 500 元，直接人工 3 500 元，制造费用 5 000 元。本月生产车间发生如下经济业务：

（1）基本生产车间领用材料 50 000 元。其中直接用于甲产品的 A 材料 10 000 元，直接用于乙产品的 B 材料 15 000 元。甲、乙产品共同耗用的 C 材料 20 000 元（按甲、乙产品的定额消耗量比例进行分配，甲产品的定额消耗量为 4 000 千克，乙产品的定额消耗量为 1 000 千克），车间耗用的消耗性 D 材料 5 000 元。

（2）基本生产车间生产工人工资 20 000 元（按甲、乙产品耗用的生产工时比例进行 IOD 分配，甲产品的生产工时 6 000 小时，乙产品的生产工时 2 000 小时），车间管理人员工资 4 000 元。

（3）分别按工资总额 14% 计提职工福利费。

（4）基本生产车间月初在用固定资产原值 110 000 元，月末在用固定资产原值 120 000 元，按月折旧率 1% 计提折旧。

（5）基本生产车间发生其他支出 4 540 元，通过银行转账结算。

（6）辅助生产费用分配转入 18 000 元，其中基本生产车间 16 000 元。

（7）制造费用按生产工时比例在甲、乙产品之间分配。

（8）甲产品的原材料在生产开始时一次投入，甲产品完工 1 000 件，在产品 400 件，完工率 40%；乙产品完工 560 件。

甲产品采用约当产量法在完工产品和月末在产品之间分配生产费用；乙产品采用在产品按固定成本计价法在完工产品和在产品之间分配。

要求：

根据上述资料，登记制造费用明细账、编制制造费用分配表，并登记基本生产成本明细账，分别如表 3-33、表 3-34、表 3-35 和表 3-36 所示。

表 3-33　　　　　　　　　　　　制造费用明细账　　　　　　　　　总第　页

车间名称：基本生产车间　　　　　　　　　　　　　　　　　　　　字第 × 页

2021 年		凭证		摘　要	机物料消耗	工资及附加费	折旧费	其　他	转　入	合　计
月	日	字	号							
10				分配材料费用						
				分配工资费用						
				计提折旧费						
				支付其他费用						
				辅助生产车间转入						
				合　计						
				结转本月制造费用						

表 3-34　　　　　　　　　　　　制造费用分配表

2021 年 10 月 31 日　　　　　　　　　　　　　　　　　　　　　　单位：元

应借账户			成本项目	分配标准（工时）	分配率	分配金额
总账账户	二级账户	明细账户				
生产成本	基本生产成本	甲产品	制造费用			
		乙产品	制造费用			
		合　计				

表 3-35　　　　　　　　　　　　基本生产成本明细账

　　　　　　　　　　　　　　　　　　　　　　　　　　　产成品产量：1 000 件

产品名称：甲产品　　　　　　　2021 年 10 月　　　　在产品约当产量：160 件

2021 年		凭证		摘　要	直接材料	直接人工	制造费用	合　计
月	日	字	号					
				月初在产品成本				
				本月发生生产费用				
				本月生产费用合计				
				费用分配率				
				本月完工产品成本				
				月末在产品成本				

表 3-36　　　　　　　　　　　基本生产成本明细账

产品名称：乙产品　　　　　　　2021 年 10 月　　　　　　　完工数量：560 件

2021 年		凭证		摘　要	直接材料	直接人工	制造费用	合　计
月	日	字	号					
				月初在产品成本				
				本月发生生产费用				
				本月生产费用合计				
				本月完工产品成本				
				月末在产品成本				

产品成本计算方法概述

项目导入

制造企业产品成本计算的过程,就是对生产经营过程中所发生的费用,按照一定的对象进行归集和分配,计算出产品的总成本和单位成本的过程。为了正确计算产品成本,企业必须根据其生产特点,并考虑成本管理的要求,选择适当的成本计算方法。因此,在研究产品成本计算方法之前,首先要了解制造企业的生产类型及其对成本计算方法的影响。

学习目标

在对成本计算方法有一个全面认识的基础上,能够结合企业的实际情况,选择合适的成本计算方法计算产品成本。

知识准备

任务一 熟悉生产的分类

生产的类型,是指产品的生产特点。制造业的产品生产特点不同,成本核算的组织方式和成本计算的方法也不同。因此,要做好成本核算工作,必须研究生产的分类。按照工业生产的一般特点,可对生产进行如下分类。

一、按生产工艺过程的特点分类

产品的生产工艺过程是指产品从投料到完工的生产工艺、加工制造的过程。按生产工艺过程的特点，可以将生产分为简单生产和复杂生产。

1. 简单生产

简单生产是指生产工艺过程不能间断，不能分散在不同工作地点进行的生产。这种类型的生产一般是连续式、不分步的生产，通常也称为单步骤生产。

属于简单生产的企业，其产品的生产周期一般比较短，通常没有自制半成品或其他中间产品，而且由于生产工艺过程的特点，产品只能由一个企业独立生产，而不能由几个企业协作生产。例如，发电、采掘等企业是典型的简单生产企业。

2. 复杂生产

复杂生产是指生产工艺技术过程由可以间断的若干生产步骤所组成的生产，它既可以在一个企业或车间内独立进行，也可以由几个企业或车间在不同的工作地点协作进行。属于复杂生产的企业，其产品的生产周期一般较长，产品品种不是单一的，有半成品或中间产品，而且可以由几个企业或车间协作进行生产，因此，复杂生产也称为多步骤生产。

复杂生产按其产品生产过程加工方式的不同，又可分为连续式复杂生产和装配式复杂生产两类。

（1）连续式复杂生产。连续式复杂生产是指从原材料投入生产以后，需要经过许多相互联系的加工步骤才能最后生产出产成品，前一个加工步骤生产出来的半成品是后一个加工步骤的加工对象，直到完成最后一个加工步骤才能生产出产成品。属于连续式复杂生产的典型企业有钢铁、纺织企业等。

（2）装配式复杂生产。装配式复杂生产是指将原材料投入生产后，在各个步骤进行平行加工，制造成产成品所需的各种零部件，最后将各个生产步骤的零部件组装为产成品。属于装配式复杂生产的典型企业有机床、汽车企业等。

二、按生产组织方式的分类

从大的分类看，将制造业分成两种：离散制造和流程制造。离散制造是指不同的物料经过非连续的移动，通过不同的路径，生产出不同的物料和产品。流程工业是指经过混合、分离、成型或者化学反应，物料大多连续地通过相同的路径，生产出有价值的产品。流程制造是指被加工对象不间断地通过生产设备，通过一系列的加工装置使原材料进行化学或物理变化，最终得到产品，一般用专业流程工业软件进行管理。

下面主要介绍有关离散制造的几种生产组织方法及其特点。

（一）单件生产

单件生产（project manufacturing）是产品的生产从客户订单开始，包括按订单设计、技术准备、生产、安装、售后服务等，产品很复杂，生产周期一般都很长，在一般情况下按项目进行跟踪和管理，如重型机械、造船／飞机等。一般单纯的物资需求计划

（material requirement planning，MRP）不能全部解决生产管理问题，其中项目设计、技术准备、网络计划、关键资源排序、报价、项目预算和结算等很重要。

（二）多品种小批量生产

多品种小批量生产（job shop manufacturing）的产品是标准的或选配的，产品的需求来源是预测/订单，这种企业一般具有固定的供应链体系，具有明显的上下游之间的协作关系。生产组织按工艺特征进行，具有传统的专业加工和装配车间等。生产计划的特征是典型的制造资源计划（manufacturing resources planning，MRPII）和配置控制。

（三）大批量生产

大批量生产（repetitive manufacturing）的产品是标准的或少数选配的，需求主要靠预测/订单，面向直接消费者的产品大都属于这种类型。生产设备是以部件或者产品为对象，组成一条条流水生产线，具有较高的自动化水平，生产节奏是稳定和均衡的。生产计划的特征是将传统制造资源计划与准时制生产方式（just in time，JIT）结合应用于生产。

任务二 影响产品成本计算方法的因素

企业采用什么产品成本计算方法，在很大程度上是由产品的生产特点，即生产类型决定的，而生产类型不同，对成本管理的要求也不一样。生产特点和管理要求必然对产品成本计算产生影响。这一影响主要表现在成本计算对象的确定、成本计算期的确定、在产品的计价方法三方面。

一、成本计算对象的确定

成本计算对象是指在计算产品成本的过程中，确定归集与分配生产费用的承担客体。为了正确计算产品成本，首先要确定成本计算对象，以便按照每一个成本计算对象，分别设置产品成本明细账（或成本计算单），来归集各个对象所应承担的生产费用，计算出各个对象的总成本和单位成本。因此，正确确定成本计算对象是保证成本核算质量的关键。

以工业企业为例，生产类型如果按生产组织来划分，可以分为大量生产、分批生产、单件生产三大类。大量生产是指不断地重复生产同品种产品的生产，如一般的纺织生产、冶金生产等。分批生产是指按照购买单位的订货或事先规定的产品批别和数量进行的生产。同品种的产品要隔一段时期才可能重复生产，如一般的纺织生产、冶金生产、机器制造等。单件生产是指根据有关部门及单位的要求，生产个别的、品种不同的产品的生产。同品种的产品很少重复生产，如重型机器制造和造船等。

产品成本计算的对象，应当根据上述生产类型，结合成本管理的要求来确定。在分批生产的单件生产的企业里，生产的安排和对产品成本的分析是根据产品批别来进行的，因此产品成本计算对象为每批产品，成本计算单按产品的批别设置；在大量生产的企业里，产品和半成品的品种较固定，生产的安排和对产品成本的分析是根据产品和半成品的品种来进行的。当企业的工艺特点是简单生产时，成本计算对象就是每种产品；当企业的工艺特点虽然是复杂生产，但企业在管理上并不需要计算及分析半成品成本或零部件成本时，成本计算对象也是每种产品，成本计算单按每种产品来设置；当企业的工艺特点为复杂生产，且企业在管理上需要计算及分析半成品成本或零部件成本时，成本计算对象应是各加工步骤的半成品、零部件及每种产品，成本计算单也要分别按半成品、零部件和每种产品来设置。

二、成本计算期的确定

成本计算期是指每次计算产成品成本的期间，也就是对生产费用计入产品成本所规定的起讫日期。企业对产品生产特点和成本管理要求的不同，对确定成本计算期同样有影响。例如，在单件、小批量生产的情况下，由于各批产品的生产周期不同，其产品成本一般要等到某件或某批产品完工以后才能计算，因此成本计算是不定期的，而要按生产周期进行，与会计报告期不一致。但在大批量、大批生产情况下，由于生产活动是连续不断进行的，总有一部分产品完工，因而产品成本要定期在月末进行计算，成本计算期与生产周期不一致，而与会计报告期一致。

三、在产品的计价方法

企业在月末进行成本计算时，应根据各自的生产特点，决定是否需要在完工产品与在产品之间分配生产费用，即是否需要计算在产品成本。在单步骤大量生产单一产品的情况下，生产过程不能中断，生产周期也很短，一般没有在产品，或者在产品数量很少，也就无须计算在产品成本。在多步骤的大量、大批生产情况下，由于生产连续不断地进行，产品的生产周期较长，在计算产品成本时，经常有在产品存在，因此必须采用适当的方法，将生产费用在完工产品与在产品之间进行分配。在单件、小批量生产情况下，由于成本计算期与产品生产周期一致，在产品尚未完工时，该批（件）产品成本计算单所归集的生产费用就是在产品的成本；当产品全部完工时，该批（件）产品成本计算单所归集的生产费用就是完工产成品的成本，因此都不存在计算在产品成本的问题。但是，在同批产品分期完工分别对外销售时，就有必要计算在产品成本，以便反映完工产成品成本。

任务三 产品成本计算的方法

一、产品成本计算的基本方法

为了适应各种类型生产的特点和管理要求,在产品成本计算工作中,有三种不同的产品成本计算对象,以及以产品成本计算对象为标志的三种不同的产品成本计算方法。

(1)按照产品的品种计算产品成本。这种以产品品种为成本计算对象的产品成本计算方法称为品种法。品种法适用于大量、大批的单步骤生产或管理上不要求分步骤计算成本的多步骤生产。

(2)按照产品的批别计算产品成本。这种以产品批别为成本计算对象的产品成本计算方法称为分批法。分批法适用于单件、小批的单步骤生产或管理上不要求按步骤计算成本的多步骤生产。

(3)按照产品的生产步骤计算产品成本。这种以产品生产步骤为成本计算对象的产品成本计算方法称为分步法。分步法适用于大量、大批的管理上要求分步骤计算成本的多步骤生产。

这三种方法是计算产品实际成本必不可少的方法,因而是产品成本计算的基本方法。由于产品成本计算对象不外乎品种、批别和生产步骤三种,因而成本计算的基本方法总的来说也只有这三种。而分类法和定额法为产品成本计算的辅助方法,具体内容在项目六中会给予详细介绍。产品成本计算方法与企业生产类型的关系见表4-1。

表 4-1　　　　　　产品成本计算方法与企业生产类型关系表

成本计算方法	工艺特点和管理要求	生产组织特点	成本计算对象	成本计算期	在产品成本计算
品种法	简单生产(单步骤生产)	大量、大批生产	产品品种	按月定期进行	不计算在产品成本
	管理上不要求分步骤计算成本的多步骤生产	大量、大批生产			按需计算在产品成本
分批法	简单生产或管理上要求按批计算成本的复杂生产	单件、小批生产	产品批别	与生产周期一致	按需计算在产品成本
分步法	连续式或平行式的管理上要求分步骤计算成本的复杂生产	大量、大批生产	产品品种及步骤	按月定期进行	按需计算在产品成本
分类法	产品品种规格繁多、每类产品所用原材料、生产工艺过程基本相同的生产	大量、大批生产	产品类别	按月定期进行	按需计算在产品成本
		单件、小批生产		与生产周期一致	
定额法	产品消耗定额合理、稳定且定额管理基础较好的生产	各种组织形式的生产	定额成本及各种差异	按月定期进行	需要计算在产品成本

二、产品成本计算的辅助方法

在实际工作中，除了上述三种基本方法之外，还采用一些其他的成本计算方法。在产品品种、规格繁多的工业企业中，为了简化成本计算工作，还采用一种简便的产品成本计算方法——分类法；为了提高成本计算结果的准确性，还采用一种将间接生产费用按成本动因进行分配的产品成本计算方法——作业成本法；在定额管理工作有一定基础的工业企业中，为了配合和加强生产费用与产品成本的定额管理，还采用一种将符合定额的费用和脱离定额的差异分别核算的产品成本计算方法——定额法。此外，为了加强企业内部成本控制和分析，还采用一种只计算产品的标准成本，而将成本差异直接计入当期的标准成本法。分类法、作业基础成本法、定额成本法和标准成本法，从计算产品实际成本的角度来说，都不是必不可少的，因而统称为辅助方法。

巩固与提高

一、单项选择题

1. 产品成本计算最基本的方法是（   ）。
   A. 分批法　　　　B. 分类法　　　　C. 品种法　　　　D. 分步法

2. 各种产品成本计算方法的命名主要在于（   ）。
   A. 企业生产类型　　B. 企业管理要求　　C. 成本计算对象　　D. 成本计算程序

3. 下列各项中，不属于成本计算基本方法的是（   ）。
   A. 品种法　　　　B. 分批法　　　　C. 分类法　　　　D. 分步法

4. 在大量、大批多步骤生产企业，管理上不要求分步骤计算产品成本，其产品成本计算方法是（   ）。
   A. 品种法　　　　B. 分类法　　　　C. 分批法　　　　D. 分步法

5. 工业企业产品成本的计算最终是通过（   ）账户进行的。
   A. "制造成本"　　　　　　　　B. "基本生产成本"
   C. "制造费用"　　　　　　　　D. "辅助生产成本"

6. 生产特点和管理要求对于产品成本计算的影响主要表现在（   ）上。
   A. 产品生产的品种　　　　　　B. 成本计算程序
   C. 产品生产的批次　　　　　　D. 成本计算对象的确定

7. 下列各项中，属于产品成本计算辅助方法的是（   ）。
   A. 品种法　　　　B. 分批法　　　　C. 分步法　　　　D. 分类法

8. 区别各种成本计算基本方法的主要标志是（   ）。
   A. 成本计算日期　　　　　　　B. 成本计算对象
   C. 间接费用的分配方法　　　　D. 完工产品与在产品的分配方法

9. 在小批单件多步骤生产的情况下，如果管理上不要求分步计算产品成本，应采用的成本计算方法是（　　）。

    A. 分批法   B. 分步法   C. 分类法   D. 定额成本法

10. 按照系数比例分配同类产品中各种产品成本的方法是（　　）。

    A. 是一种完工产品与月末在产品之间分配费用方法

    B. 是一种单独的产品成本计算方法

    C. 是一种简化的分类法

    D. 是一种分配间接费用的方法

二、多项选择题

1. 工业企业在确定产品成本计算方法时，要考虑的因素有（　　）。

    A. 生产组织   B. 生产特点

    C. 工艺过程   D. 管理要求

    E. 成本核算要求

2. 工业企业的生产，按照生产组织方式，可以划分为（　　）。

    A. 大量生产   B. 成批生产

    C. 单步骤生产   D. 单件生产

    E. 多步骤生产

3. 下列产品成本计算方法中，属于产品成本计算基本方法的有（　　）。

    A. 定额法   B. 分批法

    C. 分步法   D. 品种法

    E. 分类法

4. 品种法适用于（　　）。

    A. 大量生产   B. 单步骤生产

    C. 要求分步骤计算成本的多步骤生产   D. 单件、小批生产

    E. 管理上不要求分步骤计算成本的多步骤生产

5. 在大量、大批生产的情况下，根据管理要求的不同，可以采用的产品成本计算基本方法有（　　）。

    A. 品种法   B. 分批零件法

    C. 约当产量法   D. 分步法

    E. 定额法

6. 受生产特点和管理要求的影响，产品成本计算对象包括（　　）。

    A. 产品类别   B. 产品品种

    C. 产品批别   D. 产品生产步骤

    E. 产品大小

7. 企业在确定成本计算方法时，必须从企业的具体情况出发，同时考虑（   ）。
   A. 企业的生产特点   B. 月末有没有在产品
   C. 企业生产规模大小   D. 进行成本管理的要求
   E. 会计人员可随意变更

8. 成本会计的环节是指成本会计工作应该做好的几个方面，具体包括（   ）。
   A. 成本的预测和决策   B. 成本的核算和控制
   C. 成本的考核和分析   D. 成本的计划
   E. 设置成本核算机构

9. 在分批法下，企业可以用于组织生产，计算成本的方法有（   ）。
   A. 按照定单
   B. 按照产品的组成部分分批
   C. 按照产品的品种划分批别
   D. 将一张定单中规定的一种产品分为数批
   E. 将同时期的几张定单中相同的产品合为一批

10. 在计算一种产品成本时，以下说法不正确的有（   ）。
    A. 可能结合采用几种成本计算方法
    B. 不可能结合采用几种成本计算方法
    C. 可能同时采用几种成本计算方法
    D. 必须结合采用几种成本计算方法
    E. 只能采用一种方法

三、判断题

1. 一个企业只准采用一种成本计算方法。（   ）
2. 按照生产组织方式的特点，制造业的生产分为单步骤生产和多步骤生产。（   ）
3. 分类法和标准成本法是产品成本计算的基本方法。（   ）
4. 分类法等产品成本计算的辅助方法可以单独使用。（   ）
5. 品种法是最基本的产品成本计算方法。（   ）
6. 企业的生产按其工艺过程的特点划分，可分为单步骤生产和多步骤生产两类。（   ）
7. 在大量大批生产的企业里，其成本计算期一般是在产品完工时进行计算。（   ）
8. 在单件小批生产的企业里其成本计算期一般是定期于月末进行计算。（   ）
9. 辅助生产车间如供水、供电车间，通常采用分批法计算成本．（   ）
10. 不论什么组织方式的制造企业，不论什么生产类型的产品，也不论成本管理要求如何，最终都必须按照产品品种计算出产品成本。（   ）

项目五

产品成本计算的基本方法

项目导入

通过项目四的学习，我们知道，产品成本计算的基本方法有三种，即品种法、分批法和分步法，其中品种法是最基本的方法，因为其他方法都必须与品种法相结合才能完成具体的成本核算工作。而对于单件、小批生产的企业，分批法是其产品成本计算方法的首选。在本项目中，我们将会系统地学习分批法的工作原理及其实践应用。

学习目标

在掌握了品种法、分批法、分步法的工作原理的基础上，能够结合企业的实际情况，运用分步法，完成成本的核算工作。

知识准备

任务一　品种法

一、品种法的含义及适用范围

品种法是指按照产品品种计算产品成本的一种方法。采用这种方法时，既不要求按照产品批别计算产品成本，也不要求按照产品生产步骤计算产品成本，而只要求按照产品品种计算产品成本。

品种法适用于大量、大批的单步骤生产（如发电、采掘等生产）以及大量、大批多步骤、管理上不要求按步骤计算成本的生产，如铸

标准品种法

造熔铸和玻璃制品的熔铸等生产。此外，辅助生产的供水、供气、供电等单步骤的大量生产也采用品种法来计算产品成本。品种法可以分为单一品种法（简单品种法）和多品种法（标准品种法），这两种品种法的工作原理及适用范围见表 5-1。

表 5-1　　　　　简单品种法和标准品种法的工作原理及适用范围

方法	工作原理	适用范围	举例
简单品种法	对于只生产一种产品的企业，生产过程中发生的应计入产品成本的各种生产费用都是直接费用，所以只需要直接根据有关凭证登记产品成本明细账（或成本计算单），所归集的费用就构成了该产品的总成本	产品品种单一、生产周期较短的大量、大批单步骤生产的企业及其辅助生产车间的成本计算	发电、采掘；辅助生产的供水、供气、供电
标准品种法	按各种产品设明细账；生产费用需要区分直接费用和间接费用；期末如果有一定数量的在产品，需要将归集的生产费用在完工产品和在产品之间进行分配	生产多种产品的大量、大批、单步骤生产，或管理上不要求分步骤计算成本的大量、大批、多步骤生产的企业	小型造纸厂、水泥厂、制砖厂等

二、品种法的特点

品种法的主要特点如下：

（1）按产品品种设置产品成本计算单，并按成本项目设立专栏或专行，归集发生的各项生产费用。

（2）如果只生产一种产品，则发生的生产费用全部直接计入费用可以直接计入产品成本计算单；如果生产多种产品，则发生的直接计入费用应直接计入各产品的成本计算单，间接计入费用要采用适当的分配方法，在各产品成本对象之间进行分配，然后计入各产品的成本计算单。

（3）月末计算产品成本时，如果没有在产品，或者在产品数量很少，则不需要计算月末在产品成本。这样，产品成本计算单上所归集的生产费用全部是各产品的产成品成本，除以产品产量，就是各产品的单位成本。如果有在产品，而且数量较多，那么产品成本计算单上所归集的生产费用就要采用适当的分配方法，在产成品与月末在产品之间进行分配，从而计算出完工产品成本与月末在产品成本。

（4）在生产组织是大量大批生产、工艺过程是单步骤生产的企业或车间中，如果产品单一，没有在产品，或者在产品数量很少，则可以不计算在产品成本，其所采用的品种法也称为单一法、简单法或简化的品种法。

三、品种法的实践应用

（一）品种法的成本核算程序

（1）按产品品种设立生产成本明细账（或成本计算单），并按成本项目设置专栏。

（2）编制各要素费用分配表，登记各生产成本明细账。

（3）月末汇总生产成本，分配计算出完工产品成本和在产品成本。

品种法的核算程序见图 5-1。

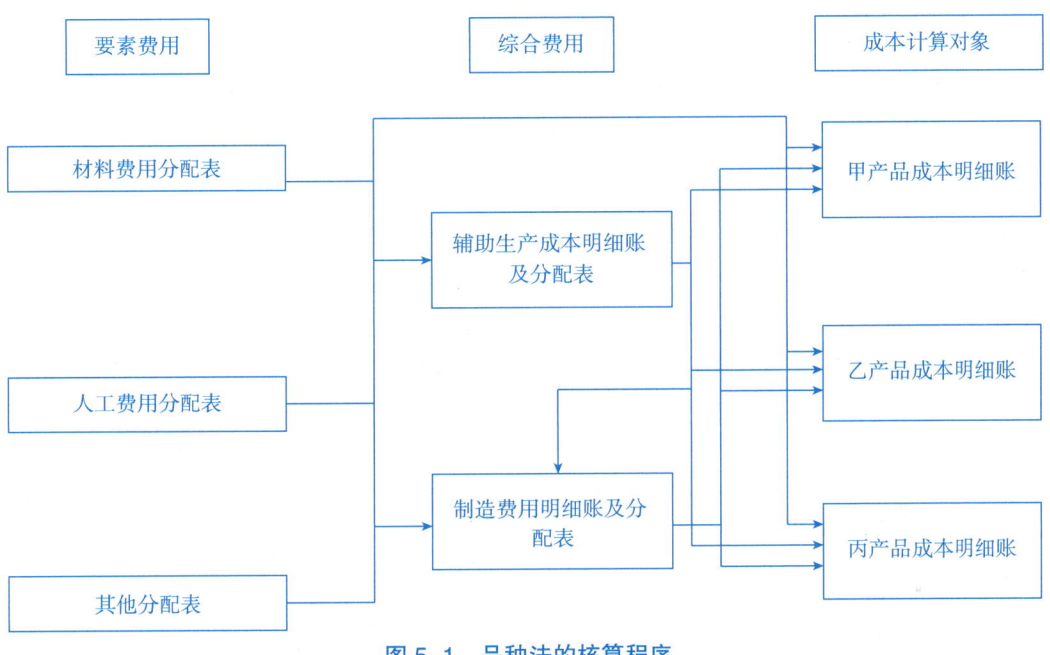

图 5-1　品种法的核算程序

> **课内思考**
>
> 　　某化工厂有两个基本生产车间，即总溶剂车间和薄膜车间，生产组织方式是大量生产。总溶剂车间生产丙酮、乙醇、丁醇三种产品；薄膜车间生产薄膜。由于工艺比较简单，且生产周期短，所以各种产品从原材料投入到加工成产品都是在同一车间进行的。你认为该企业是否适合采用品种法进行产品成本计算？为什么？

（二）品种法的应用

1. 简单品种法

【例 5-1】东方火力发电厂 202× 年 10 月电力成本明细账中归集的生产费用见表 5-2。

表 5-2　　　　　　　　　　　生产成本——基本生产成本明细账

车间名称：基本生产车间　　　　　　产品：电力　　　　　　　　　　　　单位：元

202×年		凭证字号	摘要	直接材料	直接人工	制造费用	余额
月	日						
×	31	（略）	分配燃料费	3 000 000.00			3 000 000.00
	31		分配辅助材料费	70 000.00			3 070 000.00
	31		分配水费	6 000.00			3 076 000.00
	31		分配人工费用		136 800.00		3 212 800.00
	31		计提折旧			480 000.00	3 692 800.00
	31		分配修理费			108 000.00	3 800 800.00
	31		办公费			125 000.00	3 925 800.00
	31		本月合计	3 076 000.00	136 800.00	713 000.00	3 925 800.00

该厂 10 月电力产量为 1 000 万度，当月的"电力成本计算单"见表 5-3。

表 5-3　　　　　　　　　　　　　电力成本计算单

产量：1 000 万度　　　　　　　　202×年×月　　　　　　　　　　　　单位：元

成本项目	总成本	单位成本
直接材料	3 076 000.00	0.307 600
直接人工	136 800.00	0.013 680
制造费用	713 000.00	0.071 300
合计	3 925 800.00	0.392 580

2. 标准品种法

【例 5-2】 光华公司设有一个基本生产车间和一个供电车间。基本生产车间大量生产甲、乙产品，根据生产特点和管理要求，光华公司采用品种法计算产品成本。材料是生产开始时一次性投入，甲、乙产品共同耗用的材料按直接材料比例分配；基本生产车间生产工人薪酬、制造费用均按生产工时比例分配；辅助生产成本采用直接分配法按修理工时进行分配。甲、乙两种产品均采用约当产量法计算完工产品成本和月末在产品成本（加工程度为 50%）。

简单品种法——实训

该公司 202×年×月的有关资料见表 5-4~表 5-7。

表 5-4　　　　　　　　　　　　月初在产品成本

　　　　　　　　　　　　　　　　202×年×月×日　　　　　　　　　　　单位：元

产品品种	直接材料	直接人工	制造费用	合计
甲产品	38 000	8 000	12 600	58 600
乙产品	44 000	1 400	18 000	63 400

将以上数据在 Excel 中录入，并将工作表命名为"表 5-4 月初在产品成本"，相关公式设置见下图：

	A	B	C	D	E
1	表5-4		月初在产品成本		
2			202×年×月×日		单位：元
3	产品品种	直接材料	直接人工	制造费用	合计
4	甲产品	38 000	8 000	12 600	=SUM(B4:D4)
5	乙产品	44 000	1 400	18 000	=SUM(B5:D5)

表 5-5　　　　　　　　　　　产量资料

202× 年 × 月　　　　　　　　　　　　　单位：件

项目	甲产品	乙产品
期初在产品	120	80
本月投产	680	260
本月完工	650	240
期末在产品	150	100

将以上数据在 Excel 中录入，并将工作表命名为"表 5-5 产量资料"，相关公式设置见下图：

	A	B	C
1	表5-5	产量资料	
2		202×年×月	单位：件
3	项目	甲产品	乙产品
4	期初在产品	120	80
5	本月投产	680	260
6	本月完工	650	240
7	期末在产品	=B4+B5-B6	=C4+C5-C6

表 5-6　　　　　　　　　　　　工时记录

202×年×月

项目		生产工时/小时	用电度数/(千瓦·时)
基本生产车间	甲产品	2 480	
	乙产品	1 650	
	一般消耗		12 800
公司管理部门			10 100
合计		4 130	22 900

将以上数据在 Excel 中录入，并将工作表命名为"表 5-6 工时记录"，相关公式设置见下图：

	A	B	C	D
1	表5-6		工时记录	
2			202×年×月	
3	项目		生产工时/小时	用电度数/度
4	基本生产车间	甲产品	2 480	
5		乙产品	1 650	
6		一般消耗		12 800
7	公司管理部门			10 100
8	合计		=SUM(C4:C7)	=SUM(D4:D7)

… ｜ 表5-5产量资料 ｜ 表5-6工时记录 ｜ 表5-7本月生… ｜ ＋

表 5-7　　　　　　　　　　　　本月生产费用资料

202×年×月　　　　　　　　　　　　　　　　　　　　单位：元

用途 费用要素	甲产品耗用	乙产品耗用	甲、乙产品 共耗用	基本生产车 间一般耗用	辅助生产 车间耗用	合计
原材料	224 000.00	160 000.00	364 000.00	2 300.00	1 100.00	751 400.00
人工费用			94 893.60	7 364.40	27 485.40	129 743.40
折旧费				37 600.00	13 800.00	51 400.00
水费				48 400.00	3 000.00	51 400.00
燃料费				10 600.00	11 400.00	22 000.00
办公费等				38 000.00	4 500.00	42 500.00
合计	224 000.00	160 000.00	458 893.60	144 264.40	61 285.40	1 048 433.40

将以上数据在 Excel 中录入，并将工作表命名为"表 5-7 本月生产费用资料"，相关公式设置见下图：

费用要素\用途	甲产品耗用	乙产品耗用	甲、乙产品共耗用	基本生产车间一般耗用	辅助生产车间耗用	合计
表5-7			本月生产费用资料			
			202×年×月			单位:元
原材料	224 000	160 000	364 000	2 300	1 100	=SUM(B5:F5)
人工费用			94 893.6	7 364.4	27 485.4	=SUM(B6:F6)
折旧费				37 600	13 800	=SUM(B7:F7)
水费				48 400	3 000	=SUM(B8:F8)
燃料费				10 600	11 400	=SUM(B9:F9)
办公费等				38 000	4 500	=SUM(B10:F10)
合计	=SUM(B5:B10)	=SUM(C5:C10)	=SUM(D5:D10)	=SUM(E5:E10)	=SUM(F5:F10)	=SUM(G5:G10)

根据以上资料，光华公司的产品成本计算过程如下：

（1）以产品品种为成本计算对象，分别设立甲、乙两种产品的生产成本明细账，见表 5-8 和表 5-9。登记期初余额，并分别设立基本生产车间的制造费用明细账和机修车间的辅助生产成本明细账，辅助生产成本明细账见表 5-10 和表 5-11。

表 5-8　　　　　　　　　　　生产成本明细账

产品名称：甲产品　　　　　　202× 年 × 月　　　　　　　　　　单位：元

本月完工产品：650 件

月末在产品：150 件

202× 年		摘要	直接材料	直接人工	制造费用	发生额合计		余额
月	日					借方	贷方	
×	1	月初在产品成本	38 000.00	8 000.00	12 600.00			58 600.00
	30	材料费用分配	436 333.33			436 333.33		494 933.33
	30	人工费用分配		56 982.11		56 982.11		551 915.44
	30	制造费用分配			107 198.44	107 198.44		659 113.88
	30	生产费用合计	474 333.33	64 982.11	119 798.44			659 113.88
	30	转出完工产品成本	（385 395.83）	（58 259.82）	（107 405.50）		551 061.15	108 052.73
	30	月末在产品成本	88 937.50	6 722.29	12 392.94			108 052.73

先完成"表 5-13 材料费用分配汇总表""表 5-14 人工费用分配汇总表""表 5-20 制造费用分配表"的编制，然后根据"表 5-4 月初在产品成本"及表 5-13、表 5-14、表 5-20 中数据，在 Excel 中编制"表 5-8 生产成本明细表（甲产品）"第 7 行至第 11 行数据，再计算"表 5-21 完工产品与月末在产品成本分配表（甲产品）"中在产品与产成

品的分配金额,最后根据表 5-21 中的数据填制本表中第 12 行至第 13 行数据,相关公式设置见下图:

	A	B	C	D	E	F	G	H	I
1	表5-8				生产成本明细账(甲产品)				单位:元
2		产品名称:甲产品							
3		本月完工产品:650件							
4		月末在产品:150件							
5	202x年		摘要	直接材料	直接人工	制造费用	发生额合计		余额
6	月	日					借方	贷方	
7	×	1	月初在产品成本	='表5-4月初产品成本'!B4	='表5-4月初产品成本'!C4	='表5-4月初产品成本'!D4			=SUM(D7:F7)
8		30	材料费用分配	='表5-13 材料费用分配汇总表'!B7			=SUM(D8:F8)		=I7+G8-H8
9		30	人工费用分配		='表5-14人工费用分配汇总表'!C7		=SUM(D9:F9)		=I8+G9-H9
10		30	制造费用分配			='表5-20制造费用分配表'!E4	=SUM(D10:F10)		=I9+G10-H10
11		30	生产费用合计	=SUM(D7:D10)	=SUM(E7:E10)	=SUM(F7:F10)			=SUM(D11:F11)
12		30	转出完工产品成本	=-(D11-D13)	=-(E11-E13)	=-(F11-F13)		=-SUM(D12:F12)	=I11+G12-H12
13		30	月末在产品成本	='表5-2l完工产品与月末在产品成本分配表(甲产品)'!B12	='表5-2l完工产品与月末在产品成本分配表(甲产品)'!C12	='表5-2l完工产品与月末在产品成本分配表(甲产品)'!D12			=SUM(D13:F13)
	…		表5-8生产成本明细账(甲产品)	表5-9生产成本明细账(乙产品)	…	⊕			

表 5-9

产品成本计算单

产品名称:乙产品　　　　　　　　　　　202x年x月
本月完工产品:240件　　　　　　　　　　　　　　　单位:元
月末在产品:100件

202x 年		摘要	直接材料	直接人工	制造费用	发生额合计		余额
月	日					借方	贷方	
×	1	月初在产品成本	44 000.00	1 400.00	18 000.00			63 400.00
	30	材料费	311 666.67			311 666.67		375 066.67
	30	人工费		37 911.49		37 911.49		412 978.16
	30	制造费用			71 321.55	71 321.55		484 299.71
	30	生产费用合计	355 666.67	39 311.49	89 321.55			484 299.71
	30	转出完工产品成本	(251 058.83)	(32 533.65)	(73 921.28)		357 513.76	126 785.95
	30	月末在产品成本	104 607.84	6 777.84	15 400.27			126 785.95

先完成"表 5-13 材料费用分配汇总表""表 5-14 人工费用分配汇总表""表 5-20 制造费用分配汇总表"编制,然后根据"表 5-4 月初在产品成本"及表格中数据,在 Excel 中编制"表 5-9 生产成本明细表(乙产品)"第 7 行至第 11 行数据,再计算"表 5-22 完工产品与月末在产品成本"中在产品成本明细表(乙产品)中产品与产品成本的分配金额,最后根据"表 5-22 完工产品与月末在产品成本分配表(乙产品)"填制本表中第 12 行至第 13 行数据,相关公式设置见下图:

	A	B	C	D	E	F	G	H	I
1	表5-9								
2		产品名称:甲产品							
3		本月完工产品:240件							
4		月末完工产品:100件							
5					生产成本明细账(乙产品)				单位:元
6	202x年		摘要	直接材料	直接人工	制造费用			
7	月	日	月初在产品成本	='表5-4月初在产品成本'!B5	='表5-4月初在产品成本'!C5	='表5-4月初在产品成本'!D5			
8	x	1							
9		30	材料费用分配	='表5-13 材料费用分配汇总表'!C7					
10		30	人工费用分配		='表5-14人工费用分配汇总表'!D7				
11		30	制造费用分配			='表5-20制造费用分配汇总表'!E5			
12		30	生产费用合计	=SUM(D7:D10)	=SUM(E7:E10)	=SUM(F7:F10)			
13		30	本 月完工产品成本	=(D11-D13)	=-(E11-E13)	=-(F11-F13)			
		30	月末在产品成本	='表5-22完工产品与月末在产品成本分配表(乙产品)'!B12	='表5-22完工产品与月末在产品成本分配表(乙产品)'!C12	='表5-22完工产品与月末在产品成本分配表(乙产品)'!D12			

表5-9生产成本明细账(乙产品) | 表5-22完工产品与月末在产品成本分配表(乙产品) | +

表 5-10

制造费用明细账

车间名称:基本生产车间

202×年6月

单位:元

202×年		摘要	材料费	人工费	折旧费	水费	燃料费	办公费	电费	发生额合计		余额
月	日									借方	贷方	
6	30	材料费用	2 300.00							2 300.00		2 300.00
	30	人工费		7364.40						7364.40		9664.40
	30	折旧费			37 600.00					37 600.00		47 264.40
	30	水费				48 400.00				48 400.00		95 664.40

续表

202×年		摘要	材料费	人工费	折旧费	水费	燃料费	办公费	电费	发生额合计		余额
月	日									借方	贷方	
	30	燃料费					10 600.00			10 600.00		106 264.40
	30	其他费用						38 000.00		38 000.00		144 264.40
	30	电费							34 255.59	34 255.59		178 519.99
	30	分配转出									178 519.99	0.00
	30	本月合计	2 300.00	7 364.40	37 600.00	48 400.00	10 600.00	38 000.00	34 255.59	178 519.99	178 519.99	0.00

根据"表 5-7 本月生产费用资料"和"表 5-19 辅助生产费用资料"中数据，在 Excel 中编制"表 5-10 制造费用明细表"，相关公式设置见下图：

表 5-11　　　　　　　　　　　　　辅助生产成本明细账

车间名称：供电车间　　　　　　　　　　　　　　　　　　　　　　　　　　　单位：元

202×年		摘要	直接材料	直接人工	制造费用	发生额合计		余额
月	日					借方	贷方	
×	30	分配材料费用	1 100.00			1 100.00		1 100.00
	30	分配人工费		27 485.40		27 485.40		28 585.40
	30	折旧费			13 800.00	13 800.00		42 385.40
	30	水费			3 000.00	3 000.00		45 385.40
	30	燃料费			11 400.00	11 400.00		56 785.40
	30	其他费用			4 500.00	4 500.00		61 285.40
	30	生产费用合计	1 100.00	27 485.40	32 700.00	61 285.40		61 285.40
	30	本月转出	（1 100.00）	（27 485.40）	（32 700.00）		61 285.40	0.00

根据"表 5-7 本月生产费用资料"中"辅助生产车间耗用"F 列中的数据，在 Excel 中编制"表 5-11 辅助生产成本明细账"，相关公式设置见下图：

（2）根据领料凭证编制"产品共同耗用材料分配表"和"材料费用分配汇总表"，分别见表 5-12 和表 5-13，并填制记账凭证，登记有关账簿。

表 5-12　　　　　　　　　　　　　产品共同耗用材料分配表

202×年×月　　　　　　　　　　　　　　　　　　　　　　　　　　　金额单位：元

产品名称	分配标准	分配率	分配金额
甲产品	224 000.00		212 333.33
乙产品	160 000.00		151 666.67
合计	384 000.00	0.947 916 667	364 000.00

根据"表 5-7 本月生产费用资料"中原材料甲产品、乙产品及甲、乙产品共同耗用

数据，在 Excel 中编制"表 5-12 产品共同耗用材料分配表"，相关公式设置见下图：

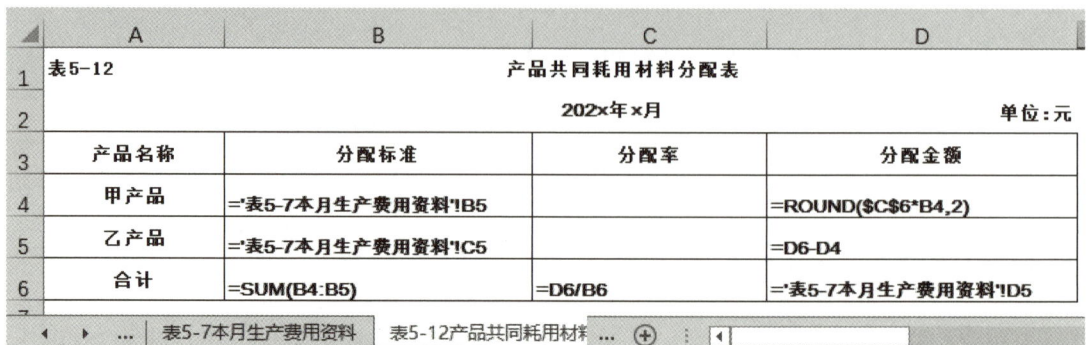

表 5-13　　　　　　　　　　　材料费用分配汇总表

202×年×月　　　　　　　　　　　　　　　　单位：元

受益部门	基本生产成本			辅助生产成本	制造费用	合计
	甲产品	乙产品	合计	供电车间	基本生产车间	
直接计入	224 000.00	160 000.00	384 000.00	1 100.00	2 300.00	387 400.00
分配计入	212 333.33	151 666.67	364 000.00			364 000.00
合计	436 333.33	311 666.67	748 000.00	1 100.00	2 300.00	751 400.00

根据"表 5-7 本月生产费用资料"及"表 5-12 产品共同耗用材料分配表"中数据，在 Excel 中编制"表 5-13 材料费用分配汇总表"，相关公式设置见下图：

根据如表 5-13 所示的"材料费用分配汇总表"，编制会计分录如下：

借：基本生产成本——甲产品　　　　　　　　　　　　　　436 333.33
　　　　　　　　——乙产品　　　　　　　　　　　　　　311 666.67
　　辅助生产成本——供电车间　　　　　　　　　　　　　1 100.00
　　制造费用——基本生产车间　　　　　　　　　　　　　2 300.00
　贷：原材料　　　　　　　　　　　　　　　　　　　　　751 400.00

（3）根据工资结算汇总表编制"人工费用分配汇总表"，见表 5-14，并填制记账凭证，登记有关账簿。

表 5-14　　　　　　　　　　　　　人工费用分配汇总表

202×年×月　　　　　　　　　　　　　　金额单位：元

受益部门		基本生产成本			辅助生产成本	制造费用	合计
		甲产品	乙产品	合计	供电车间	基本生产车间	
应付职工薪酬	实际工时/小时	2 480.00	1 650.00	4 130.00			
	分配率			22.976 659			
	分配金额	56 982.11	37 911.49	94 893.60	27 485.40	7 364.40	129 743.40

根据"表 5-6 工时记录"及"表 5-7 本月生产费用资料"中数据，在 Excel 中编制"表 5-14 人工费用分配汇总表"，相关公式设置见下图：

根据如表 5-14 所示的"人工费用分配汇总表"，编制会计分录如下：

借：基本生产成本——甲产品　　　　　　　　　　　　　　56 982.11
　　　　　　　　——乙产品　　　　　　　　　　　　　　37 911.49
　　辅助生产成本——供电车间　　　　　　　　　　　　　27 485.40
　　制造费用——基本生产车间　　　　　　　　　　　　　　7 364.40
　　贷：应付职工薪酬——短期薪酬——工资　　　　　　　129 743.40

（4）编制"固定资产折旧计算表"，见表 5-15，并填制记账凭证，登记有关账簿。

表 5-15　　　　　　　　　　　　　固定资产折旧计算表

202×年×月　　　　　　　　　　　　　　金额单位：元

应贷科目 \ 应借科目	辅助生产成本	制造费用	合计
	供电车间	基本生产车间	
累计折旧	13 800	37 600	51 400

根据"表 5-7 本月生产费用资料"中数据，在 Excel 中编制"表 5-15 固定资产折旧计算表"，相关公式设置见下图：

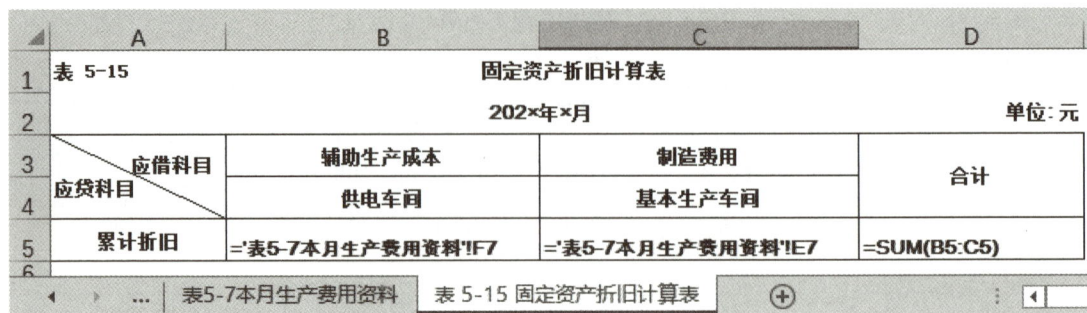

根据如表5-15所示的"固定资产折旧计算表",编制会计分录如下:

借:辅助生产成本——供电车间　　　　　　　　　　　　　　　　13 800
　　制造费用——基本生产车间　　　　　　　　　　　　　　　　37 600
　　贷:累计折旧　　　　　　　　　　　　　　　　　　　　　　51 400

(5)根据有关记录编制"水费分配表",见表5-16,并填制记账凭证,登记有关账簿。

表5-16　　　　　　　　　　　　水费分配表

202×年×月　　　　　　　　　　　　　　　　金额单位:元

应贷科目＼应借科目	辅助生产成本	制造费用	合计
	供电车间	基本生产车间	
应付账款	3 000	48 400	51 400

根据"表5-7本月生产费用资料"中数据,在Excel中编制"表5-16水电分配表",相关公式设置见下图:

	A	B	C	D
1	表5-16	水费分配表		
2		202×年×月		单位:元
3	应贷科目＼应借科目	辅助生产成本	制造费用	合计
4		供电车间	基本生产车间	
5	应付账款	='表5-7本月生产费用资料'!F8	='表5-7本月生产费用资料'!E8	=SUM(B5:C5)

根据如表5-16所示的"水费分配表",编制会计分录如下:

借:辅助生产成本——供电车间　　　　　　　　　　　　　　　　3 000
　　制造费用——基本生产车间　　　　　　　　　　　　　　　　48 400

贷：应付账款　　　　　　　　　　　　　　　　　　　　　　　　　51 400

（6）根据有关记录编制"燃料费用分配表"，见表5-17，并填制记账凭证，登记有关账簿。

表 5-17　　　　　　　　　　　　　燃料费用分配表
202×年 ×月　　　　　　　　　　　　　　　　　金额单位：元

应贷科目 \ 应借科目	辅助生产成本	制造费用	合计
	供电车间	基本生产车间	
燃料	11 400	10 600	22 000

　　根据"表5-7本月生产费用资料"中数据，在Excel中编制"表5-17燃料费用分配表"，相关公式设置见下图：

	A	B	C	D
1	表5-17	燃料分配表		
2		202×年×月		单位:元
3	应借科目	辅助生产成本	制造费用	合计
4	应贷科目	供电车间	基本生产车间	
5	燃料	='表5-7本月生产费用资料'!F9	='表5-7本月生产费用资料'!E9	=SUM(B5:C5)

... 表5-16水费分配表　表5-7本月生产费用资料　表5-17 燃料分配表

　　根据如表5-17所示的"燃料费用分配表"，编制会计分录如下：
　　借：辅助生产成本——供电车间　　　　　　　　　　　　　　　　11 400
　　　　制造费用——基本生产车间　　　　　　　　　　　　　　　　10 600
　　　贷：原材料——燃料　　　　　　　　　　　　　　　　　　　　　22 000

（7）根据有关记录编制"其他费用分配汇总表"，见表5-18，并填制记账凭证，登记有关账簿。

表 5-18　　　　　　　　　　　　其他费用分配汇总表
202×年 ×月　　　　　　　　　　　　　　　　　金额单位：元

应贷科目 \ 应借科目	辅助生产成本	制造费用	合计
	供电车间	基本生产车间	
银行存款等	4 500.00	38 000.00	42 500.00

　　根据"表5-7本月生产费用资料"中数据，在Excel中编制"表5-18其他费用分配表"，相关公式设置见下图：

	A	B	C	D
1	表 5-18	其他费用分配表		
2		202×年×月		单位:元
3	应借科目	辅助生产成本	制造费用	合计
4	应贷科目	供电车间	基本生产车间	
5	银行存款等	='表5-7本月生产费用资料'!F10	='表5-7本月生产费用资料'!E10	=SUM(B5:C5)

… 表5-17 燃料分配表 | 表5-7本月生产费用资料 | 表5-18其他费用分配表

根据如表 5-18 所示的"其他费用分配汇总表",编制会计分录如下:

借:辅助生产成本——供电车间　　　　　　　　　　　　　　　4 500
　　制造费用——基本生产车间　　　　　　　　　　　　　　　38 000
　　贷:银行存款　　　　　　　　　　　　　　　　　　　　　42 500

(8)根据有关记录编制"辅助生产费用分配表",见表 5-19,并填制记账凭证,登记有关账簿。

表 5-19　　　　　　　　　　　辅助生产费用分配表

202× 年 × 月　　　　　　　　　　　　　　　　金额单位:元

分配项目	受益部门	制造费用 (基本生产车间)	管理费用 (公司管理部门)	合计
电费	分配标准/(千瓦·时)	12 800.00	10 100.00	22 900.00
	分配率			2.676 218
	分配金额	34 255.59	27 029.81	61 285.40

根据"表 5-6 工时记录"和"表 5-11 辅助生产成本明细账"中数据,在 Excel 中编制"表 5-19 辅助生产费用分配表",相关公式设置见下图:

	A	B	C	D	E
1			表5-19 辅助生产费用分配表		
2			202×年×月		单位:元
3	分配项目	受益部门	制造费用	管理费用	合计
4			基本生产车间	公司管理部门	
5	电费	分配标准/度	='表5-6工时记录'!D6	='表5-6工时记录'!D7	=SUM(C5:D5)
6		分配率			=E7/E5
7		分配金额	=ROUND(E6*C5,2)	=E7-C7	='表5-11辅助生产成本明细账'!H12

… 表5-6工时记录 | 表5-11辅助生产成本明细账 | 5-19辅助生产费用分配表

根据如表 5-19 所示的"辅助生产费用分配表",编制会计分录如下:

借:制造费用——基本生产车间 34 255.59
　　管理费用——公司管理部门 27 029.81
　　　贷:辅助生产成本——供电车间 61 285.40

(9)分配基本生产车间的制造费用,编制"制造费用分配表",见表 5-20,并填制记账凭证,登记有关账簿。

表 5-20　　　　　　　　　　　制造费用分配表

202×年×月　　　　　　　　　　　　　　　金额单位:元

受益部门		分配标准(生产工时)	分配率	分配金额
基本生产成本	甲产品	2 480		107 198.44
	乙产品	1 650		71 321.55
	合计	4 130	43.225 179	178 519.99

根据"表 5-6 工时记录"和"表 5-10 制造费用明细账"中数据,在 Excel 中编制"表 5-20 制造费用分配表",相关公式设置见下图:

	A	B	C	D	E
1	表5-20		制造费用分配表		
2			202×年×月		单位:元
3	受益部门		分配标准(生产工时)	分配率	分配金额
4	基本生产成本	甲产品	='表5-6工时记录'!C4		=ROUND(C4*D6,2)
5		乙产品	='表5-6工时记录'!C5		=E6-E4
6		合计	=SUM(C4:C5)	=E6/C6	='表5-10制造费用明细账'!L12

根据如表 5-20 所示的"制造费用分配表",编制会计分录如下:

借:基本生产成本——甲产品 107 98.44
　　基本生产成本——乙产品 71 321.55
　　　贷:制造费用——基本生产车间 178 519.99

(10)编制"完工产品与月末在产品成本分配表",分别见表 5-21、表 5-22,计算甲、乙两种产品的单位成本、完工产品成本及月末在产品成本,并填制记账凭证,登记有关账簿。

表 5-21 完工产品与月末在产品成本分配表

产品名称：甲产品　　　　　　　　202×年×月　　　　　　　　金额单位：元

成本项目	原材料	直接人工	制造费用	合计
生产费用合计	474 333.33	64 982.11	119 798.44	659 113.88
完工产品数量	650	650	650	
月末在产品数量	150	150	150	
投料率/完工程度	100%	50%	50%	
月末在产品约当量	150	75	75	
约当总产量	800	725	725	
费用分配率	592.9167	89.6305	165.2392	847.7864
完工产品成本	385 395.83	58 259.82	107 405.50	551 061.15
月末在产品成本	88 937.50	6 722.29	12 392.94	108 052.73

根据"表 5-8 生产成本明细账（甲产品）"和"表 5-5 产量资料"中数据，在 Excel 中编制"表 5-21 完工产品与月末在产品成本分配表（甲产品）"，相关公式设置见下图：

	A	B	C	D	E
1	表5-21		完工产品与月末在产品成本分配表（甲产品）		
2	产品名称：甲产品		202x年x月		单位：元
3	成本项目	原材料	直接人工	制造费用	合计
4	生产费用合计	='表5-8生产成本明细账(甲产品)'!D11	='表5-8生产成本明细账(甲产品)'!E11	='表5-8生产成本明细账(甲产品)'!F11	=SUM(B4:D4)
5	完工产品数量	='表5-5产量资料'!$B$6	='表5-5产量资料'!$B$6	='表5-5产量资料'!$B$6	
6	月末在产品数量	='表5-5产量资料'!$B$7	='表5-5产量资料'!$B$7	='表5-5产量资料'!$B$7	
7	投料率/完工程度	1	0.5	0.5	
8	月末在产品约当量	150	=C6*C7	=D6*D7	
9	约当总产量	=B5+B8	=C5+C8	=D5+D8	
10	费用分配率	=ROUND(B4/B9,4)	=ROUND(C4/C9,4)	=ROUND(D4/D9,4)	=SUM(B10:D10)
11	完工产品成本	=B4-B12	=C4-C12	=D4-D12	=E4-E12
12	月末在产品成本	=ROUND(B8*B10,2)	=ROUND(C8*C10,2)	=ROUND(D8*D10,2)	=SUM(B12:D12)

表 5-22 完工产品与月末在产品成本分配表

产品名称：乙产品　　　　　　　　202×年×月　　　　　　　　金额单位：元

成本项目	原材料	直接人工	制造费用	合计
生产费用合计	355 666.67	39 311.49	89 321.55	484 299.71
完工产品数量	240	240	240	
月末在产品数量	100	100	100	
投料率/完工程度	100%	50%	50%	
月末在产品约当量	100	50	50	
约当总产量	340	290	290	
费用分配率	1 046.078 4	135.556 9	308.005 3	1 489.640 6

续表

成本项目	原材料	直接人工	制造费用	合计
完工产品成本	251 058.83	32 533.65	73 921.28	357 513.76
月末在产品成本	104 607.84	6 777.84	15 400.27	126 785.95

根据"表5-9 生产成本明细账（乙产品）"和"表5-5 产量资料"中数据，在Excel中编制"表5-22 完工产品与月末在产品成本分配表（乙产品）"，相关公式设置见下图：

	A	B	C	D	E
1	表5-22		完工产品与月末在产品成本分配表（乙产品）		
2	产品名称：乙产品		202x年x月		单位：元
3	成本项目	原材料	直接人工	制造费用	合计
4	生产费用合计	='表5-9生产成本明细账(乙产品)'!D11	='表5-9生产成本明细账(乙产品)'!E11	='表5-9生产成本明细账(乙产品)'!F11	=SUM(B4:D4)
5	完工产品数量	='表5-5产量资料'!$C$6	='表5-5产量资料'!$C$6	='表5-5产量资料'!$C$6	
6	月末在产品数量	='表5-5产量资料'!$C$7	='表5-5产量资料'!$C$7	='表5-5产量资料'!$C$7	
7	投料率/完工程度	1	0.5	0.5	
8	月末在产品约当量	=B6*B7	=C6*C7	=D6*D7	
9	约当总产量	=B5+B8	=C5+C8	=D5+D8	
10	费用分配率	=ROUND(B4/B9,4)	=ROUND(C4/C9,4)	=ROUND(D4/D9,4)	=SUM(B10:D10)
11	完工产品成本	=B4-B12	=C4-C12	=D4-D12	=E4-E12
12	月末在产品成本	=ROUND(B8*B10,2)	=ROUND(C8*C10,2)	=ROUND(D8*D10,2)	=SUM(B12:D12)

根据分别如表5-21和表5-22所示的甲、乙产品的"完工产品与月末在产品成本分配表"，编制会计分录如下：

借：库存商品——甲产品　　　　　　　　　　　　　　　551 061.15
　　　　　　　——乙产品　　　　　　　　　　　　　　　357 513.76
　　贷：基本生产成本——甲产品　　　　　　　　　　　　551 061.15
　　　　　　　　　　——乙产品　　　　　　　　　　　　357 513.76

> **课内思考**
>
> 下列这些企业的产品成本计算分别应当采用哪种成本计算方法？如果适合采用品种法，应当采用哪种品种法？为什么？
>
> （1）大量大批单步骤生产的发电厂；
> （2）管理上要求分步骤计算产品成本的汽车制造厂；
> （3）管理上要求分批次计算成本的服装加工厂；
> （4）管理上不要求分步骤计算成本的小型水泥厂；
> （5）船舶制造厂；
> （6）自来水公司。

任务二　分批法

一、分批法的含义及适用范围

分批法是指按照产品批别计算产品成本的一种方法。它主要适用于单件小批类型的生产，如造船业、重型机器制造业等；也可用于一般企业中的新产品试制或试验的生产、在建工程以及设备修理作业等。因企业不同，成本计算繁简不同，分批法又分为一般分批法和简化分批法两种，这两种方法的工作原理和适用范围见表5-23。

简化分批法

表5-23　　　　　一般分批法与简化分批法的工作原理及适用范围

方法	工作原理	适用范围
一般分批法	以产品的批别作为产品生产成本的计算对象，按照产品的批别设置基本生产成本明细账，归集生产费用，每月末将间接费用采用一定方法分配计入各批别产品成本，在有完工产品的月份，计算完工产品成本和在产品成本，所以也称为"间接费用当月分配法"	小批、单件、管理上不要求分步骤计算产品成本且生产批次较少的企业
简化分批法	以产品的批别作为产品生产成本的计算对象，按照产品的批别设置基本生产成本二级分类账和明细账，归集生产费用，发生的直接费用同时登记二级账和明细账，月末不进行间接费用的分配，在有完工产品的月份，将累计的间接费用采用一定的方法分配给有完工产品的批别，计算完工产品成本和在产品成本，所以也称为"间接费用累计分配法"	小批、单件、管理上不要求分步骤计算产品成本且生产批次较多的企业

二、分批法的特点

分批法的主要特点如下：

（1）成本计算对象是产品的批别。由于产品的批别大多是根据销货订单确定的，因此，这种方法又称为订单法。

（2）在采用分批法时，产品成本的计算是与生产任务通知单的签发和结束紧密配合的，因此产品成本计算是不定期的。成本计算期与产品生产周期基本一致，而与核算报告期不一致。

（3）在采用分批法时，由于成本计算期与产品的生产周期基本一致，因而在计算月末产品成本时，一般不存在完工产品与在产品之间分配费用的问题。

三、分批法的实践应用

（一）分批法的核算程序

（1）按产品批别、批次、批号、订单或工作令号设置生产成本明细账。

（2）按产品批别、批次、批号、订单或工作令号归集和分配本月发生的各种费用。

在采用分批法时，要按产品批别、批次、批号、订单或工作令号归集和分配生产费用。对于企业发生的生产费用，能按批次划分的直接计入费用，要在原始凭证上注明产品批号，以便据以直接计入该批产品成本的各明细账；对于不能分清属于某批产品的费用，应在费用原始凭证上注明用途，以便按费用项目归集，按照企业确定的分配方法在各批产品之间进行分配以后，再记入各批产品成本明细账。

（3）计算完工产品成本与在产品成本。

分批法一般不需要在完工产品和在产品之间分配生产费用。如果某批产品全部完工，则该批产品生产成本明细账归集的生产费用合计数都是该批完工产品的实际总成本。如果某批产品全部都没有完工，则全部属于该批在产品的实际总成本。如果某批产品少量跨月份陆续完工，则可以用完工产品的实际数量乘以近期实际单位成本、计划单位成本或定额单位成本，作为完工产品的实际成本；当该批产品全部完工时，还应重新计算该批产品的实际总成本和单位成本，但对于已经转账的完工产品成本，可以不用进行账面调整。对于批量较大、同时跨月份陆续完工、产品数量较多的情况，月末采用适当的分配方法，将该批产品归集的生产费用在该批完工产品与在产品之间进行分配，以便计算完工产品成本和月末在产品成本。分批法的成本核算程序见图5-2。

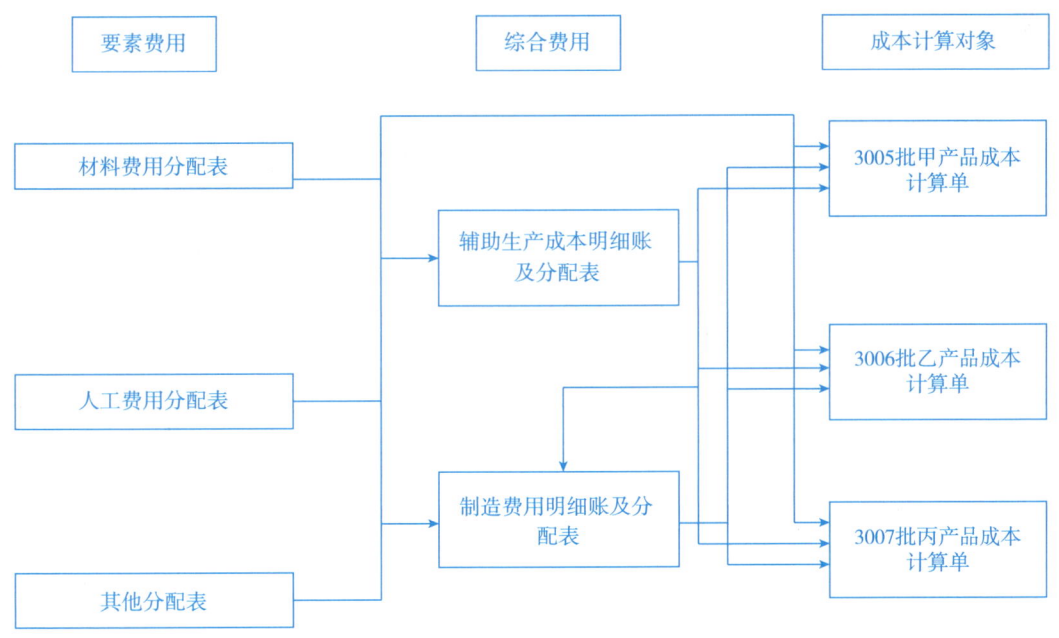

图5-2 分批法的成本核算程序

(二)分批法的应用

1. 一般分批法的应用

（1）一般分批法的概念

一般分批法又称为"间接费用当月分配法"，其特点是在分配间接费用时，不论各批次产品是否完工，都要按照当月分配率分配其应负担的间接费用。其一般适用于企业的产品批次较少的情况。

（2）一般分批法的核算程序

Ⅰ按照产品品种及批次设置生产成本明细账；

Ⅱ归集和分配生产费用，登记有关账簿；

Ⅲ月末将归集的间接费用采用适当的分配方法在各批次产品之间进行分配；

Ⅳ计算出各批产品的完工成本和在产品成本；

Ⅴ对于已整批完工的产品，汇总计算出该批次完工产品的实际总成本和单位成本；

Ⅵ编制"完工产品成本汇总表"，结转完工入库产品的成本。

（3）下面以小批生产的某企业的产品成本计算为例，说明一般分批法的成本计算程序。

【例5-3】 某企业按照购货单位的要求，小批生产某些产品，采用分批法计算产品成本。该企业4月投产甲产品10件，批号为101，5月全部完工；5月投产乙产品60件，批号为201，当月完工40件，并已交货，还有20件尚未完工。201批号产品原材料费用在生产开始时一次投入，所以原材料费用按完工产品和在产品的实际数量进行比例分配，而其他费用按约当产量法进行分配。计算201批乙产品在产品约当产量，见表5-24。

表5-24　　　　　　　　　乙产品约当产量计算表

工序	完工程度	在产品数量（件）	在产品约当量（件）	完工产品（件）	合计
1	15%	4	0.6		
2	25%	4	1		
3	70%	12	8.4		
合计		20	10	40	50

101批和201批产品成本计算单分别如表5-25和表5-26所示。各种费用的归集和分配过程省略。

表 5-25　　　　　　　　　　　　　　产品成本计算单

批号：101　　　　　　产品名称：甲产品　　　　　　开工日期：4月15日
委托单位：大牛公司　　批量10件　　　　　　　　完工日期：5月20日

项目	直接材料费	直接人工费	制造费用	合计
4月末余额	12 000	900	3 400	16 300
5月发生费用	4 600	1 700	8 000	14 300
合计	16 600	2 600	11 400	30 600
结转完工产品成本	16 600	2 600	11 400	30 600
单位产品成本	1 660	260	1 140	3 060

表 5-26　　　　　　　　　　　　　　产品成本计算单

批号：201　　　　　　产品名称：乙产品　　　　　　开工日期：5月5日
委托单位：牧原公司　　批量60件　　　　　　　　完工日期：

项目	直接材料费	直接人工费	制造费用	合计
5月发生费用	18 000	1 650	4 800	24 450
合计	18 000	1 650	4 800	24 450
结转完工产品成本	1 2000	1 320	3 840	17 160
单位产品成本	300	33	96	429
月末在产品成本	6 000	330	960	7 290

乙产品完工产品与在产品成本计算，相关公式设置见下图：

	A	B	C	D	E	F
1	表 5-24 乙产品约当产量计算表					单位：件
2	工序	完工程度	在产品数量	在产品约当量	完工产品	合计
3	1	0.15	4	=B3*C3		
4	2	0.25	4	=C4*B4		
5	3	0.7	12	=C5*B5		
6	合计		=SUM(C3:C5)	=SUM(D3:D5)	40	=SUM(D6:E6)
7						
8	表 5-26 产品成本计算单（201批）					单位：元
9	批号：201		产品名称：乙产品		开工日期：5月5日	
10	委托单位：牧原公司		批量60件		完工日期：	
11	项目	直接材料费	直接人工费	制造费用	合计	
12	5月发生费用	18000	1650	4800	=SUM(B12:D12)	
13	合计	=SUM(B12)	=SUM(C12)	=SUM(D12)	=SUM(B13:D13)	
14	结转完工产品成本	=B15*$E$6	=C15*$E$6	=D15*$E$6	=SUM(B14:D14)	
15	单位产品成本	=B13/(E6+C6)	=C13/$F$6	=D13/$F$6	=SUM(B15:D15)	
16	月末在产品成本	=B13-B14	=C13-C14	=D13-D14	=E13-E14	

在例 5-3 中，101 批产品 5 月全部完工，所以发生的产品生产费用合计为完工产品总成本。201 批产品月末部分完工，而且完工产品数量占总指标的比重较大，应采用适当的方法将产品生产费用在完工产品与在产品之间进行分配。

分批法——实训

材料费用按完工产品产量和在产品数量进行比例分配：

完工产品应负担的材料费用 =18 000÷（40+20）×40=12 000（元）

在产品应负担的材料费用 =18 000÷（40+20）×20=6 000（元）

直接人工费用按约当产量法分配：

完工产品应负担的直接人工费用 =1 650÷（40+10）×40=1 320（元）

在产品应负担的直接人工费用 =1 650÷（40+10）×10=330（元）

制造费用按约当产量法分配：

完工产品应负担的制造费用 =4 800÷（40+10）×40=3 840（元）

在产品应负担的制造费用 =4 800÷（40+10）×10=960（元）

将各项费用分配结果记入 201 批乙产品成本计算单（见表 5-26）即可计算出乙产品的产成品成本和月末在产品成本。

根据产品成本计算单编制会计分录：

借：库存商品——甲产品　　　　　　　　　　　　　　　　　30 600
　　　　　　——乙产品　　　　　　　　　　　　　　　　　17 160
　　贷：生产成本——基本生产成本——101 批次　　　　　　30 600
　　　　　　　　　　　　　　　　——201 批次　　　　　　17 160

2. 简化分批法的应用

（1）简化分批法的概念

简化分批法又称为"间接费用累计分配法"，其特点是需要同时设置基本生产二级账和明细账归集各批次产品的成本费用以及生产工时的发生、转出情况；在分配间接计入费用时，只对当月有完工产品的批次按照累计分配率进行分配，将未完工批次的间接计入费用总额保留在基本生产二级账中。采用"间接费用累计分配法"，只要存在尚未完工的生产批次，间接费用就会留有余额，由于完工批次是一次性分配间接费用，所以简化了成本核算工作，但如果各月份的间接费用相差悬殊，就会影响成本计算的准确性。该方法一般适用于同一月份投产的批次较多，且月末未完工的批次也较多的企业或车间，因为此种情况下，如果采用间接费用当月分配法计算各批产品成本，费用分配和登记工作就会极为繁重，采用间接费用累计分配法，就可以大大简化核算工作。

（2）简化分批法的核算程序

Ⅰ设置生产成本总账、基本生产成本二级账，按照产品品种及批次设置生产成本明细账，并设置费用项目和生产工时专栏；

Ⅱ归集和分配生产费用，登记有关账簿；

在生产成本二级账中要全面反映各批产品的料、工、费及生产工时的发生转出情况，在生产成本明细账中，平时只登记直接费用和生产工时的发生情况，只有在有完工产品的月份，才计算确定完工产品应负担的间接费用，计算转出完工产品成本以及应转出的生产工时，即平时直接费用和生产工时需要在生产成本二级账和明细账中平行登记，间接费用只在二级账中登记，当某批产品有完工产品时，才需要平行登记需要分配转出的间接费用。

Ⅲ月末将二级账归集的间接费用采用适当的分配方法在有完工产品的批次之间进行分配；

月末如果各批产品均未完工，则各项费用与生产工时累计数转至下月继续登记；如果月末有完工产品，对完工产品应负担的间接计入费用，则需要根据"基本生产成本二级账"归集的累计间接费用及累计工时，计算全部产品各项累计间接计入费用分配率，据以分配费用，计算完工产品成本。

$$全部产品累计间接费用分配率 = \frac{全部产品累计间接费用}{全部产品累计工时}$$

某批产品应负担的间接费用 = 该批完工产品累计工时 × 全部产品累计间接费用分配率

Ⅳ计算各批产品的完工产品成本和月末在产品成本；

Ⅴ对于已整批完工的产品，汇总计算出该批次完工产品的实际总成本和单位成本；；

Ⅵ编制"完工产品成本汇总表"，结转完工入库产品的成本。

【例5-4】 某制造企业小批量生产多种产品，产品批次多，为了简化成本计算工作，采用简化分批法——间接费用累计分配法计算成本，该企业6月（本月）份各批产品的情况是：

901批号甲产品9件，4月投产，本月完工；

902批号乙产品8件，5月投产，本月完工5件；

903批号甲产品12件，5月投产，尚未完工；

904批号丙产品10件，6月投产，尚未完工。

该企业设立的"基本生产二级账"见表5-27。

表5-27　　　　　　　　　　　　　　基本生产成本二级账

车间名称：基本生产车间（各批产品总成本）　　　　　　　　　　　　　　金额单位：元

202×年		摘要	直接材料	生产工时	直接人工	制造费用	合计
月	日						
6	1	月初在产品成本	123 550.00	39 780	35 404.00	111 383.00	270 337.00
6	30	本月发生	40 750.00	58 420	52 976.00	163 577.00	257 303.00
6	30	累计	164 300.00	98 200	88 380.00	274 960.00	527 640.00

续表

202×年		摘要	直接材料	生产工时	直接人工	制造费用	合计
月	日						
6	30	累计间接费用分配率			0.9000	2.8000	
6	30	转出完工产品成本	87 130.00	48 970	44 073.00	137 116.00	268 319.00
6	30	月末在产品成本	77 170.00	49 230.00	44 307.00	137 844.00	259 321.00

在 Excel 中编制"表 5-27 基本生产成本二级账",相关公式设置见下图:

	A	B	C	D	E	F	G	H
1	表5-27				基本生产成本二级账			
2	车间名称:基本生产车间(各批产品总成本)					金额单位:元		
3	202×年		摘要	直接材料	生产工时	直接人工	制造费用	合计
4	月	日						
5	6	1	月初在产品成本	=D17+D18+D29+D38	=E17+E18+E29+E38	35404	111383	=D5+F5+G5
6	6	30	本月发生	=D19+D30+D39+D51	=E19+E30+E39+E51	52976	163577	=D6+F6+G6
7	6	30	累计	=SUM(D5:D6)	=SUM(E5:E6)	88380	274960	=SUM(H5:H6)
8	6	30	累计间接费用分配率			=F7/E7	=G7/E7	
9	6	30	转出完工产品成本	=D21+D42	=E21+E42	=F21+F42	=G21+G42	=H21+H42
10	6	30	月末在产品成本	=D7-D9	=E7-E9	=F7-F9	=G7-G9	=H7-H9
11								
12	表5-28				产品成本计算单			
13	产品批号:901				产品名称:甲产品		投产日期:4月12日	
14	订货单位:大兴工厂				批量:9件		完工日期:6月28日	
15	202×年		摘要	直接材料	生产工时	直接人工	制造费用	合计
16	月	日						
17	4	30	本月发生	31220	11220			31220
18	5	31	本月发生	18980	7590			18980
19	6	30	本月发生	12930	14220			12930
20	6	30	累计数及累计间接费用	=SUM(D17:D19)	=SUM(E17:E19)	=F8	=G8	
21	6	30	本月完工产品转出	=D20	=E20	=F20*E21	=G20*E21	=D21+F21+G21
22	6	30	完工产品单位成本	=D21/9		=F21/9	=G21/9	=H21/9
23								
24	表5-30				产品成本计算单			
25	产品批号:903				产品名称:甲产品		投产日期:5月20日	
26	订货单位:华星工厂				批量:12件		完工日期: 月 日	
27	202×年		摘要	直接材料	生产工时	直接人工	制造费用	合计
28	月	日						
29	5	31	本月发生	34950	12350			
30	6	30	本月发生	15450	15110			
32								
33	表5-29				产品成本计算单			
34	产品批号:902				产品名称:乙产品		投产日期:5月2日	
35	订货单位:大兴工厂				批量:8件		完工日期:6月30日 完工5件	
36	202×年		摘要	直接材料	生产工时	直接人工	制造费用	合计
37	月	日						
38	5	31	本月发生	38400	8620			38400
39	6	30	本月发生		15880			
40	6	30	累计数	=SUM(D38:D39)	=SUM(E38:E39)			
41	6	30	费用分配率			=F8	=G8	
42	6	30	转出完工产品成本	=D41*5	=E40-E44	=F41*E42	=G41*E42	=D42+F42+G42
43	6	30	完工产品单位成本	=D42/5		=F42/5	=G42/5	=H42/5
44	6	30	在产品	=D40-D42	8560			14400
45								
46	表5-31				产品成本计算单			
47	产品批号:904				产品名称:丙产品		投产日期:6月13日	
48	订货单位:红光公司				批量:10		完工日期: 月 日	
49	202×年		摘要	直接材料	生产工时	直接人工	制造费用	合计
50	月	日						
51	6	30	本月发生	12370	13210			

该企业的直接材料费用为直接计入费用；该企业采用计时工资制度，因而直接人工费用为间接计入费用。

在表5-27中，5月31日余额是5月末在产品的生产工时和各项费用。

本月发生的原材料费用和生产工时，应根据本月原材料费用分配表、生产工时记录，与各批产品成本明细账平行登记；本月发生的各项间接费用，应根据各项费用分配表汇总登记。全部产品累计间接费用分配率计算如下（以直接人工和制造费用为例）：

$$直接人工费用累计分配率 = \frac{88\ 380}{98\ 200} = 0.9$$

$$制造费用累计分配率 = \frac{274\ 960}{98\ 200} = 2.8$$

基本生产二级账中完工产品的直接材料费用和生产工时，应根据各批产品成本明细账中完工产品的直接材料费用和生产工时汇总登记（如直接材料=63 130+24 000=87 130，生产工时=33 030+15 940=48 970小时）。完工产品的各项间接费用，可以根据完工产品生产工时分别乘以相应的费用累计分配率登记（如直接人工=48 970×0.9=44 073元，制造费用=48 970×2.8=137 116元）。基本生产二级账中月末在产品直接材料费用和生产工时，可以根据累计的直接材料费用和生产工时分别减去本月完工产品的直接材料费用和生产工时计算登记（如直接人工=49 230×0.9=44 307元，直接材料=164 300−87 130=77 170元）。"基本生产成本"二级账中月末在产品的各项间接计入费用，可以根据其生产工时分别乘以相应的费用累计分配率计算登记（如制造费用=49 230×2.8=137 844元），也可以根据其费用的累计数分别减去完工产品的相应费用计算登记（如直接人工=88 380−44 073=44 307元，制造费用=274 960−137 116=137 844元）。

该企业设立的各批产品成本明细账分别见表5-28、表5-29、表5-30、表5-31。

表5-28　　　　　　　　　　　　产品成本计算单

产品批号：901　　　　　　产品名称：甲产品　　　　　　投产日期：4月12日
订货单位：大兴工厂　　　　批量：9件　　　　　　　　　完工日期：6月28日

202×年		摘要	直接材料	生产工时	直接人工	制造费用	成本合计
月	日						
4	30	本月发生	31 220.00	11 220			31 220.00
5	31	本月发生	18 980.00	7 590			18 980.00
6	30	本月发生	12 930.00	14 220			12 930.00
6	30	累计数及累计间接费用分配率	63 130.00	33 030	0.90	2.80	
6	30	本月完工产品转出	63 130.00	33 030	29 727.00	92 484.00	185 341.00
6	30	完工产品单位成本	7 014.44		3 303.00	10 276.00	20 593.44

表 5-29　　　　　　　　　　　　　　产品成本计算单

产品批号：902　　　　　　　产品名称：乙产品　　　　　　　投产日期：5 月 2 日
订货单位：大兴工厂　　　　　批量：8 件　　　　　　　　　完工日期：6 月 30 日
完工 5 件

202×年		摘要	直接材料	生产工时	直接人工	制造费用	成本合计
月	日						
5	31	本月发生	38 400.00	8 620			38 400.00
6	30	本月发生		15 880			
6	30	累计数	38 400.00	24 500			
6	30	费用分配率	4 800.00		0.90	2.80	
6	30	转出完工产品成本	24 000.00	15 940	14 346.00	44 632.00	82 978.00
6	30	完工产品单位成本	4 800.00		2 869.20	8 926.40	16 595.60
6	30	在产品	14 400.00	8 560			14 400.00

表 5-30　　　　　　　　　　　　　　产品成本计算单

产品批号：903　　　　　　　产品名称：甲产品　　　　　　　投产日期：5 月 20 日
订货单位：华星工厂　　　　　批量：12 件　　　　　　　　　完工日期：　　月　　日

202×年		摘要	直接材料	生产工时	直接人工	制造费用	成本合计
月	日						
5	31	本月发生	34 950	12 350			
6	30	本月发生	15 450	15 110			

表 5-31　　　　　　　　　　　　　　产品成本计算单

产品批号：904　　　　　　　产品名称：丙产品　　　　　　　投产日期：6 月 13 日
订货单位：红光公司　　　　　批量：10　　　　　　　　　　完工日期：　　月　　日

202×年		摘要	直接材料	生产工时	直接人工	制造费用	成本合计
月	日						
6	30	本月发生	12 370	13 210			

在各批产品成本明细账中，对于没有完工产品的月份，只登记直接材料费用（一般只有直接材料费用是直接计入费用）和生产工时，如第 903、904 两批产品，这些月份发生的直接材料费用和生产工时，也就是该月份各月末在产品的直接材料费用和生产工时。因此，在各批产品成本明细账中，在产品的各个月份的直接材料费用或生产工时发生额之和，应该等于基本生产成本二级账所记在产品的直接材料费用或生产工时。

在上列各批产品成本明细账中，对于有完工产品（包括全部完工或批内部分完工）的月份，除了登记直接材料费用和生产工时，以及相应的累计数以外，还应根据基本生产成本二级账登记各项间接费用的累计分配率。

第901批产品，月末全部完工，因而其累计的直接材料费用和生产工时就是完工产品的直接材料费用和生产工时；以其生产工时乘以各项间接计入费用累计分配率，即为完工产品的各项间接计入费用。

第902批产品，月末部分完工、部分在产，因而还应在完工产品与月末在产品之间分配费用。该种产品所耗直接材料在生产开始时一次投入，因而直接材料费用按完工产品与月末在产品的数量比例分配：

$$直接材料费用分配率 = \frac{38\,400}{5+3} = 4\,800$$

完工产品直接材料费用 $=5 \times 4\,800 = 24\,000$（元）

月末在产品直接材料费用 $=3 \times 4\,800 = 14\,400$（元）

假定月末在产品工时按工时定额计算，其定额工时共计8 560小时，完工产品工时应为15 940（24 500−8 560）小时，以该工时分别乘以各项间接计入费用累计分配率，即为完工产品的各项间接计入费用。

完工产品直接人工 $=15\,940 \times 0.9 = 14\,346$（元）

完工产品制造费用 $=15\,940 \times 2.8 = 44\,632$（元）

各批产品成本明细账登记完毕后，其中完工产品的直接材料费用和生产工时应分别汇入"基本生产成本"二级账，并汇总当月各批全部完工产品的总成本，编制"完工产品成本汇总表"，见表5-32。

表5-32　　　　　　　　　　　完工产品成本汇总表

202×年6月　　　　　　　　　　　　　　　　　　金额单位：元

成本项目	甲产品（9件）		乙产品（8件）		合计
	总成本	单位成本	总成本	单位成本	
直接材料	63 130.00	7 014.44	24 000.00	4 800.00	87 130.00
直接人工	29 727.00	3 303.00	14 346.00	2 869.20	44 073.00
制造费用	92 484.00	10 276.00	44 632.00	8 926.40	137 116.00
合计	185 341.00	20 593.44	82 978.00	16 595.60	268 319.00

上述简化的分批法，与上一节讲述的一般分批法的区别在于：各批产品之间分配间接费用的工作和完工产品与在产品之间分配费用的工作，都是利用累计间接费用分配率，到产品完工时合在一起进行的。就是说，各项间接计入费用累计分配，既是在各批完工产品之间分配各项费用的依据，也是在完工批别与月末在产品批别之间，以及某批产品的完工产品与月末在产品之间分配各项费用的依据；成本计算工作中的横向分配工作与纵向分配工作，在有完工产品时，根据同一个费用分配率一次分配完成。这一特点在第902批产品的成本计算中体现得最为明显。

采用这种分批法，可以简化费用的分配和登记工作，月末未完工产品的批数越多，核算工作就越简化。但是，这种方法在各月间接计入费用水平相差悬殊的情况下则不宜采用，否则就会影响各月成本的准确性。例如，前几个月的间接计入费用水平高，本月间接计入费用水平低，而某批产品本月投产，当月完工，在这种情况下，按累计间接计入费用分配率计算的该批完工产品的成本就会发生不应有的偏高。另外，如果月末未完工产品的批数不多，也不宜采用这种方法，因为在这种情况下，月末大多数产品已经完工，绝大多数产品的批号仍然要分配登记各项间接计入费用，核算工作量减少不多，但计算的正确性却会受到影响。

综上所述，可以看出，要使这种分批法充分发挥其简化成本核算工作的优点，保证各月成本计算的正确性，采用这种分批法时必须具备两个条件，即：（1）各月份的间接计入费用的水平相差不多；（2）月末未完工产品的批数比较多。

任务三　分步法

一、分步法的含义及适用范围

分步法是指按照产品的生产步骤计算产品成本的一种方法。它适用于大量大批多步骤生产，如纺织、冶金、大量大批的机械制造企业。在这类企业中，产品生产可以分为若干个生产步骤的成本管理，往往不仅要求按照产品品种计算成本，而且要求按照生产步骤计算成本，以便为考核和分析各种产品及各生产步骤的成本计划执行情况提供资料。

二、分步法的特点

分步法的主要特点如下：

（1）成本计算对象是各种产品的生产步骤。采用分步法时，除了按品种计算和结转产品成本外，还需要计算和结转产品的各步骤成本，其成本计算对象是各种产品及其所经过的各个加工步骤；如果企业只生产一种产品，则成本计算对象就是该种产品及其所经过的各个生产步骤。

（2）成本计算期是固定的，与产品的生产周期不一致。

（3）月末为了计算完工产品成本，需要将归集在生产成本明细账中的生产费用在完工产品和在产品之间进行费用分配。

三、分步法的实践应用

分步法的计算程序如下：

（1）按生产步骤设置生产成本明细账，账中按产品品种反映，且分为不同成本项目设置专栏。

应该指出的是，产品成本计算的分步与实际的生产步骤不一定完全一致。为了简化成本计算工作，可以只对管理上有必要分步骤计算成本的生产步骤单独设置生产成本明细账，单独计算成本；对管理上不要求单独计算成本的生产步骤，则可以与其他生产步骤合并设置生产成本明细账，合并计算成本。

（2）按生产步骤进行生产费用的归集和分配。

（3）将各个步骤的生产费用在该步骤完工的半成品与狭义的在产品之间分配，或者在该步骤最终的完工产品与广义的在产品之间分配。

由于大量大批多步骤生产的产品往往跨月陆续完工，因此，采用分步法计算产品成本时，计入各种产品、各生产步骤生产成本明细账中的生产费用，大多要采用适当的分配方法在完工产品或半成品和月末广义或狭义在产品之间进行分配。根据各个企业生产工艺过程的特点和成本管理对各个步骤成本资料的要求不同（是否要计算半成品成本），分步法可分为逐步结转分步法和平行结转分步法。

下面主要介绍逐步结转分步法。

四、逐步结转分步法

（一）逐步结转分步法的概念、计算程序和适用范围

1. 逐步结转分步法的概念

逐步结转分步法是指按照产品加工的顺序，逐步计算并结转半成品成本，直到最后一个加工步骤才能计算产成品成本的一种方法。

2. 逐步结转分步法的计算程序

逐步结转分步法是按照产品加工的顺序，先计算第一个加工步骤的半成品成本，然后结转给第二个加工步骤。这时，第二个加工步骤把第一个加工步骤转来的半成品成本加上本步骤耗用的材料和加工费用，即可求得第二个加工步骤的半成品成本。按此顺序逐步转移累计，直到最后一个加工步骤才能计算出产成品成本。

逐步结转分步法就是为了分步骤计算半成品成本而采用的一种分步法，也称为计算半成品成本分步法。逐步结转分步法的实物结转程序如图5-3所示，半成品成本结转程序（不通过半成品库）如图5-4所示。

图 5-3 逐步结转分步法的实物结转程序

一步骤成本计算单			
项目	直接材料	加工费用	合　计
月初在产品	300	160	460
本月投产	4700	2140	6840
本月完工	4200	2100	6300
月末在产品	800	200	1000

二步骤成本计算单			
项目	直接材料	加工费用	合　计
月初在产品	1140	240	1380
本月投产	6300	1830	8130
本月完工	6820	1980	8800
月末在产品	620	90	710

三步骤成本计算单			
项目	直接材料	加工费用	合　计
月初在产品	1460	650	2110
本月投产	8800	2350	11150
本月完工	8740	2760	11500
月末在产品	1520	240	1760

产品成本计算（产量230）			
项目	直接材料	加工费用	合　计
总成本	8740	2760	11500
单位成本	38	12	50

图 5-4　逐步结转分步法的半成品成本结转程序（不通过半成品库）

3.逐步结转分步法的适用范围

这种方法适用于大量大批连续式复杂生产的企业。对于这种企业，有的不仅将产成品作为商品对外销售，而且生产步骤所生产的半成品经常作为商品对外销售。例如，钢铁厂的生铁、钢链，纺织厂的棉纱等，需要计算半成品成本。

（二）逐步结转分步法的分类

1.逐步综合结转分步法

逐步综合结转分步法是指从上一步骤转入下一步骤的半成品成本，以"直接材料"或专设的"半成品"项目综合列入下一步骤的成本计算单中。如果半成品通过半成品库收发，由于各月所生产的半成品的单位成本不同，因而所耗半成品的单位成本可以如同材料核算一样，采用先进先出或加权平均等方法计算。综合结转可以按照半成品的实际成本结转，也可以按照半成品的计划成本结转。这里仅就按实际成本综合结转进行举例说明。

【例 5-5】　某企业甲产品的生产过程分为三个步骤，由第一车间、第二车间、第三车间顺序进行。第一车间生产 A 半成品完工后全部直接交第二车间继续加工；第二车间生产 B 半成品完工后全部交半成品库验收；第三车间按所需 B 半成品数量向半成品库领用，所耗半成品费用按全月一次加权平均单位成本计算。三个车间完工产品和月末在产品之间的费用分配均采用约当产量法，原材料在生产开始时一次投入，各车间的工资和费用发生比较均衡，月末在产品的完工程度均为50%，该企业202×年10月的成本资

料如下:

(1) 产量记录表见表 5-33。

表 5-33　　　　　　　　　　　产量记录表
产品:甲产品　　　　　　　　　　202×年10月　　　　　　　　　　单位:件

项目	第一车间	第二车间	第三车间
月初在产品数量	4	12	20
本月投入或上步骤转入数量	100	88	80
本月完工转入或交库数量	88	80	96
月末在产品数量	16	20	4

将以上数据在 Excel 中录入,相关公式设置见下图:

	A	B	C	D
1		表5-33　　产量记录表		
2	产品:甲产品	202×年10月		单位:件
3	项目	第一车间	第二车间	第三车间
4	月初在产品数量	4	12	20
5	本月投入或上步骤转入数量	100	=B6	80
6	本月完工转入或交库数量	88	80	96
7	月末在产品数量	=B4+B5-B6	=C4+C5-C6	=D4+D5-D6

(2) 生产费用资料见表 5-34。

表 5-34　　　　　　　　　　　生产费用资料表
产品:甲产品　　　　　　　　　　202×年10月　　　　　　　　　　金额单位:元

项目	月初在产品成本				本月发生的费用			
	第一车间	第二车间	第三车间	小计	第一车间	第二车间	第三车间	小计
直接材料	5 210	19 120	49 130	73 460	129 860			129 860
直接人工	540	3 640	3 600	7 780	24 420	30 200	30 700	85 320
制造费用	400	3 130	2 560	6 090	18 800	26 264	20 960	66 024
合计	6 150	25 890	55 290	87 330	173 080	56 464	51 660	281 204

将以上数据在 Excel 中录入,相关公式设置见下图:

	A	B	C	D	E	F	G	H	I
1				表5-34	生产费用资料表				
2	产品:甲产品				202×年10月				单位:元
3	项目	月初在产品成本				本月发生的费用			
4		第一车间	第二车间	第三车间	小计	第一车间	第二车间	第三车间	小计
5	直接材料	5210	19120	49130	=SUM(B5:D5)	129860			=SUM(F5:H5)
6	直接人工	540	3640	3600	=SUM(B6:D6)	24420	30200	30700	=SUM(F6:H6)
7	制造费用	400	3130	2560	=SUM(B7:D7)	18800	26264	20960	=SUM(F7:H7)
8	合计	=SUM(B5:B7)	=SUM(C5:C7)	=SUM(D5:D7)	=SUM(E5:E7)	=SUM(F5:F7)	=SUM(G5:G7)	=SUM(H5:H7)	=SUM(I5:I7)

采用逐步综合结转分步法计算产品成本如下：

（1）编制第一车间A半成品成本计算单，见表5-35。

表5-35　　　　　　　　　　　半成品成本计算单

车间名称：第一车间　　　　　　202×年10月　　　　　　产品名称：A半成品　　金额单位：元

项目	直接材料	直接人工	制造费用	合计
月初在产品成本	5 210	540	400	6 150
本月生产费用	129 860	24 420	18 800	173 080
生产费用合计	135 070	24 960	19 200	179 230
本月完工产品数量	88	88	88	
月末在产品约当产量	16	8	8	
费用分配率	1 298.75	260	200	1 758.75
完工A半成品成本	114 290	22 880	17 600	154 770
月末在产品成本	20 780	2 080	1 600	24 460

根据"表5-34生产费用资料表"和"表5-33产量记录表"中数据，编制"5-35第一车间A半成品成本计算单"，相关公式设置见下图：

	A	B	C	D	E
18		表5-35	第一车间A半成品成本计算单		
19	车间名称:第一车间	202×年10月	产品名称:A半成品		单位:元
20	项目	直接材料	直接人工	制造费用	合计
21	月初在产品成本	=B13	=B14	=B15	=SUM(B21:D21)
22	本月生产费用	=F13	=F14	=F15	=SUM(B22:D22)
23	生产费用合计	=SUM(B21:B22)	=SUM(C21:C22)	=SUM(D21:D22)	=SUM(E21:E22)
24	本月完工产品数量	=$B$6	=$B$6	=$B$6	
25	月末在产品约当产量	=B7	=B25*0.5	=B25*0.5	
26	费用分配率	=B23/(B24+B25)	=C23/(C24+C25)	=D23/(D24+D25)	=SUM(B26:D26)
27	完工A半成品成本	=B$26*B24	=C$26*C24	=D$26*D24	=SUM(B27:D27)
28	月末在产品成本	=B$26*B25	=C$26*C25	=D$26*D25	=SUM(B28:D28)

根据第一车间 A 半成品成本计算单，编制会计分录如下：

借：生产成本——基本生产成本——第二车间　　　　　　　　　　　　154 770
　　贷：生产成本——基本生产成本——第一车间　　　　　　　　　　　154 770

（2）编制第二车间 B 半成品成本计算单，见表 5-36。

表 5-36　　　　　　　　　　　　半成品成本计算单

车间名称：第二车间　　　　　　202×年 10 月　　　产品名称：B 半成品　　　金额单位：元

项目	直接材料	直接人工	制造费用	合计
月初在产品成本	19 120	3 640	3 130	25 890
本月生产费用	154 770	30 200	26 264	211 234
生产费用合计	173 890	33 840	29 394	237 124
本月完工产品数量	80	80	80	
月末在产品约当产量	20	10	10	
费用分配率	1 738.9	376	326.6	2 441.5
完工 B 半成品成本	139 112	30 080	26 128	195 320
月末在产品成本	34 778	3 760	3 266	41 804

根据"表 5-34 生产费用资料表"和"表 5-33 产量记录表"中数据，编制"5-36 第二车间 B 半成品成本计算单"，相关公式设置见下图：

	A	B	C	D	E
30		表 5-36　第二车间 B 半成品成本计算单			
31	车间名称：第二车间	202×年 10 月		产品名称：B 半成品	单位：元
32	项目	直接材料	直接人工	制造费用	合计
33	月初在产品成本	=C13	=C14	=C15	=SUM(B33:D33)
34	本月生产费用	=E27	=G14	=G15	=SUM(B34:D34)
35	生产费用合计	=SUM(B33:B34)	=SUM(C33:C34)	=SUM(D33:D34)	=SUM(B35:D35)
36	本月完工产品数量	=$C$6	=$C$6	=$C$6	
37	月末在产品约当产量	=C7	=B37*0.5	=B37*0.5	
38	费用分配率	=B35/(B36+B37)	=C35/(C36+C37)	=D35/(D36+D37)	=SUM(B38:D38)
39	完工 B 半成品成本	=B$38*B36	=C$38*C36	=D$38*D36	=SUM(B39:D39)
40	月末在产品成本	=B37*B$38	=C37*C$38	=D37*D$38	=SUM(B40:D40)

根据第二车间 B 半成品成本计算单，编制会计分录如下：

借：自制半成品——B 半成品　　　　　　　　　　　　　　　　　　　195 320
　　贷：生产成本——基本生产成本——第二车间　　　　　　　　　　　195 320

（3）根据第二车间B半成品成本计算单和第三车间领用B半成品的领用单，登记B半成品明细账，见表5-37。

表5-37　　　　　　　　　　B半成品明细账

月份	月初余额		本月增加		合计			本月减少	
	数量（件）	实际成本（元）	数量（件）	实际成本（元）	数量（件）	实际成本（元）	单位成本（元）	数量（件）	实际成本（元）
10	10	24 415	80	195 320	90	219 735	2 441.5	80	195 320
11	10	24 415							

根据"表5-36第二车间B半成品成本计算单"和"表5-33产量记录表"中数据，编制"表5-37 B半成品明细账"，相关公式设置见下图：

	A	B	C	D	E	F	G	H	I	J
42					表5-37 B半成品明细账					单位：元
43	月份	月初余额		本月增加		合计			本月减少	
44		数量/件	实际成本	数量/件	实际成本	数量/件	实际成本	单位成本	数量/件	实际成本
45	10	10	24415	=C6	=E39	=D45+B45	=E45+C45	=G45/F45	80	=I45*H45
46	11	=F45-I45	=G45-J45							

根据B半成品明细账所列的半成品单位成本资料和第三车间的半成品领用单，编制会计分录如下：

借：生产成本——基本生产成本——第三车间　　195 320
　　贷：自制半成品——B半成品　　195 320

（4）编制第三车间产品成本计算单，见表5-38。

表5-38　　　　　　　　　　产品成本计算单

车间名称：第一车间　　　　　202×年10月　　　　　产品名称：甲产品

项目	直接材料	直接人工	制造费用	合计
月初在产品成本	49 130	3 600	2 560	55 290
本月生产费用	195 320	30 700	20 960	246 980
生产费用合计	244 450	34 300	23 520	302 270
本月完工产品数量	96	96	96	
月末在产品约当产量	4	2	2	
费用分配率	2 444.5	350	240	3 034.5
完工甲产品成本	234 672	33 600	23 040	291 312
月末在产品成本	9 778	700	480	10 958

根据"表 5-34 生产费用资料表""表 5-37 B 半成品明细账"和"表 5-27 产量记录表"中数据，编制"表 5-38 第三车间产品成本计算单"，相关公式设置见下图：

	A	B	C	D	E
48		表 5-38		第三车间产品成本计算单	
49	车间名称:第三车间	202×年10月		产品名称:甲产品	单位:元
50	项目	直接材料	直接人工	制造费用	合计
51	月初在产品成本	=D13	=D14	=D15	=SUM(B51:D51)
52	本月生产费用	=J45	=H14	=H15	=SUM(B52:D52)
53	生产费用合计	=SUM(B51:B52)	=SUM(C51:C52)	=SUM(D51:D52)	=SUM(B53:D53)
54	本月完工产品数量	=$D$6	=$D$6	=$D$6	
55	月末在产品约当产量	=D7	=B55*0.5	=B55*0.5	
56	费用分配率	=B53/(B54+B55)	=C53/(C54+C55)	=D53/(D54+D55)	=SUM(B56:D56)
57	完工甲产品成本	=B54*B$56	=C54*C$56	=D54*D$56	=SUM(B57:D57)
58	月末在产品成本	=B55*B$56	=C55*C$56	=D55*D$56	=SUM(B58:D58)

根据第三车间甲产品的成本计算单和产成品入库单编制会计分录如下：

借：库存商品——甲产品　　　　　　　　　　　　　　　　291 312
　　贷：生产成本——基本生产成本——第三车间　　　　　　291 312

采用综合结转法结转成本，各个步骤所耗半成品的成本是以"半成品""原材料"或"直接材料"项目综合反映的。这样计算出来的产成品成本不能提供按原始成本项目反映的成本资料；在生产步骤较多的情况下，逐步综合结转以后，表现在产成品成本中的绝大部分费用是最后一个加工步骤所耗半成品的费用；其他费用只是最后一个加工步骤的费用，在产成品成本中所占的比重很小。这显然不符合企业产品成本结构（各项成本之间的比例关系）的实际情况，因而不能据以从整个企业的角度来考核和分析产品成本的构成与水平。所以，为了使产品能按原始成本项目反映，需要进行专门的成本还原。

通常采用的成本还原方法有两种：

（1）按半产品各成本项目占全部成本的比重还原

它是将本月产成品耗用上一步骤半成品的成本，按照上一步骤完工半成品各成本项目占全部成本的比重进行还原的方法。其计算公式为：

$$还原分配率（项目比重）= \frac{上一步骤完工半成品各成本项目的金额}{上一步骤完工半成品成本合计}$$

还原后各成本项目金额 = 完工产品中耗用某步骤半成品成本 × 该步骤还原分配率（项目比重）

现以例 5-5 资料计算出来的甲产品成本为例说明其还原方法，见表 5-39。

表 5-39

成本还原计算表 1

成本项目	还原前总成本	第二步半成品成本	还原率	还原额	第一步半成品成本	还原率	还原额	还原后总成本
栏目	1	2	3=2栏各项目的结构比	4=1半成品成本×3	5	6=5栏各项目的结构比	7=4半成品成本×6	8
直接材料（半成品）	234 672	139 112	71.22%	167 139.52	114 290	73.85%	123 424.28	123 424.28
直接人工	33 600	30 080	15.40%	36 140.35	22 880	14.78%	24 708.61	94 448.97
制造费用	23 040	26 128	13.38%	31 392.13	17 600	11.37%	19 006.63	73 438.75
合计	291 312.00	195 320.00	100.00%	234 672.00	154 770.00	100.00%	167 139.52	291 312.00

注：还原后的产品总成本=7栏直接材料+（1、4、7栏的加工费用之和）

根据"表 5-38 第三车间产品成本计算单""表 5-36 第二车间 B 半成品成本计算单"和"表 5-35 第一车间 A 半成品成本计算单"中数据，编制"5-39 成本还原计算表 1"，相关公式设置见下图：

表5-39　成本还原计算表1

单位：元

	A	B	C	D	E	F	G	H	I
60									
61	成本项目	还原前总成本	第二步半成品成本	还原率	还原额	第一步半成品成本	还原率	还原额	还原后总成本
62	栏目	1	2	3 = 2 栏各项目的结构比	4 = 1 半成品成本×3	5	6 = 5 栏各项目的结构比	7 = 4 半成品成本×6	8
63	直接材料(半成品)	=B57	=B39	=C63/$C$66	=ROUND($B$63*D63,2)	=B27	=F63/$F$66	=ROUND(G63*$E$63,2)	=H63
64	直接人工	=C57	=C39	=C64/$C$66	=ROUND($B$63*D64,2)	=C27	=F64/$F$66	=ROUND(G64*$E$63,2)	=H64+E64+B64
65	制造费用	=D57	=D39	=C65/$C$66	=ROUND($B$63*D65,2)	=D27	=F65/$F$66	=ROUND(G65*$E$63,2)	=H65+E65+B65
66	合计	=SUM(B63:B65)	=SUM(C63:C65)	=SUM(D63:D65)	=B63	=SUM(F63:F65)	=F66/$F$66	=E63	=SUM(I63:I65)

通过上述计算可以看出，第三步骤产成品耗用的半产品成本 234 672 元，经过连续还原计算，其总成本没有变化，但是其成本构成有了变化。即将以综合成本项目反映的"半成品"项目，还原为原来的成本项目。这为按成本项目考核成本计划的执行情况提供了可靠的核算资料。

上述还原方法是分别按成本项目计算还原率的，在成本项目较多的情况下，其计算次数必然要多一些。

实际工作中为简化成本还原工作，还可以将本期产成品耗用上一步骤半成品的综合成本，按照本期所产该半产品的成本结构进行还原。

2. 按所耗半成品综合成本占完工半产品总成本的倍数还原

按照本月所产这种半成品的成本结构进行还原。具体是先计算成本还原分配率，其计算公式可概括为：

成本还原分配率 = 本月产成品所耗上一步骤半成品成本合计 ÷ 本月所产该种半成品成本合计

还原后各成本项目金额 = 还原分配率分别 × 本月所产该种半成品各个成本项目的费用

现仍以例 5-4 资料计算出来的甲产品成本为例说明其还原方法，见表 5-40。

表 5-40　　　　　　　　　　　成本还原计算表 2

成本项目	还原前总成本	第二步半成品成本	还原额及还原率	第一步半成品成本	还原额及还原率	还原后总成本
还原分配率			1.201474503		1.079921956	
直接材料（半成品）	234 672.00	139 112.00	167 139.52	114 290.00	123 424.28	123 424.28
直接人工	33 600.00	30 080.00	36 140.35	22 880.00	24 708.61	94 448.97
制造费用	23 040.00	26 128.00	31 392.13	17 600.00	19 006.63	73 438.75
合计	291 312.00	195 320.00	234 672.00	154 770.00	167 139.52	291 312.00

根据"表 5-38 第三车间产品成本计算单""表 5-36 第二车间 B 半成品成本计算单"和"表 5-35 第一车间 A 半成品成本计算单"中数据，编制"5-40 成本还原计算表 2"，相关公式设置见下图：

	A	B	C	D	E	F	G
68				表5-40　　成本还原计算表2			单位：元
69	成本项目	还原前总成本	第二步半成品成本	还原额及还原率	第一步半成品成本	还原额及还原率	还原后总成本
70	还原分配率			=B71/C74		=D71/E74	
71	直接材料（半成品）	=B57	=B39	=ROUND(C71*$D$70,2)	=B27	=ROUND(E71*$F$70,2)	=F71
72	直接人工	=C57	=C39	=ROUND(C72*$D$70,2)	=C27	=ROUND(E72*$F$70,2)	=F72+D72+B72
73	制造费用	=D57	=D39	=ROUND(C73*$D$70,2)	=D27	=ROUND(E73*$F$70,2)	=F73+D73+B73
74	合计	=SUM(B71:B73)	=SUM(C71:C73)	=SUM(D71:D73)	=SUM(E71:E73)	=SUM(F71:F73)	=SUM(G71:G73)

第三车间向第二车间进行成本还原分配率 =234 672÷195 320 ≈ 1.201 47

第二车间向第一车间进行成本还原分配率 =167 139.52÷154 770 ≈ 1.079 92

还原后完工产品成本：

直接材料费用 =123 424.28（元）

直接人工费用 =33 600+36 140.35+24 708.61=94 448.97（元）

制造费用 =23 040+31 392.13+19 006.63=73 438.75（元）

从以上所述可以看出，虽然采用综合结转法计算产品成本，可以在各个生产步骤的产品成本明细账中反映该步骤所耗半成品各种费用的水平和本步骤加工费用的水平，有利于各个生产步骤的成本管理。但是，为了从整个企业的角度反映产品成本的构成，加强企业综合的成本管理，必须进行成本还原，从而要增加核算工作。因此，这种结转方法只宜在半成品具有独立的国民经济意义，且管理上要求计算各个步骤完工产品所耗半成品费用，但不要求进行成本还原的情况下采用。

2. 逐步分项结转分步法

逐步分项结转分步法是将各个生产步骤所耗半成品费用，按照成本项目分项转入各步骤产品成本明细账的各个成本项目中。如果半成品通过半成品库收发，那么在自制半成品明细账中登记半成品成本时，也要按照成本项目分别登记。分项结转可以按照半成品的实际成本结转，也可以按照半成品的计划成本结转，然后按成本项目分项调整成本差异。后一种做法的计算工作量较大。因此，一般采用按实际成本分项结转的方法。

分项结转分步法

【例 5-6】 假定甲产品生产分两个步骤在两个车间内进行，第一车间为第二车间提供半成品，半成品收发通过半成品库进行，原材料在生产开始时一次投入，两个车间的月末在产品均按定额成本计价，其他资料如下：

（1）产量记录表见表 5-41。

表 5-41　　　　　　　　　　　产量记录表

产品：甲产品　　　　　　　　　202×年12月　　　　　　　　　　　　单位：件

项目	第一车间	第二车间
月初在产品数量	100	40
本月投入或上步骤转入数量	580	540
本月完工转入或交库数量	500	480
月末在产品数量	80	100

（2）月初、月末在产品定额成本和生产费用资料表见表 5-42。

表 5-42　　　　　　　　月初、月末在产品定额成本和生产费用资料表

产品：甲产品　　　　　　　　　　　　202×年12月　　　　　　　　　　　　　单位：元

项目	月初在产品定额成本		本月发生的费用		月末在产品定额成本	
	第一车间	第二车间	第一车间	第二车间	第一车间	第二车间
直接材料费用	6 000	5 200	8 050		4 000	4 800
直接人工费用	2 500	7 475	3 800	13 000	1 000	7 635
制造费用	12 500	27 625	17 650	39 260	5 000	27 705
合计	21 000	40 300	29 500	52 260	10 000	40 140

采用逐步分项结转分步法计算产品成本如下：

（1）根据各种费用分配表、半成品产量月报和第一车间在产品定额成本资料（这些费用的归集和分配与品种法一样，故过程均省略，下同），登记第一车间甲产品（半成品）成本计算单，见表5-43。

表 5-43　　　　　　　　　　　甲产品（半成品）成本计算单

第一车间　　　　　　　　　　　　　202×年12月　　　　　　　　　　　　　单位：元

项目	产量/件	直接材料	直接人工	制造费用	合计
月初在产品定额成本		6 000	2 500	12 500	21 000
本月生产费用		8 050	3 800	17 650	29 500
合计		14 050	6 300	30 150	50 500
完工半成品转出	500	10 050	5 300	25 150	40 500
月末在产品定额成本		4 000	1 000	5 000	10 000

根据"表5-41产量记录表""表5-42月初、月末在产品定额成本和生产费用资料表"相关数据，编制"5-43甲产品（半成品）成本计算表"，相关公式设置见下图：

表5-42　　月初、月末在产品定额成本和生产费用资料表

产品：甲产品　　　　　　　　　　　　　　202×年×月　　　　　　　　　　　　　　　　单位：元

项目	月初在产品定额成本		本月发生的费用		月末在产品定额成本	
	第一车间	第二车间	第一车间	第二车间	第一车间	第二车间
直接材料	6 000	5 200	8 050		4 000	4 800
直接人工	2 500	7 475	3 800	13 000	1 000	7 635
制造费用	12 500	27 625	17 650	39 260	5 000	27 705
合计	21 000	40 300	29 500	52 260	10 000	40 140

表5-43　　甲产品（半成品）成本计算单

第一车间　　　　　　　　　　　　　　202×年×月　　　　　　　　　　　　　　　　单位：元

项目	产量/件	直接材料	直接人工	制造费用	合计
月初在产品定额成本		=B13	=B14	=B15	=SUM(C21:E21)
本月生产费用		=D13	=D14	=D15	=SUM(C22:E22)
合计		=SUM(C21:C22)	=SUM(D21:D22)	=SUM(E21:E22)	=SUM(F21:F22)
完工半成品转出	500	=C23-C25	=D23-D25	=E23-E25	=F23-F25
月末在产品定额成本		=F13	=F14	=F15	=SUM(C25:E25)

根据第一车间甲产品（半成品）成本计算单和半成品入库单，编制会计分录如下：

借：自制半成品——甲半成品　　　　　　　　　　　　　　　　　　40 500

　　贷：生产成本——基本生产成本——第一车间（甲半成品）　　　　40 500

（2）根据第一车间甲产品成本明细账，以及甲半成品的交库单和领用单，登记自制半成品明细账，见表5-44。

表5-44　　　　　　　　　　　甲半成品明细账　　　　　　　　　　金额单位：元

月份	项目	数量/件	实际成本			
			直接材料	直接人工	制造费用	成本合计
12	月初余额	100	2 200	1 200	5 300	8 700
12	本月增加	500	10 050	5 300	25 150	40 500
12	累计	600	12 250	6 500	30 450	49 200
12	单位成本		20.42	10.83	50.75	82
12	本月减少	540	11 027	5 848	27 405	44 280
1	月末余额	60	1 223	652	3 045	4 920

根据"表5-44甲产品（半成品）成本计算表"相关数据，编制"表5-45甲半成品明细账"，相关公式见下图：

表5-44 甲半成品明细账 单位：元

A	B	C	D	E	F	G
月份	项目	数量/件	实际成本			
			直接材料	直接人工	制造费用	成本合计
12	月初余额	100	2200	1200	5300	8700
12	本月增加	=B6	=C24	=D24	=E24	=SUM(D31:F31)
12	累计	=SUM(C30:C31)	12250	6500	30450	49200
12	单位成本		=ROUND(D32/$C$32,2)	=ROUND(E32/$C$32,2)	=ROUND(F32/$C$32,2)	=ROUND(G32/$C$32,2)
12	本月减少	=C5	11027	5848	27405	44280
1	月初余额	=C32-C34	=D32-D34	=E32-E34	=F32-F34	=G32-G34

根据甲半成品明细账所列半成品单位成本资料和第二车间半成品领用单，编制会计分录如下：

借：生产成本——基本生产成本——第二车间（甲半成品）　　44 280
　　贷：自制半成品——甲半成品　　　　　　　　　　　　　　44 280

在表5-44所列甲半成品明细账中，本月增加的数量应根据第一车间半成品交库单所列交库数量登记；本月增加的实际成本应根据第一车间甲产品成本明细账中所记完工转出的半成品成本按成本项目登记；本月减少数量应根据第二车间领用半成品的领用单中所列领用数量登记；本月减少的实际成本应根据领用数量乘以按成本项目分列的单位成本计算登记；月初余额应根据累计的数量和实际成本减去本月减少的数量和实际成本计算登记。

（3）根据各种费用分配表、半成品领用单、甲半成品明细账、产成品交库单和第二车间在产品定额成本资料，登记第二车间甲产品成本计算单，见表5-45。

表 5-45　　　　　　　　　　　　甲产品成本计算单

第二车间　　　　　　　　　　　　202×年×月　　　　　　　　　　　　金额单位：元

项目	产量/件	直接材料	直接人工	制造费用	合计
月初在产品定额成本		5 200	7 475	27 625	40 300
本月本步骤加工费用			13 000	39 260	52 260
本月耗用半成品费用		11 027	5 848	27 405	44 280
累计		16 227	26 323	94 290	136 840
完工产品转出	480	11 427	18 688	66 585	96 700
单位产品成本		23.81	38.93	138.72	201.46
月末在产品定额成本		4 800	7 635	27 705	40140

根据"表5-42月初、月末在产品定额成本和生产费用资料表"相关数据，编制"表5-45甲产品成品计算单"，相关公式见下图：

	A	B	C	D	E	F
37			表 5-45 甲产品成本计算单			
38	第二车间		202×年×月			单位：元
39	项目	产量/件	直接材料	直接人工	制造费用	合计
40	月初在产品定额成本		=C13	=C14	=C15	=SUM(C40:E40)
41	本月本步骤加工费用			=E14	=E15	=SUM(C41:E41)
42	本月耗用半成品费用		=D34	=E34	=F34	=SUM(C42:E42)
43	累计		=SUM(C40:C42)	=SUM(D40:D42)	=SUM(E40:E42)	=SUM(F40:F42)
44	完工产品转出	480	=C43-C46	=D43-D46	=E43-E46	=F43-F46
45	单位产品成本		=ROUND(C44/$B$44,2)	=ROUND(D44/$B$44,2)	=ROUND(E44/$B$44,2)	=ROUND(F44/$B$44,2)
46	月末在产品定额成本		=G13	=G14	=G15	=SUM(C46:E46)

根据第二车间甲产品（产成品）成本计算单和产成品入库单编制会计分录如下：

借：库存商品——甲产品　　　　　　　　　　　　　　　96 700
　　贷：生产成本——基本生产成本——第二车间（甲半成品）　96 700

从以上所述可以看出，采用分项结转法结转半成品成本，可以直接、正确地提供按原始成本项目反映的企业产品成本资料，便于从整个企业的角度考核和分析产品成本计划的执行情况，不需要进行成本还原。但是，这一方法的成本结转工作比较复杂，而且在各步骤完工产品成本中看不出所耗上一步骤半成品费用、本步骤加工费用，不便于进行各步骤完工产品的成本分析。在上述第二车间甲产品成本计算单中，虽然分行分成本项目登记了本月本步骤加工费用和本月所耗半

逐步分项结转分步法——实训

成品费用，但在完工转出的产成品成本中，看不出其中所耗半成品费用、本步骤加工费用。因此，分项结转法一般适用于在管理上不要求计算各步骤完工产品所耗半成品费用和本步骤加工费用，而要求按原始成本项目计算产品成本的企业。对于这类企业，各生产步骤的成本管理要求不高，实际上，只是按生产步骤分别计算成本，其目的主要是编制按原始成本项目反映的企业产品成本报表。

（三）逐步结转分步法的优缺点

逐步结转分步法在完工产品与在产品之间分配费用，是指各步骤完工半成品与狭义在产品之间的分配。其优点如下：能提供各个生产步骤的半成品成本资料；为各个生产步骤的在产品实物管理及资金管理提供资料；能够全面地反映各个生产步骤的生产耗费水平，更好地满足各个生产步骤成本管理的要求。其缺点如下：成本结转工作量较大，各个生产步骤的半成品成本如果采用逐步综合结转方法，还要进行成本还原，增加了核算的工作量。

综合逐步结转分步法的成本还原

五、平行结转分步法

（一）平行结转分步法的概念、计算程序和适用范围

1. 平行结转分步法的概念。又称不计算半成品成本法。只需要核算各步骤所发生的费用及各步骤应计入当期完工产成品中的"份额"，平行结转、汇总，计算出该种产品的产成品成本。

2. 平行结转分步法的计算程序。在平行结转分步法下，各生产步骤不计算，也不逐步结转半成品成本，只是在企业产成品入库时，才将各步骤费用中应计入产成品的份额从各步骤产品成本明细账中转出，从"基本生产成本"科目的贷方转入"库存商品"科目的借方。因此，采用这一方法，不论半成品是在各生产步骤之间直接转移，还是通过半成品库收发，都不通过"自制半成品"科目进行总分类核算。这种方法的成本核算程序如图5-5所示。

平行结转分步法

第一步骤		第二步骤		第三步骤	
甲产品成本明细账		甲产品成本明细账		甲产品成本明细账	
原材料费用6 100		第二步骤其他费用7 200		第二步骤其他费用5 600	
第一步骤其他费用3 300					
应计入产成品成本的份额 5 000	在产品成本 4 400	应计入产成品成本的份额 4 800	在产品成本 2 400	应计入产成品成本的份额 4 200	在产品成本 1 400

第一步骤	第二步骤	第三步骤
5 000	4 800	4 200
产成品成本14 000		
产成品成本计算单		

图5-5 平行结转分步法核算程序

3. 平行结转分步法的适用范围。企业各步骤生产半成品的种类很多，但一般只供本企业生产产品使用，不对外出售或很少对外出售，管理上也不要求提供各步骤半成品的成本信息的多步骤装配式生产的企业。

（二）平行结转分步法的优缺点

优点：可以平行汇总计算产品成本，不需要进行成本还原，简化了成本计算手续，加速了成本计算速度。

缺点：（1）因实物结转与成本结转不一致，不便于加强车间成本管理；

（2）因不计算半成品成本，不能为分析半成品成本计划的完成情况和计算半成品销售成本提供资料。

（三）平行结转分步法的应用

平行结转分步法下的完工产品成本，等于各步骤应计入完工产品成本中的"份额"之和。这个应计入产品成本中的"份额"是按下式计算的：

$$\text{某步骤应计入完工产品成本的份额} = \text{完工产品产量} \times \text{单位完工产品耗用该步骤半成品的数量} \times \text{某成本项目费用分配率}$$

式中"该成本项目费用分配率"可用约当产量法、定额比例法或定额成本法等方法计算求得。此处只介绍约当产量法下的计算公式：

$$\text{某成本项目费用分配率} = \frac{\text{该步骤月初在产品成本} + \text{该步骤本月发生的生产费用}}{\text{该步骤产品约当产量}}$$

$$\text{某步骤约当产量} = \text{完工产品耗用本步骤半成品的数量} + \text{以后各步骤期末在产品耗用本步骤半成品的数量} + \text{本步骤期末在产品折合本步骤完工产品的数量}$$

【例5-7】某企业生产A产品，连续经过三个生产步骤进行加工，原材料是在第一个生产步骤一次投入。各生产步骤的半成品，直接为下一个生产步骤耗用，不经过半成品库。第三步骤单位在产品和产成品耗用第二步骤半成品1件；第二步骤单位在产品和半成品耗用第一步骤半成品1件。月末在产品成本按约当产量法计算，其他有关资料如下：

本月产品产量资料见表5-46。

表5-46　　　　　　　　　　　产品产量表　　　　　　　　　　单位：件

项目	第一步	第二步	第三步
月初在产品数量	300	200	100
本月投产数量	600	500	400
本月完工产品数量	500	400	300
月末在产品数量	400	300	200
在产品完工程度	50%	50%	50%

产品费用资料见表5-47。

表 5-47　　　　　　　　　　　　产品费用表　　　　　　　　　　　　单位：元

项目	月初在产品				本月发生费用			
	第一生产步骤	第二生产步骤	第三生产步骤	合计	第一生产步骤	第二生产步骤	第三生产步骤	合计
直接材料	36 000			36 000	36 000			36 000
直接人工	768	1008	300	2 076	1 032	2 511	1 053.50	4 596.50
制造费用	2 379.14	1 484	875	4 738.14	2 918	3 339	1 746.50	8 003.50
合计	39 147.14	2 492	1 175	42 814.14	39 950	5 850	2 800	48 600

根据上述资料，按平行结转分步法计算 A 产品成本。

平行结转分步法下约当产量的计算见表 5-48。

表 5-48　　　　　　　　　　　　约当产量计算表　　　　　　　　　　　　单位：件

项目	第一生产步骤		第二生产步骤		第三生产步骤	
	投料约当产量	加工约当产量	投料约当产量	加工约当产量	投料约当产量	加工约当产量
最终产成品数量	300	300	300	300	300	300
广义在产品数量	300+200+400=900	300+200+200=700	200+300=500	200+150=350	200	100
合计	1 200	1 000	800	650	500	400

根据"表 5-46 产品产量表""表 5-47 产品费用表"相关数据，编制"表 5-48 约当产量计算表"，相关公式见下图：

	A	B	C	D	E	F	G	H	I
1			表5-46　产品产量表		单位：件				
2		项目	第一生产步骤	第二生产步骤	第三生产步骤				
3		月初在产品数量	300	200	100				
4		本月投产数量	600	=B5	=C5				
5		本月完工产品数量	500	400	300				
6		月末在产品数量	=B3+B4-B5	=C3+C4-C5	=D3+D4-D5				
7		在产品完工程度	0.5	0.5	0.5				
8									
9				表5-47　产品费用表					单位：元
10		项目	月初在产品			本月发生费用			
11			第一生产步骤	第二生产步骤	第三生产步骤	合计	第一生产步骤	第二生产步骤	第三生产步骤	合计
12		直接材料	36000			=SUM(B12:D12)	36000			=SUM(F12:H12)
13		直接人工	768	1008	300	=SUM(B13:D13)	1032	2511	1053.5	=SUM(F13:H13)
14		制造费用	2379.14	1484	875	=SUM(B14:D14)	2918	3339	1746.5	=SUM(F14:H14)
15		合计	=SUM(B12:B14)	=SUM(C12:C14)	=SUM(D12:D14)	=SUM(E12:E14)	=SUM(F12:F14)	=SUM(G12:G14)	=SUM(H12:H14)	=SUM(F15:H15)
16									
17				表5-48　约当产量计算表					单位：件
18		项目	第一生产步骤		第二生产步骤		第三生产步骤		
19			投料约当产量	加工约当产量	投料约当产量	加工约当产量	投料约当产量	加工约当产量	
20		最终产成品数量				=D5			
21		广义在产品数量	=B6+C6+D6	=D6+C6+B6*B7	=C6+D6	=D6+C6*C7	=D6	=D6*D7	
22		合计	=$F$20+B21	=$F$20+C21	=$F$20+D21	=$F$20+E21	=$F$20+F21	=$F$20+G21	

平行结转分步法下各项费用的分配见表5-49~表5-53。

表5-49　　　　　　　　　　　约当产量计算表

成本项目	第一生产步骤		第二生产步骤		第三生产步骤	
	计入产品成本份额	月末在产品成本	计入产品成本份额	月末在产品成本	计入产品成本份额	月末在产品成本
直接材料	$\frac{36\,000+36\,000}{1\,200}\times 300$ $=18\,000$	72 000−18 000= 54 000				
直接人工	$\frac{768+1\,032}{1\,000}\times 300$ $=540$	1 800−540=1 260	$\frac{1\,008+2\,511}{650}\times 300$ $=1\,624.15$	3 519−1 624.15= 1 894.85	$\frac{300+1\,053.50}{400}\times 300$ $=1\,015.13$	1 353.50−1 015.13 =338.37
制造费用	$\frac{5\,297.14}{1\,000}\times 300$ $=1\,589.14$	5 297.14−1 589.14 =3 708	$\frac{4\,823}{650}\times 300$ $=2\,226$	4 823−2 226=2 597	$\frac{2\,621.50}{400}\times 300$ $=1\,966.13$	2 621.50−1 966.13 =655.37
合计	20 129.14	58 968	3 850.15	4 491.85	2 981.26	993.74

根据"表5-47产品费用表""表5-48约当产量计算表"相关数据，编制"表5-49各项费用分配表"，相关公式见下图：

A产品各生产步骤的产品成本计算单见表5-50~表5-52，A产品完工产品成本计算单见表5-53。

表5-50　　　　　　　　　　产品成本计算单（第一步骤）

生产步骤：第一步骤　　　　　　202×年×月　　　　　　完工产量：300件　　单位：元

成本项目	直接材料	直接人工	制造费用	合计
月初在产品成本	36 000.00	768.00	2 379.14	39 147.14
本月生产费用	36 000.00	1 032.00	2 918.00	39 950.00
生产费用合计	72 000.00	1 800.00	5 297.14	79 097.14
完工产品数量	300	300	300	
以后各步骤期末在产品数量	500	500	500	

续表

成本项目	直接材料	直接人工	制造费用	合计
本步骤期末在产品数量	400	400	400	
投料率/完工程度	100%	50%	50%	
月末在产品约当量	400	200	200	
约当总产量	1 200	1 000	1 000	
费用分配率	60.0000	1.8000	5.2971	67.0971
单位产成品耗用本步骤份额比	100	100	100	
计入完工产品成本份额	18 000.00	540.00	1 589.14	20 129.14
月末在产品成本	54 000.00	1 260.00	3 708.00	58 968.00

根据表5-46~表5-49相关数据，编制"表5-50 产品成本计算单（第一步骤）"，相关公式见下图：

	A	B	C	D	E
32	表5-50		产品成本计算单（第一步骤）		
33	生产步骤：第一步骤		202×年×月	完工产量：300件	单位：元
34	成本项目	直接材料	直接人工	制造费用	合计
35	月初在产品成本	=B12	=B13	=B14	=SUM(B35:D35)
36	本月生产费用	=F12	=F13	=F14	=SUM(B36:D36)
37	生产费用合计	=SUM(B35:B36)	=SUM(C35:C36)	=SUM(D35:D36)	=SUM(B37:D37)
38	完工产品数量	=$D$5	=$D$5	=$D$5	
39	以后各步骤期末在产品数量	=C6+D6	=B39	=B39	
40	本步骤期末在产品数量	=$B$6	=$B$6	=$B$6	
41	投料率/完工程度	1	0.5	0.5	
42	月末在产品约当量	=B40*B41	=C40*C41	=D40*D41	
43	约当总产量	=B38+B39+B42	=C38+C39+C42	=D38+D39+D42	
44	费用分配率	=ROUND(B37/B43,4)	=ROUND(C37/C43,4)	=ROUND(D37/D43,4)	=SUM(B44:D44)
45	单位产成品耗用本步骤份额比	100	100	100	
46	计入完工产品成本份额	=B44*B38	=C44*C38	=D44*D38	=SUM(B46:D46)
47	月末在产品成本	=B37-B46	=C37-C46	=D37-D46	=E37-E46

表5-51　　　　　　　　　　产品成本计算单（第二步骤）

生产步骤：第二步骤　　　　　　202×年×月　　　　　完工产量：300件　　　单位：元

成本项目	直接材料	直接人工	制造费用	合计
月初在产品成本		1 008.00	1 484.00	2 492.00
本月生产费用		2 511.00	3 339.00	5 850.00

续表

成本项目	直接材料	直接人工	制造费用	合计
生产费用合计		3 519.00	4 823.00	8 342.00
完工产品数量		300	300	
以后各步骤期末在产品数量		200	200	
本步骤期末在产品数量		300	300	
投料率/完工程度		50%	50%	
月末在产品约当量		150	150	
约当总产量		650	650	
费用分配率		5.4138	7.4200	12.8338
单位产成品耗用本步骤份额比		100	100	
计入完工产品成本份额		1 624.15	2 226.00	3 850.15
月末在产品成本		1 894.85	2 597.00	4 491.85

根据表 5-46~ 表 5-49 相关数据，编制"表 5-51 产品成本计算单（第二步骤）"，相关公式见下图：

	A	B	C	D	E
49	表5-51		产品成本计算单（第二步骤）		
50	生产步骤：第二步骤		202×年×月	完工产量：300件	单位：元
51	成本项目		直接材料	直接人工	制造费用	合计
52	月初在产品成本			=C13	=C14	=SUM(C52:D52)
53	本月生产费用			=G13	=G14	=SUM(C53:D53)
54	生产费用合计			=SUM(C52:C53)	=SUM(D52:D53)	=SUM(C54:D54)
55	完工产品数量			=$D$5	=$D$5	
56	以后各步骤期末在产品数量			=D6	=D6	
57	本步骤期末在产品数量			=C6	=C6	
58	投料率/完工程度			=C7	=C7	
59	月末在产品约当量			=C57*C58	=D57*D58	
60	约当总产量			=C55+C56+C59	=D55+D56+D59	
61	费用分配率			=ROUND(C54/C60,4)	=ROUND(D54/D60,4)	=SUM(C61:D61)
62	单位产成品耗用本步骤份额比			100	100	
63	计入完工产品成本份额			=C61*C55	=D61*D55	=SUM(C63:D63)
64	月末在产品成本			=C54-C63	=D54-D63	=SUM(C64:D64)

表 5-52　　　　　　　　　　　产品成本计算单（第三步骤）

生产步骤：第三步骤　　　　　　　202×年×月　　　　　　　完工产量：300 件　单位：元

成本项目	直接材料	直接人工	制造费用	合计
月初在产品成本		300.00	875.00	1 175.00
本月生产费用		1 053.50	1 746.50	2 800.00
生产费用合计		1 353.50	2 621.50	3 975.00
完工产品数量		300	300	
以后各步骤期末在产品数量		0	0	
本步骤期末在产品数量		200	200	
投料率/完工程度		50%	50%	
月末在产品约当量		100	100	
约当总产量		400	400	
费用分配率		3.3838	6.5538	9.9375
单位产成品耗用本步骤份额比		100	100	
计入完工产品成本份额		1 015.13	1 966.13	2 981.26
月末在产品成本		338.37	655.37	993.74

根据表 5-46~ 表 5-49 中相关数据，编制"表 5-52 产品成本计算单（第三步骤）"，相关公式见下图：

	A	B	C	D	E
66	表5-52		产品成本计算单（第三步骤）		
67	生产步骤：第三步骤		202×年×月	完工产量：300件	单位：元
68	成本项目	直接材料	直接人工	制造费用	合计
69	月初在产品成本		=D13	=D14	=SUM(C69:D69)
70	本月生产费用		=H13	=H14	=SUM(C70:D70)
71	生产费用合计		=SUM(C69:C70)	=SUM(D69:D70)	=SUM(C71:D71)
72	完工产品数量		=$D$5	=$D$5	
73	以后各步骤期末在产品数量		0	0	
74	本步骤期末在产品数量		=D6	=D6	
75	投料率/完工程度		=D7	=D7	
76	月末在产品约当量		=C74*C75	=D74*D75	
77	约当总产量		=C72+C76	=D72+D76	
78	费用分配率		=ROUND(C71/C77,4)	=ROUND(D71/D77,4)	=SUM(C78:D78)
79	单位产成品耗用本步骤份额比		100	100	
80	计入完工产品成本份额		=C78*C72	=D78*D72	=SUM(C80:D80)
81	月末在产品成本		=C71-C80	=D71-D80	=E71-E80

表 5-53　　　　　　　　　　产品成本计算单

产品名称：A产品　　　　　　　202×年10月　　　　　　　完工产量：300件　单位：元

成本项目	直接材料	直接人工	制造费用	合计
第一步骤转入份额	18 000.00	540.00	1 589.14	20 129.14
第二步骤转入份额		1 624.15	2 226.00	3 850.15
第三步骤转入份额		1 015.13	1 966.13	2 981.26
总成本	18 000.00	3 179.28	5 781.27	26 960.55
单位成本	60.00	10.60	19.27	89.87

根据表 5-50~ 表 5-52 中相关数据，编制"表 5-53 产品成本计算单"，相关公式见下图：

	A	B	C	D	E
83	表5-53		产品成本计算单		
84	产品名称：A产品		202×年×月	完工产量：300件	单位：元
85	成本项目	直接材料	直接人工	制造费用	合计
86	第一步骤转入份额	=B46	=C46	=D46	=SUM(B86:D86)
87	第二步骤转入份额		=C63	=D63	=SUM(B87:D87)
88	第三步骤转入份额		=C80	=D80	=SUM(B88:D88)
89	总成本	=SUM(B86:B88)	=SUM(C86:C88)	=SUM(D86:D88)	=SUM(B89:D89)
90	单位成本	=B89/$D$5	=ROUND(C89/$D$5,2)	=ROUND(D89/$D$5,2)	=SUM(B90:D90)

六、平行结转分步法与逐步结转分步法的比较

从以上可以看出，平行结转分步法与逐步结转分步法在成本计算程序、各步骤所包含的内容、完工产品的概念、在产品的概念等方面有不同之处，详见表 5-54。

表 5-54　　　　　　　　　平行结转分步法与逐步结转分步法

比较内容	平行结转分步法	逐步结转分步法
成本计算程序	各步骤只计算本步骤应计入产品成本的份额，将各步骤应计入产品成本的份额进行平行加总，计算出完工产品成本	按产品生产过程逐步计算并结转半成品成本，最后计算出完工产品成本
各步骤所包括的费用	只包括本步骤所发生的费用，不包括上步骤转入的半成品成本	既包括本步骤所发生的费用，也包括上步骤转入的半成品成本
完工产品的概念	企业的最终完工产品	既包括完工的产成品，也包括各步骤完工的半成品
在产品的概念	广义	狭义

续表

比较内容	平行结转分步法	逐步结转分步法
提供的成本资料	不能提供各步骤所占用的生产资金数额,但能提供按原始成本项目反映的成本结构,不需要进行成本还原	能提供各步骤所占用的生产资金数额,但综合结转分步法不能提供按原始成本项目反映的成本结构,需要进行成本还原
成本与实物的关系	成本与实物转移不一致	成本与实物转移一致
成本计算的及时性	各步骤成本可同时进行,加快了成本计算速度	后一步骤必须在上一步骤成本计算后才能进行,影响了成本计算的及时性

巩固与提高

一、单项选择题

1. 成本还原的对象是（　　）。
   A. 本步骤生产费用　　　　　　　　B. 上步骤转来的生产费用
   C. 产成品成本　　　　　　　　　　D. 各步骤所耗上一步骤半成品的综合成本

2. 在产品成本计算的分步法下,假设本月产成品所耗半成品费用为 a 元,而本月所产半成品成本为 b 元,则成本还原分配率为（　　）。
   A. a/（a–b）　　　B.（a–b）/a　　　C. a/b　　　D. b/a

3. 成本还原是指从（　　）生产步骤起,将其耗用上一步骤的自制半成品的综合成本,按照上一步骤完工半成品的成本项目的比例分解还原为原来的成本项目。
   A. 最前一个　　　B. 中间一个　　　C. 最后一个　　　D. 随意任选一个

4. 在逐步结转分步法下,其完工产品与在产品之间的费用分配是指在（　　）之间的费用分配。
   A. 产成品与广义的在产品
   B. 完工半成品与月末加工中的在产品
   C. 产成品与月末在产品
   D. 前面各步骤完工半成品与加工中的在产品,最后一个步骤的产成品与加工中的在产品

5. 在逐步结转分步法下,根据半成品入库单等原始凭证,应编制会计分录为（　　）。
   A. 借：产成品　　　　　　　　　　B. 借：自制半成品
   　　贷：半成品费用　　　　　　　　　贷：基本生产成本
   C. 借：半成品费用　　　　　　　　D. 借：基本生产成本
   　　贷：产成品　　　　　　　　　　　贷：自制半成品

6. 分项结转分步法的缺点是（　　）。

A. 成本结转工作比较复杂　　　　　B. 需要进行成本还原
C. 不能提供原始项目的成本资料　　D. 不便于加强各生产步骤的成本管理

7. 采用平行结转分步法，无论半成品是在各生产步骤之间直接结转还是通过半成品库收发，都（　　）。

A. 不通过自制半成品科目进行总分类核算

B. 通过自制半成品科目进行总分类核算

C. 不通过产成品科目进行总分类核算

D. 通过产成品科目进行总分类核算

8. 在平行结转分步法下，其完工产品与在产品之间的费用分配是指（　　）之间的费用分配。

A. 完工半成品与广义在产品　　　B. 广义在产品与狭义在产品

C. 产成品与月末广义在产品　　　D. 产成品与月末狭义在产品

9. 采用平行结转分步法（　　）。

A. 不能全面反映各个生产步骤产品的生产耗费水平

B. 能够全面反映最后一个生产步骤产品的生产耗费水平

C. 能够全面反映各个生产步骤产品的生产耗费水平

D. 能够全面反映第一个生产步骤产品的生产耗费水平

10. 分批法的主要特点是（　　）。

A. 以产品批别为成本计算对象

B. 生产费用不需要在批内完工产品与在产品之间进行分配

C. 费用归集与分配比较简便

D. 成本计算期长

11. 采用简化分批法进行成本核算的企业，为了核算累计间接计入费用，一般要求特别设置（　　）。

A. 制造费用二级账　　　　　　　B. 基本生产成本明细账

C. 基本生产成本二级账　　　　　D. 基本生产成本总账

12. 采用简化分批法时，在产品完工之前，产品成本明细账应（　　）。

A. 登记间接费用和生产工时　　　B. 只登记直接材料费用

C. 只登记间接费用，不登记直接费用　D. 登记直接材料费用和生产工时

13. 采用简化分批法进行成本计算，适用的情况是（　　）。

A. 投产批数繁多，而且未完工批数较多

B. 投产批数较少，而且未完工批数较少

C. 投产批数繁多，而且完工批数较多

D. 投产批数较少，而且未完工批数较多

14. 产品成本计算的分类法适用于（　　）。

A. 可以按照一定标准分类的产品

B. 品种、规格繁多的产品

C. 品种、规格繁多，而且可以按照一定标准分类的产品

D. 大量大批生产的产品

15. 在产品的品种、规格繁多的工业企业中，能够简化成本计算工作的方法是（　　）。

    A. 定额法　　　　B. 分步法　　　　C. 分类法　　　　D. 分批法

16. 湘江制药厂正在试制生产某种疫苗。为了核算此疫苗的试制生产成本，该企业最适合选择的成本计算方法是（　　）。

    A. 品种法　　　　　　　　　　B. 分步法

    C. 分批法　　　　　　　　　　D. 品种法与分步法相结合

17. 在小批单件多步骤生产的情况下，如果管理上不要求分步计算产品成本，应用采的成本计算方法是（　　）。

    A. 分批法　　　　B. 分步法　　　　C. 大量小批生产　　D. 定额成本法

18. 企业应当根据（　　）确定适合本企业的成本计算方法。

    A. 生产单位　　　　　　　　　B. 职工人数的多少

    C. 生产规模的大小　　　　　　D. 生产车间的多少

19. 采用品种法，生产成本明细账应当按照（　　）分别开设。

    A. 生产单位　　　B. 产品品种　　　C. 生产步骤　　　D. 产品类别

20. 某产品由四个生产步骤组成，采用逐步结转分步法计算产品成本，需要进行成本还原（　　）次。

    A. 5　　　　　　　B. 4　　　　　　　C. 3　　　　　　　D. 2

21. 产品成本计算的分步法适用于（　　）。

    A. 单件小批生产　　　　　　　B. 大量大批生产

    C. 大量大批多步骤生产　　　　D. 单步骤生产

22. 各步骤的产品生产费用并不随半成品实物的转移而结转的分步法是（　　）。

    A. 按计划成本综合结转分步法　　B. 逐步综合结转分步法

    C. 逐步分项结转分步法　　　　　D. 平行结转分步法

23. 采用平行结转分步法，第二个生产步骤的广义在产品不包括（　　）。

    A. 第一个生产步骤正在加工的在产品

    B. 第二个生产步骤正在加工的在产品

    C. 第二个生产步骤完工入库的半成品

    D. 第三个生产步骤正在加工的在产品

24. 分批法也被称为（　　）。

    A. 单件法　　　　B. 批别法　　　　C. 订单法　　　　D. 批量法

25. 大批大量生产，且管理上不要求分步骤计算成本的多步骤生产，适合采用的成本计算方法是（   ）。

    A. 简化的分批法　　B. 分批法　　　　C. 品种法　　　　D. 分类法

二、多项选择题

1. 广义在产品包括（   ）。

    A. 尚在各步骤加工的在产品

    B. 转入各半成品库准备继续加工的半成品

    C. 对外销售的自制半成品

    D. 已入库的外购半成品

    E. 完工产品

2. 产品成本计算的分步法可以分为（   ）。

    A. 品种法　　　　　　　　　B. 逐步结转法

    C. 分类法　　　　　　　　　D. 平行结转法

    E. 分批法

3. 采用逐步结转分步法，按照结转的半成品成本在下一步骤产品成本明细账中的反映方法，可分为（   ）。

    A. 平行结转法　　　　　　　B. 按实际成本结转法

    C. 按计划成本结转法　　　　D. 综合结转法

    E. 分项结转法

4. 平行结转分步法的适用情况是（   ）。

    A. 半成品对外销售

    B. 半成品不对外销售

    C. 管理上不要求提供各步骤半成品资料

    D. 半成品种类较多，逐步结转半成品成本工作量较大

    E. 管理上要求提供各步骤半成品资料

5. 在分批法下，企业可以用于组织生产、计算成本的方法有（   ）。

    A. 按照定单

    B. 按照产品的组成部分分批

    C. 按照产品的品种划分批别

    D. 将一张定单中规定的一种产品分为数批

    E. 将同时期的几张定单中相同的产品合为一批

6. 采用简化分批法，要求（   ）。

    A. 必须设立基本生产二级账

    B. 不分批计算在产品成本

C. 在基本生产成本二级账中只登记间接计入费用

D. 分批计算在产品成本

E. 必须计算累计间接计入费用分配率

7. 采用简化分批法，在某批产品完工以前，成本计算单只需按月登记（　　）。

　　A. 直接费用　　　　　　　　　　B. 间接费用

　　C. 工时数　　　　　　　　　　　D. 生产成本

　　E. 制造费用

8. 采用分批法计算产品成本时，如果批内产品跨月陆续完工的情况不多，则先计算完工产品成本时，可以采用（　　）。

　　A. 定额单位成本　　　　　　　　B. 计划单位成本

　　C. 单位变动成本　　　　　　　　D. 实际单位成本

　　E. 最近一期相同产品的实际单位成本

9. 下列产品成本计算方法中，属于产品成本计算的基本方法有（　　）。

　　A. 定额法　　　　　　　　　　　B. 分批法

　　C. 分步法　　　　　　　　　　　D. 品种法

　　E. 分类法

10. 品种法适用于（　　）。

　　A. 大量生产　　　　　　　　　　B. 单步骤生产

　　C. 要求分步计算成本的多步骤生产　D. 单件小批生产

　　E. 管理上不要求分步骤计算成本的多步骤生产

11. 产品成本计算的分步法，可以分为（　　）。

　　A. 品种法　　　　　　　　　　　B. 逐步结转法

　　C. 分类法　　　　　　　　　　　D. 平行结转法

　　E. 分批法

12. 在大量大批生产的情况下，根据管理要求的不同可以采用的产品成本计算的基本方法有（　　）。

　　A. 品种法　　　　　　　　　　　B. 分批零件法

　　C. 约当产量法　　　　　　　　　D. 分步法

　　E. 定额法

13. 平行结转分步法的适用情况是（　　）。

　　A. 半成品对外销售

　　B. 半成品不对外销售

　　C. 管理上不要求提供各步骤半成品资料

　　D. 半成品种类较多，逐步结转半成品成本工作量较大

　　E. 管理上要求提供各步骤半成品资料

14. 在分批法下，企业可以用于组织生产，计算成本的方法有（　　）。

　　A. 按照定单

　　B. 按照产品的组成部分分批

　　C. 按照产品的品种划分批别

　　D. 将一张定单中规定的一种产品分为数批

　　E. 将同时期的几张定单中相同的产品合为一批

15. 指明以下属于几种产品成本计算方法同时应用的有（　　）。

　　A. 基本生产车间采用分步法，场内供电车间采用品种法

　　B. 发电厂的发电车间采用品种法，供水车间不单独计算供水成本

　　C. 大量生产产品时采用分步法，小批生产产品时采用分批法

　　D. 毛坯生产采用品种法，加工装配采用分步法

　　E. 大量大批多步骤生产，管理上要求计算步骤成本，各步骤成本按定额法计算

16. 下列关于产品成本计算逐步结转分步法的说法中，正确的有（　　）。

　　A. 应进行成本还原

　　B. 半成品对外销售的企业一般适宜采用逐步结转分步法

　　C. 能够全面反映各步骤的生产耗费水平

　　D. 半成品成本随半成品实物在各步骤间转移

　　E. 半成品成本不随半成品实物在各步骤间转移

17. 在分批法下，如果出现批内产品跨月陆续完工的情况不多时，可以（　　）。

　　A. 按定额单位成本计算完工产品的成本

　　B. 按近期相同产品实际单位成本计算完工产品的成本

　　C. 按计划单位成本计算完工产品的成本

　　D. 在该批产品全部完工，计算全批产品实际总成本和单位成本

　　E. 在该批产品全部完工时，对已转账的完工产品成本在账面上进行调整

18. 品种法是成本计算最基本的方法，这是因为（　　）。

　　A. 各种方法最终都要计算出各产品品种的成本

　　B. 品种法的成本计算程序是成本计算的一般程序

　　C. 品种法定期按月计算成本

　　D. 品种法不需要进行费用分配

　　E. 品种法的计算最简单，也称简单法

19. 下列关于品种法的说法中，表述正确的有（　　）。

　　A. 以产品品种作为成本计算对象

　　B. 是大量大批多步骤企业必须采用的成本计算方法

　　C. 成本计算期与会计报告期一致

　　D. 可用于大量单步骤生产产品的企业

E. 月末不需进行完工产品与月末在产品成本的分配

20. 分批法与品种法的主要区别是（　　）不同。

　　A. 生产周期　　　　　　　　　　B. 产成品的含义

　　C. 成本计算对象　　　　　　　　D. 成本计算期

　　E. 月末一般不需进行完工产品与月末在产品成本的分配

21. 下列各项中，成本计算分批法的特点有（　　）。

　　A. 以产品的批别或订单作为成本计算对象

　　B. 成本的计算期不固定

　　C. 按月计算产品成本

　　D. 月末一般不需要在完工产品和在产品之间分配生产费用

　　E. 成本计算期与会计报告期不一致

22. 简化的分批法主要适用于（　　）的企业或车间

　　A. 同一月份投产品的批数较多　　B. 同一月份投产品的批数较少

　　C. 月末未完工产品的批数较多　　D. 月末未完工产品的批数较少

　　E. 各月间接费用水平相差不大

23. 采用简化分批法（　　）。

　　A. 必须设置基本生产成本二级账

　　B. 产品完工时必须计算全部产品各项累计间接费用分配率

　　C. 按照产品批别开设生产成本明细账，账内只登记直接费用和生产工时

　　D. 不分批计算在产品成本

　　E. 月末不需要在完工产品和在产品之间进行费用的分配

24. 采用简化的分批法，在某批产品完工以前，成本计算单只需按月登记（　　）。

　　A. 直接费用　　　　　　　　　　B. 间接费用

　　C. 工时数　　　　　　　　　　　D. 生产成本

　　E. 制造费用

25. 采用分批法计算产品成本时，如果批内产品跨月陆续完工的情况不多，则先计算完工产品成本时，可以采用（　　）。

　　A. 定额单位成本　　　　　　　　B. 计划单位成本

　　C. 单位变动成本　　　　　　　　D. 实际单位成本

　　E. 近一期相同产品的实际单位成本

三、判断题

1. 在所有的成本计算方法中，品种法是最基本的方法，计算出每种产品的单位成本是企业进行成本计算的最终目的。（　　）

2. 平行结转分步法的完工产品为每个步骤完工的半成品，在产品为各步骤尚未加工

完成的在产品和各步骤已完工但尚未最终完成的产品。（　　）

3. 采用逐步结转分步法计算成本时，各步骤的费用由两部分组成：一部分是本步骤发生的费用；另一部分是上一步骤转入的半成品成本。（　　）

4. 在分步法下，无论逐步结转还是平行结转，最终都需要通过"自制半成品"会计科目进行成本核算。（　　）

5. 用分步法计算产品成本时，按步骤设置的成本明细账可能与实际的生产步骤一致，也可能与实际的生产步骤不一致。（　　）

6. 多步骤生产的企业不能采用品种法计算产品成本。（　　）

7. 品种法的成本计算期为定期按月，与生产周期不一致。（　　）

8. 在各种成本计算方法中，品种法是最基本的方法。（　　）

9. 品种法也就是简单法。（　　）

10. 不论什么制造企业，不论什么生产类型，也不论管理要求如何，最终都必须按照产品品种计算产品成本。（　　）

11. 品种法不需要在各种产品之间分配费用，也不需要在完工产品和月末在产品之间分配费用，所以也称简单法。（　　）

12. 相比较而言，简化分批法下的月末完工产品的批数越多，成本的核算工作就越简化。（　　）

13. 采用简化分批法计算产品成本，全部产品某项累计间接费用分配率等于全部该项本月间接费用除以全部产品累计生产工时。（　　）

14. 分批法是按照产品的批别归集生产费用、计算产品成本的一种方法。（　　）

15. 分批法主要适用于小批、单件，管理上不要求分步骤计算成本的多步骤生产。（　　）

16. 重型机器、船舶、精密仪器、专用设备等的生产适合于采用分批法计算产品成本。（　　）

17. 分批法的成本计算是不定期的。（　　）

18. 平行结转分步法不利于各步骤在产品的实物管理和成本管理。（　　）

19. 当企业下次对外销售半成品时，应采用逐步结转分步法。（　　）

20. 采用逐步结转分步法时，需进行成本还原。（　　）

21. 采用平行结转分步法，能够简化和加速成本计算工作。（　　）

22. 在产品成本按年初数固定计算的方法不适用于月末在产品数量很大情况。（　　）

23. 采用各种产品成本计算方法计算产品成本，各月末都必须在完工产品与月末在产品之间分配费用。（　　）

24. 采用分批法计算产品成本，在单件生产的情况下，不必将生产费用在完工产品与在产品之间进行分配。（　　）

25. 采用平行结转分步法，各步骤可以同时计算产品成本，但各步骤不会结转半成品成本。（　　）

四、实务题

1. 资料：

某企业大量生产甲产品，根据生产特点和管理要求，该企业采用品种法计算成本。各产品所耗材料均在开工时一次投入，直接人工费用及制造费用随加工程度均匀发生。完工产品与月末在产品之间的费用分配采用约当产量法。本月有关产量记录资料见表5-1。

表5-1　　　　　　　　　　　　　　产量记录表

项目	甲产品
本月完工产品数量	1 800
月末在产品数量	400
完工程度	50%

要求：

计算甲产品成本，登记产品成本计算单（见表5-2）。

表5-2　　　　　　　　　　　　甲产品成本计算单　　　　　　　　　金额单位：元

项目	直接材料费用	直接人工费用	制造费用	合计
月初在产品成本	7 000	1 600	1 400	10 000
本月生产费用	81 000	38 400	10 600	130 000
生产费用合计				
约当产量				
单位成本				
完工产品成本				
月末在产品成本				

2. 资料：

某公司大量大批生产甲、乙两种产品，根据生产特点和管理要求，该公司采用品种法计算成本。各产品所耗材料均在开工时一次投入，直接人工费用及制造费用随加工程度均匀发生，月末在产品成本按定额成本计算。不可修复乙产品的废品损失全部由本月完工乙产品成本负担。本月有关资料如下：

（1）产量记录表见表5-3。

表 5-3　　　　　　　　　　　　　产量记录表

项目	甲产品	乙产品
本月完工产品数量（件）	2 000	1 000
月末在产品数量（件）	500	200
月末在产品消耗工时合计（小时）	3 000	1 000

（2）单位产品定额成本资料见表 5-4。

表 5-4　　　　　　　　　　　单位产品定额成本　　　　　　　　　　金额单位：元

项目	直接材料单件定额成本	单位工时人工费用定额	单位工时制造费用定额
甲产品	10	8	2
乙产品	20	10	2

（3）有关废品损失资料见表 5-5。

表 5-5　　　　　　　　　　　　废品损失　　　　　　　　　　　　金额单位：元

项目	直接材料费用	直接人工费用	制造费用
乙产品（不可修复）	1 000	1 400	600

（4）月初在产品成本及本月生产费用见下列甲、乙产品成本明细账资料（见表 5-6、表 5-7）。

要求：

登记甲、乙两种产品的成本明细账，计算各产品成本。

表 5-6　　　　　　　　　　甲产品成本明细账金额　　　　　　　　金额单位：元

摘要	直接材料	直接人工	制造费用	合计
月初在产品成本	6 000	32 000	8 000	
本月生产费用	14 000	12 000	3 000	
生产费用合计				
月末在产品定额成本				
完工产品成本				
完工产品单位成本				

表 5-7　　　　　　　　　　　　　乙产品成本明细账金额　　　　　　　　　　金额单位：元

摘要	直接材料	直接人工	制造费用	废品损失	合计
本月生产费用	25 000	18 400	6 600	—	
转出不可修复废品成本				—	
转入废品净损失	—	—	—		
本月生产费用净额					
月末在产品定额成本				—	
完工产品成本					
完工产品单位成本					

3. 资料：

江南公司设有一个基本生产车间，大量生产甲、乙两种产品，设有机修和供水两个辅助生产车间。该公司根据生产特点和成本管理要求，对甲、乙两种产品采用品种法计算产品成本，开设"基本生产成本"明细账，并设置"直接材料""直接人工"和"制造费用"三个成本项目。

甲、乙产品所需原材料于开工时一次投入，两种产品共同耗用的材料按直接材料消耗比例分配。基本生产车间生产工人工资、制造费用均按生产工时比例分配。对辅助生产车间不单独核算制造费用，归集的辅助生产费用采用直接分配法进行分配。除外购动力费用尚未结算外，其他费用均以银行存款或现金支付。月末，甲、乙产品采用约当产量法计算月末在产品成本。

2021 年 9 月，该企业有关产品产量及成本资料如表 5-8 至表 5-9 所示。

表 5-8　　　　　　　　　　　　　月初在产品成本

2021 年 9 月

产品品种	直接材料	直接人工	制造费用	合计
甲产品	50 000	5 000	9 000	64 000
乙产品	64 000	6 000	10 800	80 800

表 5-9　　　　　　　　　　　　　产量资料

2021 年 9 月

项目	甲产品	乙产品
期初在产品	100	80
本月投产	800	320
本月完工	700	340
月末在产品	200	60

注：甲、乙产品月末在产品完工程度均为 50%。

表 5-10　　　　　　　　　　　　　工时记录

2021 年 9 月

产品名称	生产工时	备注
甲产品	17 000	
乙产品	12 300	
合计	29 300	

表 5-11　　　　　　　　　　　辅助生产车间劳务资料

2021 年 9 月

受益部门	辅助生产车间		备注
	机修车间（工时）	供水车间（吨）	
基本生产车间	1 800	15 000	
企业管理部门	150	500	
机修车间		300	
供水车间	50		
合计	2 000	15 800	

表 5-12　　　　　　　　　　　　本月生产费用资料

2021 年 9 月

项目	基本生产车间				辅助生产车间				合计
	甲产品	乙产品	共同耗用	车间耗用	机修车间		供水车间		
					生产耗用	车间耗用	生产耗用	车间耗用	
原材料	280 000	179 200	196 800	24 000	8 000	1 000	3 000	500	692 500
工资			14 000	8 200	12 000	1 600	4 800	1 100	167 700
社保费			50 400	2 952	4 320	576	1 728	396	60 372
折旧费				55 000		8 600		1 400	65 000
外购动力				48 000		10 300		6 700	65 000
修理费				20 800					20 800
办公费用				26 948				1 146	29 083
合计	280 000	179 200	387 200	185 900	24 320	23 065	9 528	11 242	1 100 455

要求：

（1）根据上述有关资料，以甲、乙产品为成本计算对象分别开设基本生产成本明细账。对所给资料进行审核、整理与分析，编制各种费用分配表，分别如表 5-13 至表 5-18 所示。

表 5-13   原材料费用分配表

2021 年 9 月   单位：元

应借账户			成本或费用项目	间接计入费用			直接计入费用	合计
总账账户	二级账户	明细账户		分配标准	分配率	分配额		
生产成本	基本生产成本	甲产品	直接材料					
		乙产品	直接材料					
	辅助生产成本	机修车间	直接材料					
		供水车间	直接材料					
制造费用	基本生产车间		物料消耗					
合计								

会计主管：华为   复核：钱大志   制单：韦芳

表 5-14   工资及社保费用分配表

2021 年 9 月   单位：元

应借账户			成本或费用项目	应付工资			计提比例	应付社保费用
总账账户	二级账户	明细账户		工时	分配率	分配额		
生产成本	基本生产成本	甲产品	直接人工				36%	
		乙产品	直接人工				36%	
	辅助生产成本	机修车间	直接人工				36%	
		供水车间	直接人工				36%	
制造费用	基本生产车间		工资及社保				36%	
合计							36%	

会计主管：华为   复核：钱大志   制单：韦芳

表 5-15   固定资产折旧费分配表

2021 年 9 月   单位：元

应借账户			成本或费用项目	累计折旧		
总账账户	二级账户	明细账户		固定资产类别	折旧率	折旧额
生产成本	辅助生产成本	机修车间	制造费用			
		供水车间	制造费用			
制造费用	基本生产车间		折旧费			
合计						

会计主管：华为   复核：钱大志   制单：韦芳

表 5-16 外购动力费分配表

2021 年 9 月　　　　　　　　　　　　　　　　　　　　　　　单位：元

应借账户			成本或费用项目	应付账款		
总账账户	二级账户	明细账户		仪表记录	分配率	电 费
生产成本	辅助生产成本	机修车间	制造费用			
		供水车间	制造费用			
制造费用	基本生产车间		动力费			
合　计						

会计主管：华为　　　　　　　　　复核：钱大志　　　　　　　　　制单：韦芳

表 5-17 其他费用分配表

2021 年 9 月　　　　　　　　　　　　　　　　　　　　　　　单位：元

应借账户			成本或费用项目	现　金	银行存款
总账账户	二级账户	明细账户			
生产成本	辅助生产成本	机修车间	制造费用		
		供水车间	制造费用		
制造费用	基本生产车间		修理费用		
			办公费用		
合　计					

会计主管：华为　　　　　　　　　复核：钱大志　　　　　　　　　制单：韦芳

表 5-18 辅助生产费用分配表（直接分配法）

2021 年 9 月　　　　　　　　　　　　　　　　　　　　　　　单位：元

项　目				机修车间	供水车间	金额合计
归集的辅助生产费用						
提供给辅助车间以外的劳务量						
辅助费用分配率						
应借账户	制造费用	基本生产车间	接受劳务量			
			应负担费用			
	管理费用		接受劳务量			
			应负担费用			
分配费用额合计						

会计主管：华为　　　　　　　　　复核：钱大志　　　　　　　　　制单：韦芳

表 5-19　　　　　　　　　　　　　　**辅助生产成本明细账**　　　　　　　总第　页

辅助生产车间：机修车间　　　　　　　产品或劳务：修理劳务　　　　　　　字第 × 页

××年		凭证		摘要	成本项目			合计
月	日	字	号		直接材料	直接人工	制造费用	
				1 分配材料费用				
				2 分配工资费用				
				2 分配社保费用				
				3 分配折旧费用				
				4 分配动力费用				
				5 分配其他费用				
				合计				
				6 结转				

表 5-20　　　　　　　　　　　　　　**辅助生产成本明细账**　　　　　　　总第　页

辅助生产车间：供水车间　　　　　　　产品或劳务：水　　　　　　　　　　字第 × 页

××年		凭证		摘要	成本项目			合计
月	日	字	号		直接材料	直接人工	制造费用	
				1 分配材料费用				
				2 分配工资费用				
				2 分配社保费用				
				3 分配折旧费用				
				4 分配动力费用				
				5 分配其他费用				
				合计				
				6 结转				

表 5-21　　　　　　　　　　　　　　**制造费用明细账**　　　　　　　　　总第　页

车间名称：基本生产车间　　　　　　　　　　　　　　　　　　　　　　　字第 × 页

2021 年		凭证		摘要	机物料消耗	工资	社保费	折旧费	动力费	辅助转入	修理费	办公费	合计
月	日	字	号										
9	30			分配材料费用									
				分配工资费用									
				分配社保费用									
				分配折旧费用									
				分配动力费用									
				分配其他费用									
				分配辅助生产费用									
				合计									
				结转本月制造费用									

表 5-22 　　　　　　　　　　　　　　制造费用分配表

2021 年 9 月　　　　　　　　　　　　　　　　　　　　　　　　　　　单位：元

应借账户			成本项目	分配标准（工时）	分配率	分配金额
总账账户	二级账户	明细账户				
生产成本	基本生产成本	甲产品	制造费用			
		乙产品	制造费用			
合　　计						

会计主管：华为　　　　　　　　　复核：钱大志　　　　　　　　　制单：韦芳

表 5-23　　　　　　　　　　　基本生产成本明细账　　　　　　　　　总第　页

产品：甲产品　　　　　　　生产车间：基本生产车间　　　　投产时间：　　字第 × 页

×× 年		凭证		摘　要	产量（件）	成本项目			合　计
月	日	字	号			直接材料	直接人工	制造费用	
				月初在产品成本					
				分配材料费用					
				分配工资费用					
				分配社保费用					
				分配制造费用					
				本月发生生产费用					
				累计生产费用					
				结转完工产品成本					
				月末在产品成本					

表 5-24　　　　　　　　　　　基本生产成本明细账　　　　　　　　　总第　页

产品：乙产品　　　　　　　生产车间：基本生产车间　　　　投产时间：　　字第 × 页

×× 年		凭证		摘　要	产量（件）	成本项目			合　计
月	日	字	号			直接材料	直接人工	制造费用	
				月初在产品成本					
				分配材料费用					
				分配工资费用					
				分配社保费用					
				分配制造费用					
				本月发生生产费用					
				累计生产费用					
				结转完工产品成本					
				月末在产品成本					

表 5–25　　　　　　　　　　　　　　产品成本计算单

车间：基本生产车间　　　　　　本月完工：700 件　　　　　　　　月末在产品：200 件
产品名称：甲产品　　　　　　　　　2021 年 9 月　　　　　　　　　　单位：元

摘　要	直接材料	直接人工	制造费用	合　计
月初在产品成本				
本月发生生产费用				
本月生产费用合计				
本月完工产品数量（件）				
月末在产品数量（件）				
月末在产品投料率或完工程度（%）				
月末在产品约当产量（件）				
约当总产量（件）				
费用分配率				
本月完工产品成本				
单位产品成本				
月末在产品成本				

会计主管：华为　　　　　　　　　　复核：钱大志　　　　　　　　　　制单：韦芳

表 5–26　　　　　　　　　　　　　　产品成本计算单

车间：基本生产车间　　　　　　本月完工：340 件　　　　　　　　月末在产品：60 件
产品名称：乙产品　　　　　　　　　2021 年 9 月　　　　　　　　　　单位：元

摘　要	直接材料	直接人工	制造费用	合　计
月初在产品成本				
本月发生生产费用				
本月生产费用合计				
本月完工产品数量（件）				
月末在产品数量（件）				
月末在产品投料率或完工程度（%）				
月末在产品约当产量（件）				
约当总产量（件）				
费用分配率				
本月完工产品成本				
单位产品成本				
月末在产品成本				

会计主管：华为　　　　　　　　　　复核：钱大志　　　　　　　　　　制单：韦芳

4. 资料：

江南公司生产甲、乙、丙三种产品，生产组织属于小批生产，采用分批法计算产品成本。

（1）2021年9月，生产的产品批号如下：

1001批号：甲产品10台，本月投产，本月完工6台。

1002批号：乙产品10台，本月投产，本月全部未完工。

1003批号：丙产品20台，上月投产，本月完工5台。

（2）1003批号月初在产品成本资料：直接材料12 000元，直接人工10600元，制造费用20 400元。

（3）2021年9月，各批号生产费用如下：

1001批号：直接材料33 600元，直接人工23 500元，制造费用28 000元。

1002批号：直接材料46 000元，直接人工30 500元，制造费用19 800元。

1003批号：直接材料26 800元，直接人工24 500元，制造费用30 200元。

（4）1001批号甲产品所耗的原材料在生产开始时一次投入，其他费用在完工产品与在产品之间采用约当产量比例法分配，在产品完工程度为50%。

（5）1003批号丙产品，完工产品按计划成本结转。每台产品计划单位成本为：直接材料1 900元，直接人工1 800元，制造费用2 500元。

要求：

根据上述资料，采用分批法登记产品成本明细账，计算各批产品的完工产品成本和月末在产品成本，如表5-27至表5-29所示，并编制相关会计分录。

表5-27　　　　　　　　　产品成本明细账

批号：1001　　　　　　　投产日期：9月　　　　　　　产品批量：10件
产品名称：甲　　　　　　　完工数量：6件　　　　　　　单位：元

成本项目	直接材料	直接人工	制造费用	合　计
本月发生生产费用				
本月生产费用合计				
完工产品数量				
在产品约当产量				
约当总产量				
费用分配率				
完工产品成本				
月末在产品成本				

表 5-28   产品成本明细账

批号：1002   投产日期：9 月   产品批量：10 件
产品名称：乙产品   全部未完工   单位：元

成本项目	直接材料	直接人工	制造费用	合 计
月初在产品成本				
本月发生生产费用				
本月生产费用合计				

表 5-29   产品成本明细账

批号：1003   投产日期：8 月   产品批量：20 件
产品名称：丙产品   本月完工：5 件   单位：元

成本项目	直接材料	直接人工	制造费用	合 计
月初在产品成本				
本月发生生产费用				
本月生产费用合计				
完工产品数量				
完工产品计划单位成本				
完工产品成本				
月末在产品成本				

5. 资料：

江北公司属于小批生产，采用简化分批法计算成本。2021 年 9 月，生产情况如下：

（1）月初在产品成本：101 批号，直接材料 3 750 元；102 批号，直接材料 2 200 元；103 批号，直接材料 1 600 元。月初直接人工 1 725 元，制造费用 2 350 元。

（2）月初在产品耗用累计工时：101 批号 1 800 小时；102 批号 590 小时；103 批号 960 小时。

（3）本月生产情况、发生的工时和直接材料如表 5-30 所示。

表 5-30   生产资料

产品名称	批号	批量（件）	投产日期	完工日期	本月工时（小时）	本月直接材料（元）
甲	101	10	7 月	9 月	450	250
乙	102	5	8 月	9 月	810	300
丙	103	4	8 月	10 月	1 640	300

（4）本月发生的各项间接费用为，直接人工 1 400 元，制造费用 2 025 元。

要求：

（1）根据上述资料，计算累计间接费用分配率，并登记基本生产成本二级账账和成本明细账，计算完工产品成本，如表 5-31 至表 5-34 所示。

表 5-31 基本生产成本二级账

2021 年		摘要	直接材料	工时	直接人工	制造费用	合计
月	日						
8	31	累计发生					
9	30	本月发生					
		累计发生数					
		累计间接费用分配率					
		本月完工产品成本转出					
		月末在产品成本					

表 5-32 产品成本明细账

批号：101　　　　　　　　　　　　　　　　　　　　　　　　　　投产日期：7 月
产品名称：甲　　　　　　　　　完工日期：9 月　　　　　　　　产量：10 件

2021 年		摘要	直接材料	工时	直接人工	制造费用	合计
月	日						
8	31	累计发生					
9	30	本月发生					
		累计发生数					
		累计间接费用分配率					
		完工产品负担的间接费用					
		本月完工产品成本转出					
		单位成本					

表 5-33 产品成本明细账

批号：102　　　　　　　　　　　　　　　　　　　　　　　　　　投产日期：8 月
产品名称：乙　　　　　　　　　完工日期：9 月　　　　　　　　产量：5 件

2019 年		摘 要	直接材料	工时	直接人工	制造费用	合计
月	日						
8	31	累计发生					
9	30	本月发生					
		累计发生数					
		累计间接费用分配率					
		完工产品负担的间接费用					
		本月完工产品成本转出					
		单位成本					

表 5-34　　　　　　　　　　　　　产品成本明细账

批号：103　　　　　　　　　　　　　　　　　　　　　　　　　　投产日期：8 月
产品名称：丙　　　　　　　　完工日期：10 月　　　　　　　　　产量：4 件

2021 年		摘　要	直接材料	工时	直接人工	制造费用	合计
月	日						
8	31	累计发生					
9	30	本月发生					
		累计发生数					

（2）结转各批完工入库产品成本，并编制相关会计分录。

6. 资料：

某企业 A 产品生产分两个步骤，分别由第一、第二两个生产车间进行。第一车间生产半成品，交半成品库验收，第二车间按所需半成品数量向半成品库领用；第二车间所耗半成品费用按全月一次加权平均单位成本计算。两个车间月末在产品均按定额成本计价。该企业采用按实际成本综合结转的逐步结转分步法计算 A 产品成本。第一、第二两个车间月初、月末在产品定额成本资料及本月生产费用资料如"产品成本明细账"所示（见表 5-35 和表 5-36）；自制半成品月初余额、本月第一车间完工半成品交库数量及本月第二车间领用自制半成品数量如"自制半成品明细账"（见表 5-36）。

要求：

（1）登记产品成本明细账和自制半成品明细账，如表 5-35 和表 5-36 所示。

表 5-35　　　　　　　　　　　　　产品成本明细账

车间名称：第一车间　　　　　　　2021 年 8 月　　　　　　　　产品名称：半成品 A

单位：元

项目	直接材料	直接人工	制造费用	合计
月初在产品定额成本	6 000	3 800	2 900	12 700
本月发生生产费用	30 200	21 500	16 500	68 200
本月生产费用合计				
完工半成品成本				
月末在产品定额成本	6 300	2 800	1 800	10 900

表 5-36　　　　　　　　　　　　　自制半成品明细账
半成品名称：半成品 A　　　　　　　2021 年 8 月　　　　　　　　　　　　　　单位：件

月份	月初余额		本月增加		合计			本月减少	
	数量	实际成本	数量	实际成本	数量	实际成本	单位成本	数量	实际成本
4	500	11 000	2 500					2 600	
5		10 800	×	×	×	×	×	×	×

表 5-37　　　　　　　　　　　　　产品成本明细账
车间名称：第二车间　　　　　　　　2021 年 8 月　　　　　　　　　　　产品名称：半成品 A
　　　　　　　　　　　　　　　　　　　　　　　　　　　　　　　　　　　　　　　单位：元

项目	半成品	直接人工	制造费用	合计
月初在产品定额成本	27 600	2 450	2 600	32 650
本月发生生产费用		19 600	15 400	
本月生产费用合计				
完工半成品成本				
月末在产品定额成本	13 800	5 250	4 000	23 050

（2）编制产成品成本还原计算表，并列出还原分配率的计算过程，如表 5-38 所示。

表 5-38　　　　　　　　　　　　产成品成本还原计算表
2021 年 8 月

项目	还原分配率	半成品	直接材料	直接人工	制造费用	成本合计
还原前产成品成本	×		×			
本月所产半成品成本	×	×	29 900	22 500	17 600	70 000
成本还原						
还原后产成品成本						

7. 资料：

2021 年 8 月，某工厂大量生产甲产品，设有三个基本生产车间，甲产品的生产需要顺序经过三个车间加工。第一车间生产的 A 半成品完工后全部直接交给第二车间继续加工为 B 半成品，B 半成品完工后全部交半成品仓库；第三车间从半成品仓库领用 B 半成品继续加工成产成品——甲产品，甲产品完工后全部交产成品仓库。

该厂根据实际情况，确定成本结转方式为半成品按实际成本结转；对经过半成品仓库收发的 B 半成品增设"自制半成品——B 半成品"明细账，半成品仓库发出的 B 半成品成本采用全月一次加权平均法计算。该厂对产品成本按直接材料、直接人工、制造费用分设专栏。生产甲产品的原材料在第一车间生产开始时一次投入，第二、第三车间转入或领用的半成品也分别于本车间生产开始时一次投入。企业采用约当产量法，分配每步骤的完工产品（半成品）和在产品成本。该工厂第一车间 A 半成品、第二车间 B 半成品、第三车间甲产品月初在产品成本和本月发生的生产费用如表 5-39 所示，本月各生产车间产量记录如表 5-40 所示。

表 5-39　　　　　　　　　　　生产费用资料

产品：甲产品　　　　　　　　2021 年 8 月　　　　　　　　　　　单位：元

项目	第一车间（A 半成品）	第二车间（B 半成品）	第三车间（甲产品）
月初在产品成本	10 000	26 000	47 050
其中：直接材料或半成品	6 000	15 500	32 300
直接人工	2 500	7 500	8 000
制造费用	1 500	3 000	6 750
本月发生生产费用	80 900	54 600	92 500
其中：直接材料	57 000		
直接人工	16 100	32 800	50 500
制造费用	7 800	21 800	42 000

表 5-40　　　　　　　　　　　产量记录

产品：甲产品　　　　　　　　2021 年 8 月　　　　　　　　　　　单位：件

项目	第一车间（A 半成品）	第二车间（B 半成品）	第三车间（甲产品）
月初在产品	50	70	60
本月投入或上步转入	300	270	290
本月完工转入下步或交库	270	280	300
月末在产品	80	60	50
月末在产品完工程度（%）	50	50	50

本月半成品仓库 B 半成品收发和结存情况为：月初结存 50 件，总成本为 26 800 元，本月第二车间入库 280 件，第三车间领用 290 件。

要求：

（1）采用逐步结转分步法计算各步骤半成品成本及产成品成本，填列各步骤成本计算单及登记自制半成品明细账，如表 5-41 至表 5-44 所示。进行成本还原，编制成本还原计算表，如表 5-45 所示，并编制相应会计分录。（计算结果分配率保留两位小数，金额保留整数位。）

表 5-41　　　　　　　　　　第一车间产品成本计算单

生产步骤：第一步骤　　　　　完工产品：　　件　　在产品：　　件　　　　　　完工程度：　　%
产品名称：A 半成品　　　　　　　　2021 年 8 月　　　　　　　　　　　　　　单位：元

项　目	直接材料	直接人工	制造费用	合　计
月初在产品成本				
本月发生生产费用				
本月生产费用合计				
本月完工产品数量				
月末在产品数量				
月末在产品完工程度（%）				
月末在产品约当产量				
约当总产量				
费用分配率				
本月完工半成品成本				
月末在产品成本				

表 5-42　　　　　　　　　　第二车间产品成本计算单

生产步骤：第二步骤　　　　　完工产品：　　件　　在产品：　　件　　　　　　完工程度：　　%
产品名称：B 半成品　　　　　　　　2021 年 8 月　　　　　　　　　　　　　　单位：元

项　目	半成品	直接人工	制造费用	合　计
月初在产品成本				
本月发生生产费用				
本月生产费用合计				
本月完工产品数量				
月末在产品数量				
月末在产品完工程度（%）				
月末在产品约当产量				
约当总产量				
费用分配率				
本月完工半成品成本				
月末在产品成本				

会计分录：

表 5-43　　　　　　　　　　　　　　　自制半成品明细账

产品名称：B 半成品　　　　　　　　　　　2021 年 8 月　　　　　　　　　　　　　单位：元

年		凭证号数	摘要	收入			发出			结存		
月	日			数量	单价	金额	数量	单价	金额	数量	单价	金额
			月初余额									
			本月入库									
			本月领用									
			本月合计									

会计分录：

表 5-44　　　　　　　　　　　　　　　第三车间产品成本计算单

生产步骤：第三步骤　　　　　　完工产品：　　件　　在产品：　　件　　　　　　完工程度：　%

产品名称：甲产品　　　　　　　　　　　　2021 年 8 月　　　　　　　　　　　　　单位：元

项　目	半成品	直接人工	制造费用	合　计
月初在产品成本				
本月发生生产费用				
本月生产费用合计				
本月完工产品数量				
月末在产品数量				
月末在产品完工程度（%）				
月末在产品约当产量				
约当总产量				
费用分配率				
本月完工半成品成本				
月末在产品成本				

会计分录：

表 5-45　　　　　　　　　产品成本还原计算表

产品名称：甲产品　　　　　　　　　2021 年 8 月　　　　　　　　　　　　单位：元

行次	项　目	产量	B 半成品	A 半成品	直接材料	直接人工	制造费用	合　计
1	还原之前甲产品成本							
2	B 半成品成本构成（%）							
3	B 半成品成本还原							
4	A 半成品成本构成（%）							
5	A 半成品成本还原							
6	还原后总成本							
7	还原后单位成本							

（2）采用分项结转分步法计算各步骤半成品成本及产成品成本，填列各步骤成本计算单，如表 5-46 至表 5-49 所示，并编制相应的会计分录。

表 5-46　　　　　　　　　第一车间产品成本计算单

生产步骤：第一步骤　　　　完工产品：　　件　　在产品：　　件　　　　　　完工程度：%
产品名称：A 半成品　　　　　　　　2021 年 8 月　　　　　　　　　　　　　单位：元

项　目	直接材料	直接人工	制造费用	合　计
月初在产品成本				
本月发生生产费用				
本月生产费用合计				
本月完工产品数量				
月末在产品数量				
月末在产品完工程度（%）				
月末在产品约当产量				
约当总产量				
费用分配率				
本月完工半成品成本				
月末在产品成本				

表 5–47　　　　　　　　　　　　第二车间产品成本计算单

生产步骤：第二步骤　　　　　　完工产品：　件　　在产品：　件　　　　　　完工程度：%
产品名称：B 半成品　　　　　　　　　2021 年 8 月　　　　　　　　　　　　　单位：元

项 目	直接材料		直接人工		制造费用		合 计
	上步转来	本步发生	上步转来	本步发生	上步转来	本步发生	
月初在产品成本	9 200	0	4 200	7 500	2 100	3 000	26 000
本月发生生产费用							
本月生产费用合计							
本月完工产品数量							
月末在产品数量							
月末在产品完工程度（%）							
月末在产品约当产量							
约当总产量							
费用分配率							
本月完工半成品成本							
月末在产品成本							

会计分录：

表 5–48　　　　　　　　　　　　自制半成品明细账

产品名称：B 半成品　　　　　　　　　2021 年 8 月　　　　　　　　　　　　　单位：元

年		凭证号数	摘要	数量（件）	成本项目						合计
月	日				直接材料		直接人工		制造费用		
8	1		月初余额		15 100		6 200		5 500		
	31		本月入库								
	31		本月领用		平均单价	金额	平均单价	金额	平均单价	金额	
	31		月末结存								

会计分录：

表 5-49　　　　　　　　　　　　　第三车间产品成本计算单

生产步骤：第三步骤　　　　　　完工产品：　件　　在产品：　件　　　　　　完工程度：　%
产品名称：甲产品　　　　　　　　　　　　2021 年 8 月　　　　　　　　　　　　单位：元

项　目	直接材料		直接人工		制造费用		合计
	上步转来	本步发生	上步转来	本步发生	上步转来	本步发生	
月初在产品成本	21 900	0	7 300	8 000	3 100	6 750	47 050
本月发生生产费用							
本月生产费用合计							
本月完工产品数量							
月末在产品数量							
月末在产品完工程度（%）							
月末在产品约当产量							
约当总产量							
费用分配率							
本月完工半成品成本							
月末在产品成本							

会计分录：

8. 资料：

佳明公司是一个服装生产企业，常年大批量生产甲、乙两种工作服。产品生产过程划分为裁剪、缝纫两个步骤，相应设置裁剪、缝纫两个车间。裁剪车间为缝纫车间提供半成品，经缝纫车间加工最终形成产成品。甲、乙两种产品耗用主要材料（布料）相同，且在生产开始时一次投入。所耗辅助材料（缝纫线和扣子等）由于金额较小，不单独核算材料成本，而直接计入制造费用。

佳明公司采用平行结转分步法计算产品成本。实际发生生产费用在各种产品之间的分配方法如下：直接材料按定额材料费用比例分配，直接人工和制造费用按实际生产工时分配。月末完工产品与在产品之间生产费用的分配方法是：直接材料按定额材料费用比例分配；直接人工和制造费用按定额工时比例分配。

2021年8月，佳明公司有关成本计算资料如下：

（1）甲、乙两种产品的定额资料如表5-50和表5-51所示。

表5-50　　　　　　　　　　　　甲产品定额资料

2021年8月

生产车间	单件产成品定额		本月（8月份投入）	
	直接材料（元）	工时（小时）	直接材料（元）	工时（小时）
裁剪车间	60	1.0	150 000	1 500
缝纫车间		2.0		4 000
合计	60	3.0	150 000	5 500

表5-51　　　　　　　　　　　　乙产品定额资料

2021年8月

生产车间	单件产成品定额		本月（8月份投入）	
	直接材料（元）	工时（小时）	直接材料（元）	工时（小时）
裁剪车间	80	0.5	100 000	500
缝纫车间		1.5		2 500
合计	80	2.0	100 000	3 000

（2）2021年8月，甲产品实际完工入库产成品2 000套。

（3）2021年8月，裁剪车间、缝纫车间实际发生的直接材料、生产工时数及直接人工、制造费用分别如表5-52和表5-53所示。

表 5-52　　　　　　　　　　　　生产工时和费用表

生产车间：裁剪车间

产品名称	直接材料（元）	生产工时（小时）	直接人工（元）	制造费用（元）
甲产品		1 600		
乙产品		800		
合计	280 000	2 400	30 000	120 000

表 5-53　　　　　　　　　　　　生产工时和费用表

生产车间：缝纫车间

产品名称	直接材料（元）	生产工时（小时）	直接人工（元）	制造费用（元）
甲产品		4 200		
乙产品		2 800		
合计		7 000	140 000	350 000

（4）裁剪车间和缝纫车间甲产品的期初在产品成本如表 5-54 所示。

表 5-54　　　　　　　　　　　　期初在产品成本资料

2021 年 8 月　　　　　　　　　　　　　　　单位：元

项目	车间	直接材料	定额工时（小时）	直接人工	制造费用	合计
月初在产品成本	裁剪车间	30 000	2 000	18 500	60 000	108 500
	缝纫车间		800	7 200	15 600	22 800

要求：

（1）将裁剪车间和缝纫车间 8 月份实际发生的直接材料、直接人工和制造费用在甲、乙两种产品之间分配，并编制材料费用分配表、工资费用分配表、制造费用分配表，分别如表 5-55 到表 5-59 所示。

表 5-55　　　　　　　　　　　　直接材料分配表

生产车间：裁剪车间　　　　　　　　2021 年 8 月　　　　　　　　　　单位：元

应借账户			成本项目	材料消耗总定额（元）	分配率	分配金额
一级账户	二级账户	明细账户				
生产成本	基本生产成本	甲产品	直接材料			
		乙产品	直接材料			
合计						

表 5-56　　　　　　　　　　　　　工资费用分配表

生产车间：裁剪车间　　　　　　　　2021 年 8 月　　　　　　　　　　　　单位：元

应借账户			成本项目	分配标准（工时）	分配率	分配金额
一级账户	二级账户	明细账户				
生产成本	基本生产成本	甲产品	直接人工			
		乙产品	直接人工			
合　计						

表 5-57　　　　　　　　　　　　　制造费用分配表

生产车间：裁剪车间　　　　　　　　2021 年 8 月　　　　　　　　　　　　单位：元

应借账户			成本项目	分配标准（工时）	分配率	分配金额
一级账户	二级账户	明细账户				
生产成本	基本生产成本	甲产品	制造费用			
		乙产品	制造费用			
合　计						

表 5-58　　　　　　　　　　　　　工资费用分配表

生产车间：缝纫车间　　　　　　　　2021 年 8 月　　　　　　　　　　　　单位：元

应借账户			成本项目	分配标准（工时）	分配率	分配金额
一级账户	二级账户	明细账户				
生产成本	基本生产成本	甲产品	直接人工			
		乙产品	直接人工			
合　计						

表 5-59　　　　　　　　　　　　　制造费用分配表

生产车间：缝纫车间　　　　　　　　2021 年 8 月　　　　　　　　　　　　单位：元

应借账户			成本项目	分配标准（工时）	分配率	分配金额
一级账户	二级账户	明细账户				
生产成本	基本生产成本	甲产品	制造费用			
		乙产品	制造费用			
合　计						

（2）填列裁剪车间和缝纫车间的甲产品成本计算单，结果填入"甲产品成本计单"中，分别如表 5-60 和表 5-61 所示。

表 5-60　　　　　　　　　　　　甲产品成本计算单

生产车间：裁剪车间　　　　　　　2021 年 8 月　　　　　　　　　　　　单位：元

项目	产品产量（套）	直接材料		定额工时（小时）	直接人工	制造费用	合 计
		定额	实际				
月初在产品成本	—	30 000	30 000	2 000	18 500	60 000	108 500
本月发生生产费用	—						
本月生产费用合计	—						
分配率	—						
计入产成品份额							
月末在产品成本	—						

表 5-61　　　　　　　　　　　　甲产品成本计算单

生产车间：缝纫车间　　　　　　　2021 年 8 月　　　　　　　　　　　　单位：元

项目	产品产量（套）	直接材料		定额工时（小时）	直接人工	制造费用	合 计
		定额	实际				
月初在产品成本	—	—	—	800	7 200	15 600	22 800
本月发生生产费用	—	—	—				
本月生产费用合计		—	—				
分配率		—	—				
计入产成品份额		—	—				
月末在产品成本		—	—				

（3）编制甲产品的成本汇总计算表，如表 5-62 所示。

表 5-62　　　　　　　　　　　　甲产品成本汇总计算表

2021 年 8 月　　　　　　　　　　　　单位：元

生产车间	产成品数量（套）	直接材料费用	直接人工费用	制造费用	合 计
裁剪车间					
缝纫车间					
合计	2 000				
单位成本					

9. 资料：

某企业甲产品经过三个车间连续加工制成，一车间生产 A 半成品，直接转入二车间加工制成 B 半成品，B 半成品直接转入三车间加工成甲产成品。其中，1 件甲产品耗用 1 件 B 半成品，1 件 B 半成品耗用 1 件 A 半成品。原材料于生产开始时一次投入，各车间月末在产品完工率均为50%。各车间生产费用在完工产品和在产品之间的分配采用约当产量法。

2021年3月，本月各车间产量资料如表5-63所示。各车间月初及本月生产费用资料如表5-64所示。

表 5-63　　　　　　　　　　　　各步骤产量记录
2021 年 3 月

摘要	一车间	二车间	三车间
月初在产品数量	20	50	40
本月投产数量或上步转入	180	160	180
本月完工产品数量	160	180	200
月末在产品数量	40	30	20

表 5-64　　　　　　　　　　　　各步骤费用资料
2021 年 3 月

	摘要	直接材料	直接人工	制造费用	合计
一车间	月初在产品成本	1 000	60	100	1 160
	本月发生生产费用	18 400	2 200	2 400	23 000
二车间	月初在产品成本		200	120	320
	本月发生生产费用		3 200	4 800	8 000
三车间	月初在产品成本		180	160	340
	本月发生生产费用		3 450	2 550	6 000

要求：

采用平行结转分步法计算产成品成本，编制各步骤成本计算单及产品成本汇总表，分别如表5-65至表5-69所示。

表 5-65　　　　　　　　　　　　步骤约当产量的计算表
2021 年 3 月

摘　要	直接材料	直接人工	制造费用
一车间步骤约当产量			
二车间步骤约当产量			
三车间步骤约当产量			

表 5-66   产品成本计算单

生产步骤：第一车间
产品名称：A 半成品　　　　　　　　　2021 年 3 月　　　　　　　　　产量：160 件

摘　要	直接材料	直接人工	制造费用	合　计
月初在产品成本	1 000	60	100	1 160
本月发生生产费用	18 400	2 200	2 400	23 000
本月生产费用合计	19 400	2 260	2 500	24 160
该步骤约当产量				
单位成本				
应计入产成品成本份额				
月末在产品成本				

表 5-67   第二车间成本计算单

生产步骤：第二车间
产品名称：B 半成品　　　　　　　　　2021 年 3 月　　　　　　　　　产量：180 件

摘　要	直接人工	制造费用	合　计
月初在产品成本	200	120	320
本月发生生产费用	3 200	4 800	8 000
本月生产费用合计	3 400	4 920	8 320
该步骤约当产量			
单位成本			
应计入产成品成本份额			
月末在产品成本			

表 5-68   第三车间成本计算单

生产步骤：第三车间
产品名称：甲产成品　　　　　　　　　2021 年 3 月　　　　　　　　　产量：200 件

摘　要	直接人工	制造费用	合　计
月初在产品成本	180	160	340
本月发生生产费用	3 450	2 550	6 000
本月生产费用合计	3 630	2 710	6 340
步骤约当产量			
单位成本			
应计入产成品成本份额			
月末在产品成本			

表 5-69　　　　　　　　　　　　产品成本汇总计算表

产品名称：甲产品　　　　　　　　　2021 年 3 月　　　　　　　　　产量：200 件

项　目	直接材料	直接人工	制造费用	总成本	单位成本
一车间					
二车间					
三车间					
合　计					

产品成本计算的辅助方法

项目导入

通过项目五的学习，我们掌握了产品成本计算的基本方法：品种法、分批法和分步法。除了这三种基本方法之外，在有些情况下，还需要一些辅助方法来简化成本核算，提高工作效率。在本项目中，我们将集中介绍产品成本计算的辅助方法：分类法、定额法和标准成本法。

学习目标

理解分类法、定额法和标准成本法等产品成本计算辅助方法的主要特点、适用范围和计算程序，能够结合企业的实际，选择合适的辅助方法进行成本核算。

知识准备

任务一 分类法

一、分类法的概念和适用范围

在一些工业企业中，其生产的产品品种（或规格，下同）繁多，如果按照产品的品种归集费用和计算成本，则计算工作极为繁重。产品成本计算的分类法，就是在产品品种繁多，但可以按照一定标准分类的情况下，为了简化计算工作而采用的一种成本计算方法。凡是产品品种繁多，而且可以按照一定的要求或标准划分为若干类别的企业或车间，均可采用分类法计算产品成本。

有一些工业企业，除生产主要产品以外，还可能生产一些零星产品，如为协作企业生产少量的零部件，或者自制少量材料和工具等。对于这些零星产品，虽然内部结构、所耗原材料和工艺过程不一定完全相近，但是它们的品种、规格多，数量少，费用所占的比重小。为了简化成本计算工作，也可以将这些零星产品归为几类，采用分类法计算成本。

二、分类法的特点

分类法的特点如下：按照产品类别归集费用，计算成本；同一类产品内不同品种产品的成本采用一定的分配方法分配确定。在采用这种成本计算方法时，先要根据产品的结构、所用原材料和工艺过程的不同，将产品划分为若干类，按照产品的类别设立产品成本明细账，归集产品的生产费用，计算各类产品成本；然后选择合理的分配标准，在类内各种产品之间分配费用，计算类内各种产品的成本。

三、分类法的计算程序

（一）划分产品类别，计算类别产品成本

根据产品的结构、所耗用原材料和产品生产工艺过程的不同，将产品划分为若干类别，按照产品的类别设置生产成本明细账，归集和分配生产费用，并计算出各类别完工产品成本。

（二）计算类内各种产品成本

同类产品内各种产品之间可以选择合理的分配标准，将某一类完工产品成本在类内的各种产品之间进行分配，计算出类内各种产品成本。同一类产品内各种产品之间分配费用的标准有定额消耗量、定额费用、售价，以及产品的体积、长度和重量等。在选择分配标准时，应考虑分配标准是否与产品成本关系较大。各成本项目可以采用同一分配标准分配；也可以按照成本项目的性质，分别采用不同的分配标准分配，以使分配结果更加合理。例如，原材料费用可按定额原材料费用或定额原材料消耗量比例分配，直接人工等其他费用可按定额工时比例分配。

为了简化分配工作，也可将分配标准折算成相对固定的系数，按照固定的系数分配同类产品内各种产品的成本。在确定系数时，一般是在同类产品中选择一种产量较大、生产比较稳定或规格折中的产品作为标准产品，把这种产品的分配标准额的系数定为"1"；用其他各种产品的分配标准额与标准产品的分配标准额相比，求出其他产品的分配标准额与标准产品的分配标准额的比值，即系数。系数一经确定，应相对稳定，不应任意变更。在分类法中，按照系数分配同类产品内各种产品成本的方法也叫系数法。因此，系数法是分类法的一种，也可称为简化的分类法。用系数法计算类内各种产品成本

的计算程序如下：

（1）在某一类别产品中选择其中的一种产品为标准产品，并确定其系数为"1"。

（2）以标准产品的分配标准额为依据，分别确定类内其他各种产品的系数。计算公式为：

类内某种产品的系数＝该种产品的分配标准额÷标准产品的分配标准额

计算类内各种产品的标准产量，也可称为总系数。计算公式为：

类内某种产品的标准产量＝该种产品的实际产量×该种产品的系数

（3）计算各成本项目费用分配率。计算公式为：

某成本项目费用分配率＝某类完工产品的成本项目费用总额÷类内各种产品的标准产量之和

（4）计算类内各种产品各成本项目费用。计算公式为：

类内某种产品某成本项目费用＝该种产品的标准产量×该成本项目费用分配率

（5）计算类内各种产品的总成本和单位成本。计算公式为：

类内某种产品的总成本＝该种产品各成本项目费用之和

类内某种产品的单位成本＝该种产品总成本÷该种产品实际产量

四、分类法的举例

现以某工业企业的产品成本计算为例，说明分类法的计算程序。

【例6-1】 假定某企业所生产的A、B、C三种产品的结构、所用原材料和工艺过程相近，合为一类计算成本。该企业6月的产量如下：A产品为120件，B产品为90件，C产品为150件。该企业规定B种产品为标准产品。该类产品的成本资料、系数计算及产品标准产量计算见表6-1~表6-3。

表6-1　　　　　　　　　　　分类产品成本明细账

产品类别：　　　　　　　　　202×年×月　　　　　　　　　金额单位：元

月	日	摘要	原材料	直接人工	制造费用	合计
5	31	在产品成本（定额成本）	41 910	13 530	44 550	99 990
6	30	本月生产费用	53 340	18 650	61 020	133 010
6	30	生产费用累计	95 250	32 180	105 570	233 000
6	30	产成品成本	64 770	19 470	63 720	147 960
6	30	在产品成本（定额成本）	30 480	12 710	41 850	85 040

表 6-2　　　　　　　　　　　　　系数计算表

产品类别：　　　　　　　　　　　　202×年 ×月

产品名称	原材料消耗定额/千克	系数	工时消耗定额/小时	系数
A	2 128	0.8	12	1.2
B	2 660	1	10	1
C	3 458	1.3	8	0.8

表 6-3　　　　　　　　　　　　　产品标准产量计算表

产品类别：　　　　　　　　　　　　202×年 ×月

产品名称	产品实际产量	原材料		加工费	
		单位系数	标准产量（总系数）	单位系数	标准产量（总系数）
A	120	0.8	96	1.2	144
B	90	1.0	90	1.0	90
C	150	1.3	195	0.8	120
合计			381		354

根据表 6-1~ 表 6-3 可以计算类内各种产成品成本，见表 6-4。

表 6-4　　　　　　　　　　　　类内各种产成品成本计算表

产品类别：　　　　　　　　　　202×年 ×月　　　　　　　　　　金额单位：元

摘要	直接材料	直接人工	制造费用	合计
该类完工产品总成本	64 770	19 470	63 720	147 960
标准产量（总系数）	381	354	354	
分配率	170	55	180	
A 完工产品总成本	16 320	7 920	25 920	50 160
A 产品单位成本	136	66	216	418
B 完工产品总成本	15 300	4 950	16 200	36 450
B 产品单位成本	170	55	180	405
C 完工产品总成本	33 150	6 600	21 600	61 350
C 产品单位成本	221	44	144	409

根据"表 6-1 分类产品成本明细账""表 6-2 系数计算表"和"表 6-3 产品标准产量计算表"中数据，在 Excel 中编制"表 6-4 类内各种产成品成本计算表"，相关公式设置见下图：

表6-1 分类产品成本明细账

产品类别：202×年×月金额单位：元

	A	B	C	D	E	F	G
3	月	日	摘要	原材料	直接人工	制造费用	合计
4	5	31	在产品成本（定额成本）	41910	13530	44550	99990
5	6	30	本月生产费用	53340	18650	61020	133010
6	6	30	生产费用累计	=SUM(D4:D5)	=SUM(E4:E5)	=SUM(F4:F5)	=SUM(G4:G5)
7	6	30	产成品成本	=D6-D8	=E6-E8	=F6-F8	=G6-G8
8	6	30	在产品成本（定额成本）	30480	12710	41850	85040

表6-2 系数计算表

产品类别：202×年×月

	A	B	C	D	E
3	产品名称	原材料消耗定额/千克	系数	工时消耗定额/小时	系数
4	A	2128	=B4/B5	12	=D4/D5
5	B	2660	1	10	1
6	C	3458	=B6/B5	8	=D6/D5

表6-3 产品标准产量计算表

产品类别：202×年×月

	A	B	C	D	E	F
3			原材料		加工费	
4	产品名称	产品实际产量	单位系数	标准产量（总系数）	单位系数	标准产量（总系数）
5	A	120	0.8	=B5*C5	1.2	=B5*E5
6	B	90	1	=B6*C6	1	=B6*E6
7	C	150	1.3	=B7*C7	0.8	=B7*E7
8	合计			=SUM(D5:D7)		=SUM(F5:F7)

表6-4 类内各种产成品成本计算表

产品类别：202×年×月金额单位：元

	A	B	C	D	E
3	产品名称	原材料消耗定额（千克）	系数	工时消耗定额（小时）	系数
4	摘要	直接材料	直接人工	制造费用	合计
5	该类完工产品总成本	='表6-1'!D7	='表6-1'!E7	='表6-1'!F7	=SUM(B5:D5)
6	标准产量（总系数）	='表6-3'!D8	='表6-3'!F8	='表6-3'!F8	
7	分配率	=B5/B6	=C5/C6	=D5/D6	
8	A完工产品总成本	=B7*'表6-3'!D5	=C7*'表6-3'!F5	=D7*'表6-3'!F5	=SUM(B8:D8)
9	A产品单位成本	=B8/'表6-3'!B5	=C8/'表6-3'!B5	=D8/'表6-3'!B5	=SUM(B9:D9)
10	B完工产品总成本	=B7*'表6-3'!D6	=C7*'表6-3'!D6	=D7*'表6-3'!F6	=SUM(B10:D10)
11	B产品单位成本	=B10/'表6-3'!B6	=C10/'表6-3'!B6	=D10/'表6-3'!B6	=SUM(B11:D11)
12	C完工产品总成本	=B7*'表6-3'!D7	=C7*'表6-3'!F7	=D7*'表6-3'!F7	=SUM(B12:D12)
13	C产品单位成本	=B12/'表6-3'!B7	=C12/'表6-3'!B7	=D12/'表6-3'!B7	=SUM(B13:D13)

五、分类法的优缺点和应用条件

采用分类法计算产品成本时，每类产品内各种产品的生产费用，无论间接计入费用还是直接计入费用，都采用分配方法分配计算，因而领料凭证、工时记录和各种费用分配表都可以按照产品类别填列，产品成本明细账也可以按照产品类别设立，从而简化了成本计算工作；能够在产品品种、规格繁多的情况下，分类掌握产品成本的水平。但是，由于同类产品内各种产品的成本都是按照一定比例分配计算的，所以计算结果有一定的假定性。因此，产品的分类和分配标准（或系数）的确定是否适当，是采用分类法时能否做到既简化成本计算工作，又使成本计算相对正确的关键。在进行产品分类时，类距既不宜定得过小，使成本计算工作复杂；也不能定得过大，造成成本计算的"大锅烩"。在分配标准的选定上，要选择与成本水平高低有密切联系的分配标准分配费用。当产品结构、所用原材料或工艺过程发生较大变动时，应该修订分配系数或考虑另选分配标准，以提高成本计算的正确性。

分类法——实训

任务二　定额法

一、定额法概述

（一）定额成本的概念

定额成本是以事前制定产品的定额成本作为目标成本，在生产费用发生的当时将实际发生的费用与目标成本进行对比，揭示差异，找出原因，监督实际生产费用的支出，加强成本差异的日常核算、分析和控制。月终，根据定额成本、定额差异和定额变动计算实际成本。在定额成本制度下，产品实际成本的计算公式为

定额法

产品的实际成本＝产品定额成本 ± 脱离定额的差异 ± 定额变动差异 ± 材料成本差异

定额成本控制是一种对产品成本进行控制和管理的成本制度，注重成本的事前和事后控制，能做到成本的日常控制。因此，定额成本控制能更有效地发挥成本核算对于节约生产费用、降低产品成本的作用。它适用于任何企业，但必须与产品成本计算的基本方法相结合。

（二）定额成本的制定

产品定额成本的制定过程也是对产品成本进行事前控制的过程。定额成本是目标成

本的一种，它是根据消耗定额和计划单位成本制定的，制定时分成本项目进行。其计算公式为：

原材料费用定额 = 产品原材料消耗定额 × 原材料计划单价

生产工资费用定额 = 产品生产工时定额 × 计划小时工资率

制造费用定额 = 产品生产工时定额 × 计划小时费用率

其中，

计划小时工资率 = 预计某车间全年生产工人工资总额 / 预计该车间全年定额工时总数

计划小时费用率 = 预计某车间全年制造费用总额 / 预计该车间全年定额工时总数

需要注意的是，从公式看，产品定额成本与计划成本似乎没有什么差别，但实际上，两者对定额的理解是不一样的。计划成本的定额是计划期内的平均定额，通常在计划期内不变；而定额成本的定额是现行定额，通常随生产技术和劳动生产率的提高不断修订，经常变动。此外，计划成本是企业制定的较长时期的目标成本，而定额成本是为完成这一目标成本制定的，作为对当时的产品成本进行控制和考核的依据。

（三）在定额成本控制下的成本计算程序

（1）按产品编制月初产品定额成本表。若定额有修订，应在表中注明。

（2）按成本计算对象设置成本明细账，按成本项目设"月初在产品成本""本月生产费用""生产费用累计""本月产成品成本""月末在产品成本"等专栏，各栏又设"定额成本""脱离定额差异""定额变动差异""材料成本差异"分栏。

（3）编制费用分配明细表，各项费用应按定额成本和脱离定额差异进行汇总。

（4）登记各产品成本明细账。

（5）分配计算完工产品和月末在产品成本。产成品的定额成本应根据事先编好的产品定额成本表中产品月初成本定额乘以产品数量求得，然后根据"生产费用累计"中的定额成本合计减去产成品的定额成本，所得就是月末在产品的定额成本。

（6）如果有不可修复废品，应按成本项目计算其定额成本，并按定额成本分配计算脱离定额差异或定额变动差异以及材料成本差异。如果不可修复废品很少，也可不计算这些差异。

（7）产成品的实际成本由产成品的定额成本加减脱离定额差异、定额变动差异和材料成本差异求得，并可进行成本的事后分析。

（8）成本核算人员应将成本核算、分析结果及改进建议上报单位负责人，由他们做出最后的评价与决策。

二、脱离定额差异的计算

脱离定额差异的计算是定额成本控制的重要手段。在日常核算中，当费用发生时，应将符合定额的费用与脱离定额的差异,分别编制定额凭证和差异凭证,并在有关费用分配表和明细账中分别登记。为了更好地控制成本,找出成本差异的原因,脱离定额差异的计算应分别按成本项目进行。

(一)原材料脱离定额差异的计算

计算原材料脱离定额差异的方法有限额法、切割法和盘存法三种。

1. 限额法

限额法又称为差异凭证法,是控制领料的一种方法。采用这种方法的企业应建立限额领料制度,凡符合定额的原材料,应根据限额领料单领发;凡超过限额的领发或领用代用材料,又未能办理追加手续的,应另行填制差异凭证,差异凭证的签发必须经过一定的审批手续。限额法是控制领料、促进材料节约的重要手段,但不一定能完全控制用料,因为差异凭证中的差异仅仅是领料差异,不一定是用料差异。

【例6-2】 假如某企业限额领料单规定的产品数量为800件,每件材料消耗定额为4千克,实际领料为3 000千克,而企业实际投产的产品数量为750件,车间期初余料为50千克,期末余料为30千克,则

脱离定额的差异为(3 000+50−30)−750×4=20(千克)

2. 切割法

切割法适用于使用必须经过切割的板材、棒材和棍材等材料的企业。采用切割法控制用材,应先采用限额法控制领料。切割法用料差异的计算是用切割后的材料数量乘以定额,得到切割后材料的定额消耗量,与材料实际用量相比,其差额就是定额差异。如果企业切割的材料很重要,也可以单独计算。材料切割核算单见表6-5。

表6-5　　　　　　　　　　材料切割核算单

材料编号或名称:3355　　　材料计量单位:千克　　　材料计划单价:6.5元
产品名称:A　　　　　　　零件名称:B　　　　　　图纸号:200p
切割人名称:　　　　　　　　　　　　　　　　　　机床号:100
发交切割日期:　　　　　　完工日期:

领料数量/千克	退回余料数量/千克	材料实际消耗量/千克	废料实际回收量/千克
125	5	120	4.5

单件消耗定额/千克	单件回收废料定额/千克	应割成的毛坯数量/件	实际割成毛坯数量/件	材料定额消耗量/千克	废料定额回收量/千克
4.5	0.1	26	23	103.5	2.3

材料脱离定额差异		废料脱离定额差异			脱离定额差异原因	责任人
数量/千克	金额	数量/千克	单价/元	金额/元	未按规范操作	切割工人
16.5	107.25	−2.2	0.5	−1.1		

3. 盘存法

盘存法是按一定的间隔日期对生产中的余料进行盘点，根据材料领用数量和盘点所确定的余额推算一定时期内材料的实际耗用量，将实际耗用量与按这一时期投产的数量乘以耗用定额所求得的定额耗用量相比较，算出材料定额差异。计算公式为：

原材料的实际耗用量 = 期初余料 + 本期领用 − 期末余料

原材料的定额耗用量 = 本期投产数量 × 原材料消耗定额

原材料的脱离定额差异 = 原材料的实际耗用量 − 原材料的定额耗用量

在上述公式中，用于计算原材料定额耗用量的是本期投产数量，而非本期完工数。因为本期完工数量所用原材料包括期初在产品中的上月用料，但未包括在产品中的本期用料。

本期投产数量 = 本期完工数量 + 期末在产品数量 − 期初在产品数量

（二）生产工人工资脱离定额差异的计算

生产工人工资有计件工资和计时工资之分，因此，生产工人工资脱离定额差异是不同的。在计件工资制下，生产工人工资直接计入费用，其脱离定额差异的计算与原材料脱离定额差异的计算相似。在计时工资制下，生产工人工资属于间接计入费用。影响其脱离定额差异的因素有两种：一是生产工时，二是小时工资率。其脱离定额差异的计算公式为：

某产品实际生产工资 = 该产品实际生产工时 × 实际小时工资率

某产品定额生产工资 = 该产品定额生产工时 × 计划小时工资率

某产品生产工资脱离定额差异 = 该产品实际生产工资 − 该产品定额生产工资

要使生产工人工资不超过定额，必须降低单位小时的生产工资和单位产品的生产工时。加强生产工人工资的日常控制，主要从三个方面入手：

（1）控制生产工资总额不超过计划。

（2）监督生产工时，控制非生产工时，使生产工时得到充分利用。

（3）控制单位产品的生产工时不超过定额。

（三）制造费用脱离定额差异的计算

制造费用属于间接计入费用，不能按产品确定其成本定额、计算定额差异，因此对制造费用的定额控制难度要大一些。制造费用定额控制可分为两种：一是变动制造费用定额控制；二是固定制造费用定额控制。对于变动制造费用定额控制，可参照原材料的定额控制，按标准制定有关项目定额，采用限额领料单或限额费用单进行控制，超过定额部分则记入差异凭证。对于固定制造费用，可编制计划总额，实行总量控制。制造费用脱离定额差异的计算公式为：

某产品实际制造费用 = 该产品实际生产工时 × 实际小时费用率

某产品定额制造费用 = 该产品定额生产工时 × 计划小时费用率

某产品制造费用脱离定额差异＝该产品实际制造费用－该产品定额制造费用

三、定额变动差异的计算

随着生产技术和劳动生产率的提高，需要修订原来的消耗定额或费用定额，修订后定额与修订前定额之间产生的差异称定额变动差异。定额修订一般在月初进行，在定额变动时期，月初在产品定额成本仍用原来的定额计算，而本月投入产品的定额成本和完工产品的定额成本用新定额计算，结果是

期初定额成本＋本期投入的定额成本≠完工产品定额成本＋月末在产品定额成本

此时，需要增加一个定额调整项目，同时增加一个定额变动差异项目来平衡此式。

例如，某企业202×年×月初在产品的定额成本为310元，脱离定额差异为+50元，其实际成本为360元。对定额进行修订后，期初在产品的定额成本为300元，定额成本需要调低10元，才能与按新定额核算的本期投入定额成本、完工产品定额成本以及在产品定额成本相一致，但实际成本为360元是不能变的，定额成本调低的10元只能计入差异，为了将差异与脱离定额差异区分开，将其单独列为定额变动差异。于是定额修订后，实际成本为360元的期初在产品成本的构成如下：定额成本为310元，脱离定额差异为+50元，定额调整-10元，定额变动差异为+10元。

四、定额法的优缺点和应用条件

定额法主要是为加强成本管理进行成本控制而采用的一种成本计算与成本管理相结合的方法。因此，在实际应用中，采用定额法，有利于加强企业日常的成本控制，同时便于企业进行产品成本的定期分析；通过对各项差异的核算，有利于企业提高成本的定额管理和计划管理工作的水平，也有利于解决各项差异在完工产品和月末在产品之间分配的问题。但是，由于定额法需要计算各项差异，因此大大增加了成本核算的工作量。同时，由于各项差异是按产品进行计算确定的，所以难以分清各部门的经济责任。因此，定额管理制度比较健全，定额管理工作基础比较好，生产的产品已经定型，各项消耗定额比较准确、稳定的企业，可以采用定额法进行成本核算和控制。

任务三　标准成本法

一、标准成本法概述

（一）标准成本的概念

标准成本起源于泰勒的"科学管理学说"，经过不断演进，已成为控制成本的有

效工具。标准，即一定条件下衡量和评价某项活动或事物的尺度。所谓标准成本，是指按照成本项目反映的、在已经达到的生产技术水平和有效经营管理条件下，应当发生的单位产品成本目标。它有理想标准成本、正常标准成本和现实标准成本三种类型。

1. 理想标准成本

理想标准成本是指当企业的经营管理水平、生产设备状况、职工技术水平等条件都处于最佳状态，停工损失、废品损失、机器维修保养、工人休息停工时间等不存在时的最低成本水平。由于这种成本的要求过高，只是一种纯粹的理论状态，即使企业的全体员工共同努力，也常常无法达到，因此不宜作为现行标准成本。

2. 正常标准成本

正常标准成本是根据过去一段时期实际成本的平均值，剔除其中生产经营活动里的异常因素，并考虑未来的变动趋势而制定的标准成本。这种标准成本为历史的延伸，是一种经过努力可以达到的成本，企业可以此为现行成本。但它的应用有局限性，企业只有在国内外经济形势稳定、生产发展比较平稳的情况下才能使用。

3. 现实标准成本

现实标准成本是根据企业最可能发生的生产要素耗用量、生产要素价格和生产经营能力利用程度制定的。由于这种标准包含企业一时还不能避免的某些不应有的低效、失误和超量消耗，因此，它是经过努力可以达到的、既先进又合理、最切实可行且接近实际的成本。

（二）标准成本法的特点

标准成本法的核心是按标准成本记录和反映产品成本的形成过程与结果，并借以实现对成本的控制。其特点如下：

（1）标准成本制度只计算各种产品的标准成本，不计算各种产品的实际成本。"生产成本""产成品""自制半成品"等成本账户均按标准成本入账。

（2）实际成本与标准成本之间的各种差异分别记入各成本差异账户，并根据它们对日常成本进行控制和考核。

（3）标准成本法可以与变动成本法相结合，从而达到管理和控制成本的目的。

（三）标准成本法的步骤

标准成本控制的步骤如下：

（1）正确制定成本标准。

（2）揭示实际消耗与标准成本之间的差异。

（3）积累实际成本资料，并计算实际成本。

（4）比较实际成本与标准成本之间的差异，分析成本差异产生的原因。

（5）根据差异产生的原因，采取有效措施，在生产经营过程中进行调整，消除不利差异。

二、标准成本的制定

（一）标准成本的制定方法

制定标准成本有多种方法，最常见的有以下几种：

（1）工程技术测算法。它是根据一个企业现有的机器设备、生产技术状况，对产品生产过程中的投入产出比例进行估计而计算出的标准成本。

（2）历史成本测算法。它是将过去发生的历史成本数据作为未来产品生产的标准成本。一般根据企业过去若干期的原材料、人工等费用的实际发生额计算平均数，要求较高的企业往往以历史最好成本水平来计算。

以上两种方法各有优缺点。历史成本测算法省时、省力，又易于做到，但它不能适应变化的市场要求。

（二）标准成本的一般公式

根据完全成本法的成本构成项目，产品的标准成本主要由直接材料、直接人工和制造费用三个项目组成。无论哪一个成本项目，在制定其标准成本时，都需要分别确定其价格标准和用量标准，两者相乘即每一成本项目的标准成本，然后汇总各个成本项目的标准成本就可以得出单位产品的标准成本。其计算公式为：

某成本项目标准成本 = 该成本项目的价格标准 × 该成本项目的用量标准

单位产品标准成本 = 直接材料标准成本 + 直接人工标准成本 + 制造费用标准成本

（三）标准成本各项目的制定

1. 直接材料标准成本的制定

直接材料标准成本是由直接材料耗用量标准和直接材料价格标准两个因素决定的。

（1）直接材料耗用量标准。直接材料耗用量标准是指企业在现有生产技术条件下，生产单位产品应当耗用的原料及主要材料数量，通常也称为材料消耗定额，一般包括构成产品实体应耗用的材料数量、生产中的必要消耗，以及不可避免的废品损失中的消耗等。

直接材料耗用量标准应根据企业产品的设计、生产和工艺现状，结合企业的经营管理水平和降低成本任务的要求，考虑材料在使用过程中发生的必要损耗（如切削、边角余料等），按照产品的零部件制定各种原料及主要材料的消耗定额。材料消耗标准一般应由生产技术部门制定并提供，定额制度健全的企业也可以依据材料消耗定额制定。

（2）直接材料价格标准。直接材料价格标准是指以订货合同中的合同价格为基础，并考虑未来各种变动因素，所确定的购买材料应当支付的价格，即标准单价。它一般包括材料买价、运杂费、检验费和正常损耗等成本，是企业编制的计划价格，通常由财务部门和采购部门共同协商制定。

确定了直接材料耗用量标准和直接材料价格标准后，将各种产品材料耗用量标准乘以各种材料价格标准，就可得到直接材料标准成本。其计算公式为：

单位产品直接材料标准成本 = ∑ [各种产品材料耗用量标准 × 各种材料价格标准]

2. 直接人工标准成本的制定

直接人工标准成本是由直接人工工时耗用量标准和直接人工价格标准两个因素决定的。

（1）直接人工工时耗用量标准。直接人工工时耗用量标准，即直接生产工人生产单位产品所需要的标准工时，也称为工时消耗定额，是指在企业现有的生产技术条件下，生产单位产品所需要的工作时间，包括对产品的直接加工工时、必要的间歇和停工工时，以及不可避免的废品耗用工时等。直接人工工时耗用量标准通常需由生产技术部门和劳动工资部门根据技术测定与统计调查资料来确定。

（2）直接人工价格标准。直接人工价格标准是每一标准工时应分配的标准工资，即标准工资率，以职工工资标准来确定。

确定了标准工时和工资率后，用下列公式计算单位产品直接人工标准成本：

单位产品直接人工标准成本 = 标准工资率 × 人工工时耗用标准

3. 制造费用标准成本的制定

制造费用包括固定性制造费用和变动性制造费用，由于其无法追溯到具体的产品项目上，因此不能按产品制定消耗额。通常以责任部门为单位，按固定费用和变动费用编制预算。制造费用的标准成本是由制造费用价格标准和制造费用用量标准决定的，制造费用价格标准即制造费用分配率标准，制造费用用量标准即工时用量标准。具体计算公式为：

单位产品制造费用标准成本 = 制造费用分配率标准 × 制造费用用量标准

制造费用分配率标准 = 变动制造费用标准分配率 + 固定制造费用标准分配率

变动制造费用分配率标准 = 变动制造费用预算 ÷ 预算标准工时

固定制造费用分配率标准 = 固定性制造费用预算 ÷ 预算标准工时

（四）制定标准成本举例

【例6-3】 假定甲企业202×年A产品预计消耗直接材料、直接人工、制造费用资料见表6-6。

表 6-6　　　　　　　　　　　　产品标准成本计算表

产品：A产品　　　　　　　　　202×年×月×日　　　　　　　　金额单位：元

	原料号码	单位	数量	标准单价	部门 1	部门 2	合计		操作号码	标准时数	标准工资率	部门 1	部门 2	合计
直接材料	1-6 3-5 4-7	千克 千克 千克	5 10 6	10 7 10	50	70 60	50 70 60	直接人工	1-3 2-4 3-5	2 5 6	5 4 3	10	20 18	10 20 18
	直接材料成本合计				50	130	180		直接人工成本合计			10	38	48

	标准时数	标准分配率	部门 1	部门 2	合计		标准时数	标准分配率	部门 1	部门 2	合计
变动制造费用	2 11	3 4	6	44	6 44	固定制造费用	2 11	2 3	4	33	4 33
	变动制造费用合计		6	44	50		固定制造费用合计		4	33	37
	制造费用合计										87
	产品标准成本合计										315

三、成本差异的计算与分析

标准成本控制的第二步是计算成本差异，并对其进行分析。这里的成本差异是指产品的实际成本与标准成本之间的差额。在生产经营过程中，实际发生的成本会高于或低于标准成本，它们之间的差额就是成本差异，实际成本高于标准成本时的差额称为不利差异，实际成本低于标准成本时的差额称为有利差异。实行标准成本控制就是要发展有利差异，消除不利差异。

标准成本包括直接材料标准成本、直接人工标准成本、变动制造费用标准成本、固定制造费用标准成本。与此相对应，成本差异也有直接材料成本差异、直接人工成本差异、变动制造费用成本差异、固定制造费用成本差异，每一个标准成本项目均可分解为用量标准和价格标准，成本差异也可分解为数量差异和价格差异。成本差异的通用计算公式见图6-1。

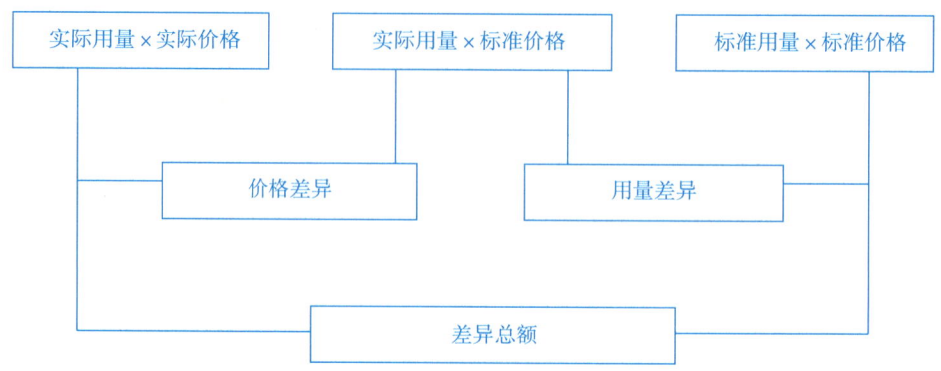

图6-1 成本差异的通用计算公式

（一）直接材料成本差异的计算与分析

直接材料成本差异是直接材料的实际成本与其标准成本之间的差额，包括用量差异和价格差异。

1. 直接材料用量差异

直接材料用量差异的计算公式为：

直接材料用量差异＝（实际用量 × 标准价格）－（标准用量 × 标准价格）
　　　　　　　　＝（实际用量 － 标准用量）× 标准价格

导致直接材料用量差异的因素主要有设备故障、原材料质量不高、员工技术不熟练、产品质量标准变化、生产管理不力等，这些差异主要在生产过程中发生，应由生产部门负责。当然，也存在生产部门不可控的因素，如采购部门为了降低采购成本，降低了原材料的质量，这种差异就不应由生产部门负责。

2. 直接材料价格差异

直接材料价格差异的计算公式为：

直接材料价格差异＝实际用量 × 实际价格 － 实际用量 × 标准价格
　　　　　　　　＝实际用量 ×（实际价格 － 标准价格）

导致直接材料价格差异的因素主要有采购批量、送货方式、购货折扣、材料品质、采购时间等。这些因素主要由采购部门控制，应该由采购部门负责。当然也存在例外情况，如生产中出现材料紧缺，必须紧急采购时，价格就难以控制，因此而提高的采购成本的责任另当别论。

【例6-4】某企业A产品本月实际产量为120件，材料消耗标准用量为10千克，每千克标准价格为50元，实际材料耗用量为1 100千克，实际单价为51元。其实际材料标准成本差异计算如下：

直接材料的实际成本＝1 100×51＝56 100（元）

直接材料的标准成本＝120×10×50＝60 000（元）

直接材料成本差异＝56 100－60 000＝－3 900（元）

其中：

直接材料数量差异 =（1 100−120×10）×50 = −5 000（元）

直接材料价格差异 =（51−50）×1 100 = 1 100（元）

上述计算结果说明，该企业的直接材料数量差异为 −5 000 元，表明生产部门管理得力，或是生产技术水平提高等原因，节约了材料。直接材料价格差异为 1 100 元，这是市场价格的变化带来的不利差异。

（二）直接人工成本差异的计算与分析

直接人工成本差异的确定与直接材料大致相同，不同之处在于，用量差异是人工效率差异，价格差异是工资率差异。其计算公式为：

直接人工效率差异 = 实际工时 × 标准工资率 − 标准工时 × 标准工资率

= （实际工时 − 标准工时）× 标准工资率

直接人工工资率差异 = 实际工时 × 实际工资率 − 实际工时 × 标准工资率

= 实际工时 × （实际工资率 − 标准工资率）

工资率是在聘用合同的条款中规定的，实际支付与预算额一般不会出现差异，但当企业的人力资源管理变动（如在生产经营中降级或升级使用员工、员工人数的增减、总体工资水平变动等情况发生）时，会导致工资率差异。

员工的生产经验不足、原材料质量不合格、设备运转不正常、工作环境不佳等多种因素均会导致直接人工效率差异。在通常情况下，效率差异由生产部门负责，但如果影响因素是生产部门的不可控因素，则责任由相关部门承担。

【例 6-5】 某企业 B 产品直接人工成本差异见表 6-7。

表 6-7　　　　　　　　　　直接人工成本差异计算表　　　　　　　　金额单位：元

项目	工时数 / 小时	工资率 /（元 / 小时）	金额
标准成本	5 200	11.8	61 360
实际成本	5 000	12.6	63 000
工资率差异	\multicolumn{3}{c}{（5 000×12.60）−（5 000×11.80）=4 000}
效率差异	\multicolumn{3}{c}{（5 000×11.80）−（5 200×11.80）=−2 360}
直接人工成本差异	\multicolumn{3}{c}{4 000+（−2 360）=1 640}

（三）变动制造费用成本差异的计算与分析

变动制造费用成本差异同样可分为用量差异和价格差异，用量差异是实际耗用工时与标准工时不一致造成的，又称为变动制造费用效率差异；价格差异则是变动制造费用的实际分配率与标准分配率不一致造成的，又称为变动制造费用耗费差异。

变动制造费用效率差异 = 实际工时 × 变动制造费用标准分配率 − 标准工时 × 变

变动制造费用耗费差异 = 实际工时 × 变动制造费用实际分配率 − 实际工时 × 变动制造费用标准分配率

【例 6-6】 某产品变动制造费用实际发生额为 7 540 元,实际耗用直接工时 1 300 小时,产量为 120 000 件,单位产品标准工时为 0.01 小时,变动制造费用标准分配率为 6 元/小时,变动制造费用差异计算如下:

变动制造费用效率差异 = 1 300 × 6 − 0.01 × 120 000 × 6 = 600(元)

变动制造费用耗费差异 = 7 540 − 1 300 × 6 = −260(元)

变动制造费用总差异 = 600 − 260 = 340(元)

(四)固定制造费用成本差异的计算与分析

固定制造费用有两种计算分析方法:一是两因素差异分析法,二是三因素差异分析法。

1. 两因素差异分析法

两因素差异分析法将固定制造费用差异分为耗费差异和数量差异,这里的数量差异又称为能量差异,计算公式为:

固定制造费用成本差异 = 实际产量下实际固定制造费用 − 实际产量下标准固定制造费用

固定制造费用耗费差异 = 固定制造费用实际发生额 − 固定制造费用预算额

固定制造费用能量差异 = (预算产量标准工时 − 实际产量标准工时) × 固定制造费用标准分配率

固定制造费用包括管理人员的工资、保险费、厂房设备折旧、税金等项目,这些项目在一定时期内不会随产量水平的变化而变动,因此,一般来讲,固定制造费用与预算成本差异不大。

如果企业出现固定制造费用数量差异,则说明生产能力的利用程度与预算不一致。生产能力超额利用,实际标准工时会大于生产能量,形成有利差异;反之,则生产能力没有得到充分利用。

【例 6-7】 某产品固定制造费用预算成本为 30 000 元,预算直接人工为 1 000 小时,单位产品标准工时是 0.01 小时,固定制造费用标准分配率是 30 元/小时,预算产量为 100 000 件,实际产量为 90 000 件,实际发生制造费用为 28 700 元,则:

固定制造费用耗费差异 = 28 700 − 30 000 = −1 300(元)

固定制造费用能量差异 = 30 000 − 30 × 0.01 × 90 000 = 3 000(元)

固定制造费用总差异 = −1 300 + 3 000 = 1 700(元)

2. 三因素差异分析法

三因素差异分析法就是进一步将能量差异分为效率差异和生产能力利用差异,再加上前面的耗费差异就构成了三种影响因素。耗费差异的计算与前面完全一致,另外两种差异的计算公式分别为：

效率差异 =（实际工时 − 标准工时）× 固定制造费用预算分配率
生产能力利用差异 =（预算工时 − 实际工时）× 固定制造费用预算分配率

四、标准成本法的优缺点和应用条件

标准成本法是将核算与控制、计划、分析有机结合起来而形成的一种比较理想的成本控制系统。

其优点包括：①管理思想先进，可以进行事前计划、事中控制、事后分析，形成管理闭环；②有利于考核，标准成本可作为评价业绩的尺度，对员工能起到激励和考核的作用，从而提高员工的责任感和积极性；③运用标准成本法进行成本核算时，能与品种法、分批法、分步法等方法结合使用，更具灵活性。

但是，在企业同时生产多种型号的产品，并且涉及的原材料较多的情况下，将成本更新产生的差异按产生来源进行还原分配简直就是天方夜谭，同时，有些费用计入存货成本不一定合理。例如，闲置能量差异是一种损失，并不能在未来换取收益，作为资产计入存货成本明显不合理，不如作为期间费用在当期参加损益汇总。

因此，对于那些各项成本管理基础工作做得比较好、成本管理组织比较健全的企业，其标准成本与实际成本差异小，或者差异在一个可以接受的范围内波动，可以采用标准成本法来核算并控制成本。

【实务操作】

1. 某企业生产 A、B、C、D、E 五种产品，它们所耗用的原材料和生产工艺相同，因此归为一类产品，即甲类产品，采用分类法计算产品成本。202×年2月有关成本计算资料如下：

（1）月初在产品成本和本月生产费用见表 6-8。

表 6-8　　　　月初在产品成本和本月生产费用表　　　　金额单位：元

摘要	直接材料	直接人工	制造费用	合计
月初在产品成本	20 000	30 000	18 800	68 800
本月生产费用	146 880	383 040	255 360	785 280

（2）各种产品本月产量资料和定额资料见表 6-9。

表 6-9　　　　各种产品本月产量资料和定额资料表

产品名称	本月实际产量（件）	材料消耗定额（千克）	工时消耗定额（小时）
A	200	15	9.6
B	240	12	8.8

续表

产品名称	本月实际产量（件）	材料消耗定额（千克）	工时消耗定额（小时）
C	480	10	8
D	360	9	7.6
E	300	8	7.2

（3）C产品为标准产品；甲类产品月末在产品按固定成本计算法在完工产品与在产品之间进行分配。

要求：（1）完成甲类产品成本计算单（见表6-10）。

表6-10 甲类产品成本计算单

202×年×月　　　　　　　　　　　　　　　　　　　金额单位：元

摘要	直接材料	直接人工	制造费用	合计
月初在产品成本	20 000	30 000	18 800	68 800
本月生产费用	146 880	383 040	255 360	785 280
生产费用合计				
本月完工产品总成本				
月末在产品成本				

（2）计算各种产品系数和本月总系数，填制"甲类产品成本计算表"（见表6-11）。

表6-11 甲类产品系数计算表

202×年×月　　　　　　　　　　　　　　　　　　　金额单位：元

产品名称	本月实际产量	材料消耗定额	材料系数	材料总系数	工时消耗定额	工时系数	工时总系数
A	200	15			9.6		
B	240	12			8.8		
C	480	10			8		
D	360	9			7.6		
E	300	8			7.2		
合计							

（3）采用系数分配法计算类内各种产品成本和单位成本，完成类内各种产品成本计算表（见表6-12）。

表 6-12　　　　　　　　　　　　类内各种产品成本计算表

产品类别：甲类　　　　　　　　　　　202×年×月　　　　　　　　　　金额单位：元

产品	本月实际产量	总系数		总成本				单位成本
		直接材料	加工费用	直接材料	直接人工	制造费用	成本合计	
分配率								
A	200							
B	240							
C	480							
D	360							
E	300							
合计								

2.某企业生产产品需要甲、乙两种材料，有关资料见表 6-13。

表 6-13　　　　　　　　　　　　　甲、乙两种材料资料

材料名称	甲材料	乙材料
实际用量/千克	3 000	2 000
标准用量/千克	3 200	1 800
实际价格/（元/千克）	5	10
标准价格/（元/千克）	4.5	11

要求：分别计算两种材料的成本差因，分析差异产生的原因。

3.某企业本月固定制造费用的有关资料如下：

生产能力　　　　　　　　2 500 小时
实际耗用工时　　　　　　3 500 小时
实际产量的标准工时　　　3 200 小时
固定制造费用的实际数　　8 960 元
固定制造费用的预算数　　8 000 元

要求：(1)根据所给资料，计算固定制造费用的成本差异；
(2)采用三因素差异分析法，计算固定制造费用的各种差异。
答案：

1.解：(1)填制完成的甲类产品成本计算单见表 6-14。

表 6-14　　　　　　　　　　　　甲类产品成本计算单

202×年 ×月　　　　　　　　　　　　　　　金额单位：元

摘要	直接材料	直接人工	制造费用	合计
月初在产品成本	20 000	30 000	18 800	68 800
本月生产费用	146 880	383 040	255 360	785 280
生产费用合计	166 880	413 040	274 160	854 080
本月完工产品总成本	146 880	383 040	255 360	785 280
月末在产品成本	20 000	30 000	18 800	68 800

（2）填制完成的甲类产品系数计算表见表 6-15。

表 6-15　　　　　　　　　　　　甲类产品系数计算表

202×年 ×月　　　　　　　　　　　　　　　金额单位：元

产品名称	本月实际产量	材料消耗定额	材料系数	材料总系数	工时消耗定额	工时系数	工时总系数
A	200	15	1.5	300	9.6	1.2	240
B	240	12	1.2	288	8.8	1.1	264
C	480	10	1.0	480	8	1.0	480
D	360	9	0.9	324	7.6	0.95	342
E	300	8	0.8	240	7.2	0.9	270
合计				1632			1596

（3）填制完成的类内各种产品成本计算表见表 6-16。

表 6-16　　　　　　　　　　　　类内各种产品成本计算表

产品类别：甲类　　　　　　　202×年 ×月　　　　　　　　　　金额单位：元

产品	本月实际产量	总系数		总成本				单位成本
		直接材料	加工费用	直接材料	直接人工	制造费用	成本合计	
分配率				90	240	160		
A	200	300	240	27 000	57 600	38 400	123 000	615
B	240	288	264	25 920	63 360	42 240	131 520	548
C	480	480	480	43 200	115 200	76 800	235 200	490
D	360	324	342	29 160	82 080	54 720	165 960	461
E	300	240	270	21 600	64 800	43 200	129 600	432
合计		1632	1596	146 880	383 040	255 360	785 280	

2.（1）甲材料成本差异 =3000×5-3200×4.5=600（元）

差异产生原因：

数量差异 =（3000-3200）×4.5=-900（元）

价格差异 =（5-4.5）×3000=1500（元）

两个因素共同影响 =-900+1500=+600（元）

（2）乙材料成本差异 =2000×10-1800×11=200（元）

差异产生原因：

数量差异 =（2000-1800）×11=2200（元）

价格差异 =（10-11）×2000=-2000（元）

两个因素共同影响 =2200-2000=200（元）

3.（1）固定制造费用标准分配率 =8000÷2500=3.2

固定制造费用的成本差异 =8960-3200×3.2=-1280（元）

（2）耗费差异 =8960-8000=960（元）（不利差异）

生产能力利用差异 =（2500-3500）×3.2=-3200（元）

（有利差异，是通过超负荷运转带来的。）

效率差异 =（3500-3200）×3.2=960（元）（不利差异）

三项之和 =960-3200+960=-1280（元）

巩固与提高

一、单项选择题

1. 在计算一种产品成本时（　　）。

    A. 可能结合采用几种成本计算方法　　B. 不可能结合采用几种成本计算方法

    C. 可能同时采用几种成本计算方法　　D. 必须结合采用几种成本计算方法

2. 直接人工的价格标准，在采用计件工资制度下，就是（　　）。

    A. 实际的工资率　　　　　　　　　　B. 预定的小时工资

    C. 预定的工资率　　　　　　　　　　D. 实际的小时工资

3. 能够配合和加强生产费用与产品成本定额管理的产品成本计算的辅助方法是（　　）。

    A. 分类法　　　B. 分步法　　　C. 分批法　　　D. 定额法

4. 下列各项中，（　　）既是一种成本计算方法，又是一种成本管理方法。

    A. 分类法　　　B. 分批法　　　C. 品种法　　　D. 定额法

5. 如果副产品比重不大，为了简化成本计算工作，副产品、联产品采用的成本计算方法可以与（　　）相类似。

    A. 品种法　　　B. 分批法　　　C. 分类法　　　D. 定额法

6. 在定额法下，在消耗定额降低时，对于月初在产品的定额成本调整数和定额变动差异数，（　　）。

　　A. 两者都是正数　　　　　　　　　B. 两者都是负数

　　C. 前者是正数，后者是负数　　　　D. 前者是负数，后者是正数

7. 定额法的主要缺点是（　　）。

　　A. 只适用于大批量生产的机械制造企业

　　B. 较其他成本计算方法核算工作量大

　　C. 不能合理、简便地解决完工产品与在产品之间的费用分配问题

　　D. 不便于成本分析工作

8. 定额法在实际工作中（　　）。

　　A. 是单独应用的

　　B. 是与产品成本计算的辅助方法同时应用的

　　C. 是与产品成本计算的基本方法结合应用的

　　D. 因企业类型而异，不一定与产品成本计算的基本方法同时应用

9. 采用定额法时，产品实际所消耗的材料应分配的材料成本差异的计算方法是（　　）。

　　A. 材料定额费用 × 材料成本差异率

　　B. （材料定额费用 ± 材料脱离定额差异）× 材料成本差异率

　　C. 材料实际消耗量 × 材料成本差异率

　　D. 材料定额消耗量 × 材料计划单价 × 材料成本差异率

10. 计算月初在产品的定额变动差异是为了（　　）。

　　A. 调整月初在产品的定额成本　　　B. 调整本月发生的定额成本

　　C. 正确计算本月累计定额成本　　　D. 正确计算本月产成品定额成本

11. 在标准成本差异分析中，材料价格差异是根据实际数量与价格脱离标准的差额计算的，其实际数量是指材料的（　　）。

　　A. 采购数量　　　B. 入库数量　　　C. 领用数量　　　D. 耗用数量

12. 通常应对不利的材料价格差异负责的部门是（　　）。

　　A. 质量控制部门　　B. 采购部门　　C. 工程设计部门　　D. 生产部门

13. 下列变动成本差异中，无法从生产过程的分析中找出产生原因的是（　　）。

　　A. 变动制造费用效率差异　　　　B. 变动制造费用耗费差异

　　C. 材料价格差异　　　　　　　　D. 直接人工差异

14. 在成本差异分析中，变动制造费用的耗费差异类似于（　　）。

　　A. 直接人工效率差异　　　　　　B. 直接材料用量差异

　　C. 直接材料配比差异　　　　　　D. 直接人工工资率差异

15. 变动制造费用耗费差异应由（　　）负责控制。

A. 总经理　　　　B. 部门经理　　　　C. 车间主任　　　　D. 财务科长

二、多项选择题

1. 下列各种成本计算方法中，属于辅助方法的有（　　）。
   A. 品种法　　　　　　　　　B. 分批法
   C. 分类法　　　　　　　　　D. 定额法
   E. 分步法

2. 采用分类法进行成本计算适用于（　　）。
   A. 企业产品、规格繁多，按照一定标准划分为若干类别企业的成本计算
   B. 工业企业联产品的成本计算
   C. 工业企业副产品的成本计算
   D. 某些等级产品的成本计算
   E. 某些零星产品的成本计算

3. 在实际成本计算工作中，可以采用分类法的行业有（　　）。
   A. 钢铁企业　　　　　　　　B. 无线电元件企业
   C. 针织企业　　　　　　　　D. 食品企业
   E. 有联产品的化工企业

4. 在分类法下，选择作为同类产品中的标准产品的条件主要包括（　　）。
   A. 产量较大　　　　　　　　B. 产品价格比较稳定
   C. 销量稳定　　　　　　　　D. 产品生产比较稳定或规格折中
   E. 产量较小

5. 定额法的主要优点包括（　　）。
   A. 促进节约生产消耗，降低产品成本
   B. 便于进行产品成本的定期分析，挖掘降低成本的潜力
   C. 有利于提高成本的定额管理和计划管理工作的水平
   D. 能合理、简便地解决完工产品和在产品之间的分配费用问题
   E. 产品成本核算工作量小

6. 在进行标准成本分析时，形成材料价格差异的原因有（　　）。
   A. 供应厂家价格变动　　　　B. 购入材料质量低劣
   C. 未按经济采购批量订货　　D. 违反合同被罚款
   E. 紧急订货

7. 直接人工效率差异的形成原因包括（　　）。
   A. 工作环境不好　　　　　　B. 新工人上岗太多
   C. 奖励制度未产生实效　　　D. 机器或工具选用不当
   E. 加班或使用临时工

8. 制造费用的用量标准可以使用（　　）。
   A. 直接人工工时　　　　　　　　B. 机器工时
   C. 直接材料消耗量　　　　　　　D. 直接工资总额
   E. 定额工时

9. 下列成本差异中，通常不属于生产部门责任的有（　　）。
   A. 直接材料价格差异　　　　　　B. 直接人工工资率差异
   C. 直接人工效率差异　　　　　　D. 变动制造费用效率差异
   E. 材料用量差异

10. 下列关于成本控制的表述中，正确的有（　　）。
    A. 成本控制制度会受到大多数员工的欢迎
    B. 对数额很小的费用项目，控制可以从略
    C. 不存在适用于所有企业的成本控制模式
    D. 成本控制的根本目的是确定成本超支的责任人
    E. 成本控制只需要关注事后阶段

三、判断题

1. 分类法和定额法是产品成本计算的辅助方法，可以单独应用于各种类型的生产。（　　）

2. 分类法不需要分产品品种计算成本，因而产品成本计算单可按类别设置。（　　）

3. 分类法与生产类型没有直接的关系，可以应用在各种类型的生产中。（　　）

4. 在同类产品的类内各种产品之间分配费用时，所有的成本项目要选择相同的分配标准。（　　）

5. 在实际工作中，定额管理基础比较好的企业，可以单独采用定额法计算产品成本。（　　）

6. 定额法不仅是一种成本计算方法，也是一种成本管理方法。（　　）

7. 标准成本制度不仅可以用于制造类企业，也可以用于服务类企业。（　　）

8. 在标准成本账务处理系统中，对于原材料，无论借方还是贷方，都只能登记实际数量的标准成本。（　　）

9. 在成本差异分析中，数量差异的大小是由用量脱离标准的程度大小以及实际价格高低所决定的。（　　）

10. 在标准成本系统中，直接材料的价格标准是指预计下一年度实际需要支付的材料市价。（　　）

四、计算题

1. 资料：

甲公司大量生产 A、B、C 三种产品。这三种产品的原材料和工艺过程相近，因而归为一类产品，采用分类法计算成本，月末在产品按定额成本计价。7 月初、月末在产品的定额总成本及生产费用见该类产品成本明细账数据。

该公司类内各种产品成本的分配方法如下：直接材料费用按用料系数比例分配，其他各项费用按定额工时比例分配。公司规定以 A 产品为标准产品。A 产品的用料系数为 1，B 产品的用料系数为 0.6，C 产品的用料系数为 1.52。工时消耗定额如下：A 产品为 10 小时，B 产品为 12 小时，C 产品为 18 小时。本月完工产品的产量如下：A 产品为 2 000 件，B 产品为 4 000 件，C 产品为 5 000 件。

要求：

（1）登记该类产品成本明细账（见表 6-1）。

表 6-1　　　　　　　　　　该类产品成本明细账　　　　　　　　金额单位：元

月	日	摘要	直接材料	直接人工	制造费用	合计
7	1	月初在产品成本（定额成本）	3 000	4 000	4 400	11 400
7	31	本月生产费用	35 400	36 000	45 600	117 000
7	31	生产费用累计				
7	31	完工转出产成品成本				
7	31	月末在产品成本（定额成本）	2 400	8 400	2 600	13 400

（2）编制类内各种产品成本计算表（见表 6-2）。

表 6-2　　　　　　　　　　类内各种产品成本计算表　　　　　　　　金额单位：元

项目	产量	直接材料费用系数	直接材料费用总系数	单位工时定额	定额工时	直接材料	直接人工	制造费用	成本合计
费用分配率									
产品 A									
产品 B									
产品 C									
合计									

2. 资料：

甲种产品采用定额法计算产品成本，本月该种产品的原材料费用资料如下：

（1）月初在产品定额成本为 900 元，月初在产品脱离定额差异为超支 50 元，月初在产品定额成本调整降低 40 元，定额变动差异由完工产品成本负担。

（2）本月定额成本为 4 140 元，本月脱离定额差异为节约 140 元，本月原材料成本差异率为超支 2.5%，材料成本差异由完工产品成本负担。

（3）本月完工产品定额费用为 4 600 元。

要求：

（1）计算月末在产品的原材料定额成本；

（2）计算本月完工产品和月末在产品的实际成本（脱离定额差异在完工产品和月末在产品之间分配）。

3. 资料：

某公司运用标准成本系统控制乙产品的成本，乙产品每月的正常生产量为 1 000 件，每件产品直接材料的标准用量为 4 千克，每千克的标准价格为 1.5 元；每件产品的标准耗用工时为 2 小时，每小时的标准工资率为 5 元；制造费用预算总额为 20 000 元，其中变动制造费用为 12 000 元，固定制造费用为 8 000 元。本月实际生产乙产品 880 件，实际材料价格为 2 元/千克，全月实际耗用直接材料 6 500 千克；本期实际耗用直接人工 2 000 小时，支付工资 12 600 元，本期实际耗用变动制造费用 12 960 元，支付固定制造费用 7 800 元。

要求：

（1）计算和分解直接材料成本差异；

（2）计算和分解直接人工成本差异；

（3）计算和分解变动制造费用成本差异；

（4）计算和分解固定制造费用成本差异（按照三因素差异法计算）。

项目七

成本报表、成本分析与成本预算

项目导入

成本报表作为对内报表,是企业内部管理人员可掌握的第一手资料,所反映的内容必须真实、可靠,会计人员在报送成本报表时,应一切从本企业的实际情况出发,按管理者的要求编制,满足其对企业经营管理的需要,不必太拘泥于形式,要突出管理者所要求反映的内容。成本分析也是成本管理的重要环节,企业管理人员依据成本报表所提供的信息进行分析就是为了不断总结成本管理的经验,掌握成本变化的规律性,进而采取有效的措施,不断降低成本。

学习目标

了解成本报表的种类、编制要求、作用;掌握成本报表的概念,以及产品生产成本表、主要产品单位成本表、制造费用明细表、期间费用明细表的编制;掌握产品生产成本表、主要产品单位成本表的分析。

知识准备

任务一 成本报表概述

一、成本报表的概念

成本报表是根据工业企业产品成本和经营管理费用核算的账簿等有关资料定期编制的,用来反映工业企业在一定时期内产品成本和经营管理费用的水平和构成情况的报告文件。

二、成本报表的作用

工业企业和主管企业的上级机构（或公司）利用成本报表，可以分析和考核企业成本、费用计划的执行情况，促使企业降低成本、节约费用，从而提高企业的经济效益，增加国家的财政收入。通过对成本报表的分析，还可以揭示工业企业在生产、技术和经营、管理方面取得的成绩和存在的问题，进一步提高企业生产、技术和经营管理的水平。此外，成本报表提供的实际成本、费用资料还可以为企业确定产品价格，进行成本、费用和利润的预测，制定有关的生产经营决策，编制成本和利润等计划提供重要的数据。

三、成本报表的种类

成本报表属于内部报表，不需对外报送。因此，成本报表的种类、项目、格式和编制方法由企业自行确定。主管企业的上级机构为了对本系统所属企业的成本管理工作进行领导或指导，为了给国民经济管理提供所需的成本数据，也可以要求企业将其成本报表作为会计报表的附表上报。在这种情况下，企业成本报表的种类、项目、格式和编制方法，也可以由主管企业的上级机构会同企业共同规定。成本报表一般包括产品生产成本表、主要产品单位成本表、制造费用明细表、产品销售费用明细表、管理费用明细表和财务费用明细表。企业为了加强成本的日常管理，除上述定期编制的报表以外，还可以设计和编制日常的成本报表，如主要产品成本旬报、日报等。本书中只讲述产品生产成本表、主要产品单位成本表和制造费用明细表的编制。有关期间费用的报表，即产品销售费用明细表、管理费用明细表和财务费用明细表，以及其他成本报表，就略而不述了。

四、成本报表的特点

成本报表旨在为企业内部各阶层提供必要的信息。其特点表现在以下几个方面。

（一）服务内部

过去在计划经济下的成本报表和新体制下的成本报表的编报服务对象和目的是有差别的。在计划经济模式下，成本报表与其他财务报表一样，都是向外向上编报，以服务上级为主。在市场经济模式下，成本报表主要为企业内部管理服务，满足企业管理者、成本责任者对成本信息的需求，有利于观察、分析、考核成本的动态，有利于控制计划成本目标的实现，也有利于预测工作的开展。

（二）内容灵活

对外报表的内容由国家统一规定，强调完整性。内部成本报表主要是围绕着成本管理需要反映的内容，没有明确规定一个统一的内容和范围，不强调成本报告内容的完整性，往往从管理出发，对某一问题或某一侧面进行重点反映，揭示差异，找出原因，分清责任。因此，内部成本报表的成本指标可以是多样化的，以适应不同使用者和不同管理目的对成本信息的需求，使内部成本报表真正为企业成本管理服务。

（三）相适应性

对外报表的格式与内容一样，都由国家统一规定，企业不能随意改动。而内部成本报表的格式根据反映的具体内容，可以自行设计，允许不同的内容有不同的格式，同一内容在不同时期也可有不同的格式。总之，只要有利于企业成本管理，就可以拟订不同的报表格式进行反映。

（四）不定时性

对外报表一般都是定期编制和报送的，并规定在一定时间内必须报送。而内部成本报表主要是为企业内部成本管理服务的，所以，内部成本报表可以根据内部管理的需要适时地、不定期地进行编制，使成本报表及时地反映和反馈成本信息，揭示存在的问题，促使有关部门和人员及时采取措施，改进工作，提高服务效率，控制费用的发生，从而达到降本增效的目的。

（五）体系明确

对外报表一般是按时间编报的，主要是报送财政、银行和主管部门。而内部成本报表是根据企业的生产经营组织体系逐级上报，或者是为解决某一特定问题，在权责范围内进行传递，使有关部门和成本责任者及时掌握成本计划目标执行的情况，揭示差异，查找原因和责任，评价内部环节和人员的业绩。

任务二　成本报表的编制

按产品类别编制"全部产品成本计划完成情况分析表"——实训

一、产品生产成本表的编制

（一）产品生产成本表的结构

产品生产成本表是反映企业在一定会计期间生产产品所发生的生产费用总额和全部产品生产总成本的报表。企业在一定会计期间的生产费用总额，可以按照费用的经济性质（包括外购材料、外购燃料、外购动力、工资、提取的福利费、折旧费、修理费和其他支出等费用要素）反映；也可以按照费用的经济内容（包括直接材料、直接人工和制造费用等成本项目）反映。企业在一定会计期间全部产品的生产成本总额，可以按照产品品种和类别反映，也可以按照产品成本项目反映。表 7-1 列示了按产品品种和类别编制的产品生产成本表的一般格式；表 7-2 列示了按费用经济用途（成本项目）编制的产品生产成本表的一般格式。

表 7-1　　　　　　　　　　产品生产成本表（按产品品种和类别编制）

编制单位：安民工厂　　　　　　　　　202×年 12 月　　　　　　　　　　　金额单位：元

产品	计量单位	实际产量		单位成本				本月总成本			本年总成本		
		本月	本年累计	上年实际平均	本年计划	本月实际	本年累计实际平均	按上年实际平均单位成本计算	按本年计划单位成本计算	本月实际	按上年实际平均单位成本计算	按本年计划单位成本计算	本年实际
主要产品								91 000	88 520	89 125	100 000	972 500	969 250
甲产品	件	55	625	1 200	1 164	1 175	1 158	66 000	64 020	64 625	750 000	727 500	723 750
乙产品	件	25	250	1 000	980	980	982	25 000	24 500	24 500	250 000	245 000	245 500
非主要产品									27 750	26 625		277 500	265 500
丙产品	件	25	250		1 110	1 065	1 060		27 750	26 625		277 500	265 500
合计									116 270	115 750		1 250 000	1 234 250

表 7-2　　　　　　　　　　产品生产成本表（按成本项目编制）

编制单位：安民工厂　　　　　　　　　202×年 12 月　　　　　　　　　　　金额单位：元

项　　目	行次	上年实际	本月实际	本年实际
生产费用：				
1. 直接材料	1	415 550	44 000	475 475
其中：原材料	2	345 000	36 000	390 000
燃料及动力	3			
2. 直接人工	4	330 300	36 500	395 200
3. 制造费用	5	319 650	34 000	364 325
4. 其他直接费用	6			
生产费用合计	7	1 065 500	114 500	1 235 000
加：在产品、自制半产品期初余额	8	62 500	60 000	58 000
减：在产品、自制半产品期末余额	9	58 000	58 750	58 750
产品生产成本合计	10	1 070 000	115 750	1 234 250

按产品品种和类别编制的产品生产成本表（表 7-1），一般分为产量、单位成本、生

产总成本等部分。产量包括本月实际产量和本年实际产量；单位成本包括上年实际平均单位成本、本年计划单位成本、本月实际单位成本和本年实际平均单位成本等；生产总成本也就分为本月总成本和本年总成本。为了便于分析，实际产量的生产总成本应按不同单位成本分别计算。在设置有产品生产成本及销售成本表的企业，一般不单独编制按产品品种和类别反映的产品生产成本表。因为产品生产成本及销售成本表包括产品生产成本表的基本内容。

按成本项目编制的产品生产成本表（表7-2），一般分为"生产费用总额""产品生产成本""在产品和自制半成品成本"等部分。生产费用总额按照费用的用途，分为直接材料、直接人工和制造费用等成本项目。在产品和自制半成品成本按期初数、期末数分别反映；在经常有自制半成品对外销售的企业，在产品成本和自制半成品成本可以分别反映。产品生产成本总额应等于本期生产费用总额，加上在产品和自制半成品期初余额，减去在产品和自制半成品期末余额。为了便于分析，按成本项目编制的产品生产成本表中的各项目应反映上年实际、本月实际和本年累计实际等指标。

（二）产品生产成本表的编制方法

产品生产成本表一般按月编制。对于按产品品种和类别编制的产品生产成本表，各栏的填列方法如下：在"实际产量"栏中，本月实际和本年累计实际产量，根据企业"产品产量统计表"提供的资料填列，也可以根据"库存商品明细账"中有关完工入库产品数量资料填列；在"单位成本"栏中，上年实际平均单位成本根据上年12月本表中"本年实际平均单位成本"栏的数字填列，本年计划单位成本根据企业本年产品成本计划资料填列，本月实际单位成本根据本月"产品生产成本明细账"（"产品成本计算单"）提供的资料填列，本年实际平均单位成本应以该产品本年实际总成本除以该产品本年实际总产量计算；在"本月总成本"栏中，每个栏目的成本都可以根据本月实际的产量乘以对应的单位成本进行计算；在"本年总成本"栏中，每个栏目的成本都可以根据本年累计的产量乘以对应的单位成本进行计算。在按成本项目编制的产品生产成本表中，"上年实际"栏应当根据上年12月编制的"产品生产成本表"中"本年实际"栏内的金额填列；"本月实际"栏和"本年累计"栏的填列方法分别介绍如下：

1. 生产费用总额

在生产费用总额及各成本项目的金额中，"本月实际"栏根据本月生产成本二级账（或明细账）的资料分析计算填列；"本年实际"根据本月本表中"本月实际栏"的金额，加上上月本表中"本年实际"栏的金额填列，也可以根据生产成本二级账（或明细账）的资料分析计算填列。本表各成本项目的金额之和应等于生产费用总额。

2. 在产品及自制半成品期初余额

在产品及自制半成品期初余额中，"本月实际"根据"生产成本"和"自制半成品"两个账户的本月月初余额之和填列；"本年累计实际"指年初余额，应根据上年12月本表中在产品及自制半成品期末余额数（本月实际数和本年累计实际数一致）填列，这一数字应与本年本表中"上年实际"栏（在产品及自制半成品期末余额）中的数字一致。

3. 在产品及自制半成品期末余额

在产品及自制半成品期末余额中，"本月实际"和"本年实际"两栏中的数字是一致的，都应根据"生产成本"和"自制半成品"两个账户的本月月末余额之和填列。

4. 产品生产成本

产品生产成本的"本月实际"和"本年实际"数额，都可以由本月本表中生产费用总额，加上在产品及自制半成品期初余额，减去在产品及自制半成品期末余额计算求得。本月本表中本月实际和本年累计实际产品生产成本总额，应与本月"产品生产成本表"按产品品种和类别编制的全部产品本月实际与本年累计实际产品生产成本总额分别对应相符。

二、主要产品单位成本表的编制

（一）主要产品单位成本表的结构

主要产品单位成本表是反映企业在一定会计期间内生产的各种主要产品的单位成本及其构成情况的报表。该表通常按月编制，其一般格式见表 7-3。主要产品单位成本表应按企业主要产品分别编制，即每种主要产品编制一张报表。

表 7-3　　　　　　　　　　　　主要产品单位成本表

编制单位：安民工厂　　　　　　　　202×年12月　　　　　　　　单位售价：1 350 元
产品名称：甲产品　　　　　　本月实际产量：55 件，本年累计产量：625 件　　　　金额单位：元

成本项目	历史先进水平	上年实际平均	本年计划	本月实际	本年实际平均
单位产品成本	1 080	1 200	1 164	1 175	1 158
其中：直接材料	420	470	439	450	445
直接人工	320	370	375	375	372
其他直接费用					
废品损失					
制造费用	340	360	350	350	341

从表 7-3 中可以看到，该表按照成本项目，分别反映各种主要产品的历史先进水平单位成本、上年实际平均单位成本、本年计划单位成本、本月实际单位成本和本年实际平均单位成本等指标。为了便于分析，该表还可以提供有关产品产量的资料。利用主要产品单位成本表，可以反映企业各种主要产品的单位成本水平及其变动趋势，以及产品单位成本的构成情况，为进一步分析产品成本升降的原因、寻找降低产品成本的途径指明方向。

(二)主要产品单位成本表的编制方法

在主要产品单位成本表中,产品单位成本的历史先进水平是指本企业生产该种产品在历史上单位生产成本最低年度的成本,应根据该产品历史上成本最低年度的成本计算资料填列;上年实际平均单位成本、本年计划单位成本、本月实际单位成本和本年实际平均单位成本等指标的填列方法,与"产品生产成本表"中单位生产成本的填列方法基本相同,主要产品单位成本表仅增加了成本项目的资料。在产品生产成本表和主要产品单位成本表中,相同产品对应的单位成本数额应当相符。

三、制造费用明细表的编制

(一)制造费用明细表的结构

制造费用明细表是反映企业及其生产单位在一定会计期间内发生的制造费用总额及其构成情况的报表。制造费用的构成,除了按照费用明细项目反映外,还应按照生产单位反映。企业编制的各生产单位汇总的制造费用明细表,只汇总基本生产单位的制造费用,不包括辅助生产单位的制造费用。为了加强费用管理、及时了解制造费用的发生情况,制造费用明细表一般应当按月编制。在某些季节性生产企业,制造费用明细表也可以按年编制。制造费用明细表的一般格式见表7-4。

表7-4　　　　　　　　　　　制造费用明细表

编制单位:安民工厂　　　　　　　202×年12月　　　　　　　　金额单位:元

费用项目	上年实际	本年计划	本月实际	本年实际
1. 工资薪酬	25 000	28 125	2 500	28 750
2. 折旧费	198 400	225 000	17 500	218 750
3. 租赁费	2 520	5 000	2 125	5 800
4. 修理费	20 000	22 500	2 750	25 000
5. 低值易耗品	5 000	6 250	500	6 250
6. 水电费	37 500	40 000	2 500	42 000
7. 办公费	2 500	2 810	400	2 500
8. 差旅费	2 500	3 500	1 375	3 750
9. 运输费	1 500	3 000	125	2 500
10. 保险费	15 000	18 750	1 500	18 750
11. 设计制图费	1 250			
12. 试验检验费	1 250	1 500	125	1 250
13. 劳动保护费	3 750	5 000	1 250	5 000
14. 停工损失				

续表

费用项目	上年实际	本年计划	本月实际	本年实际
15. 在产品盘亏和毁损				
16. 其他				
合计	316 150	361 435	33 650	360 300

从表 7-4 可以看到，制造费用明细表应当按照费用的明细项目，提供制造费用的上年实际数、本年计划数、本月实际数和本年实际数等指标。利用制造费用明细表，可以分析制造费用的构成和增减变动情况，考核制造费用预算的执行情况。

（二）制造费用明细表的编制

在制造费用明细表中，上年实际数根据上年 12 月编制的制造费用明细表"本年累计实际"栏的数字填列；本年计划数根据本年制造费用预算资料填列；本月实际数根据制造费用明细账中各费用项目本月发生额填列；本年累计实际数根据制造费用明细账中各费用项目本年累计发生额填列，也可以将本月实际数加上上月本表中本年累计实际数后填列。

任务三　成本分析

一、成本分析的概念

成本分析是根据成本核算资料、成本计划资料以及其他有关资料，运用一系列专门方法，揭示企业费用预算和成本计划的完成情况，查明影响费用预算和成本计划完成的原因，计算各种因素变化的影响程度，寻找降低成本、节约费用的途径，挖掘企业内部增产节约的潜力的一项专门工作。成本分析是成本核算工作的继续，是成本核算与管理的重要组成部分。

二、成本分析的作用

（一）查明成本计划和费用预算的完成情况

通过成本分析，可以查明企业费用预算和成本计划的完成情况，找出影响计划（预算）完成的原因，分析影响成本计划和费用预算完成的各种因素的影响程度与影响方向（有利因素或不利因素），评价企业成本计划的先进性和可行性，总结成本管理工作中的经验教训，发现成本管理工作中的问题。

（二）落实成本管理的责任制

通过成本分析，可以明确企业内部各个部门和单位以及责任人在成本管理方面的责任，有利于考核和评估成本管理工作的业绩，落实成本管理责任制。

（三）挖掘内部增产节约潜力

通过成本分析，可以挖掘企业内部增加生产、节约费用、降低成本的潜力，促使企业改进生产经营管理和成本管理，提高经济效益。

三、成本分析的方法

对成本进行分析的方法很多，下面着重讲述日常工作中采用的一些分析方法，包括对比分析法、比率分析法、连环替换分析法、差额计算分析法和趋势分析法。

（一）对比分析法

对比分析法也称为比较分析法，是通过实际数与基数的对比来揭示实际数与基数之间的差异，借以了解经济活动的成绩和问题的一种分析方法。工业企业各种成本分析都要采用这种方法。对比基数由于分析的目的不同而有所不同，一般有计划数、定额数、前期实际数、以往年度同期实际数以及本企业的历史先进水平和国内外同行业的先进水平等。将实际数与计划数或定额数对比，可以揭示计划或定额的执行情况。但在分析时，还应检查计划或定额本身是否既先进，又切实可行。因为实际数与计划数或定额数之间的差异，除实际工作的原因以外，还可能是计划或定额太保守或不切实际造成的。将本期实际数与前期实际数或以往年度同期实际数对比，可以考察经济业务的发展变化情况。将本期实际数与本企业的历史先进水平对比，将本企业实际数与国内外同行业的先进水平对比，可以发现与先进水平之间的差距，从而学习先进，赶上和超过先进。对比分析法只适用于同质指标的数量对比。例如，实际产品成本与计划产品成本对比、实际原材料费用与定额原材料费用对比、本期实际制造费用与前期实际制造费用对比等。在采用这种分析方法时，应该注意相比指标的可比性。进行对比的各项指标，在经济内容、计算方法、计算期和影响指标形成的客观条件等方面，应有可比的共同基础。如果相比的指标之间有不可比因素，应先按可比的口径进行调整，然后进行对比。

（二）比率分析法

比率分析法是通过计算各项指标之间的相对数，即比率，借以考察经济业务的相对效益的一种分析方法。比率分析法主要有相关指标比率分析法和构成比率分析法两种。

1. 相关指标比率分析法

相关指标比率分析法是计算两个性质不同而又相关的指标的比率，进行数量分析的方法。在实际工作中，由于企业规模不同等，单纯地对比产值、销售收入或利润等绝对数，不能说明各个企业经济效益的好坏。如果计算成本与产值、销售收入或利润相比的相对数，即产值成本率、销售收入成本率或成本利润率，就可以反映各企业经济效益的好坏。产值成本率、销售收入成本率和成本利润率的计算公式为：

产值成本率 = 成本 ÷ 产值 ×100%

销售收入成本率 = 成本 ÷ 销售收入 ×100%

成本利润率 = 利润 ÷ 成本 ×100%

从上列计算公式可以看出，产值成本率和销售收入成本率高的企业经济效益差，这两种比率低的企业经济效益好。成本利润率则相反：成本利润率高的企业经济效益好，成本利润率低的企业经济效益差。

2. 构成比率分析法

构成比率分析法是通过计算某项指标的各个组成部分占总体的比重，即部分与全部的比率，进行数量分析的方法。例如，将构成产品成本的各项费用分别与产品成本总额相比，计算产品成本的构成比率。又如，将构成管理费用的各项费用分别与管理费用总额相比，计算管理费用的构成比率。这种比率分析法也称为比重分析法。通过这种分析，可以反映产品成本或者经营管理费用的构成是否合理。产品成本构成比率的计算公式为：

直接材料费用比率 = 直接材料费用 ÷ 产品成本 ×100%

直接人工费用比率 = 直接人工费用 ÷ 产品成本 ×100%

制造费用比率 = 制造费用 ÷ 产品成本 ×100%

无论采用什么比率分析法，进行分析时，还应将比率的实际数与其基数进行对比，揭示其与基数之间的差异。例如，进行相关指标比率的成本利润率分析时，还应将实际的成本利润率与计划的或前期实际的成本利润率进行对比，揭示其与计划、前期实际之间的差异。分析构成比率时也是如此。

（三）连环替换分析法

连环替换分析法是用各项因素的实际数顺序替换基数，借以计算各项因素影响程度的一种分析方法。采用对比分析法和比率分析法，可以揭示实际数与基数之间的差异，但不能揭示产生差异的因素和各因素的影响程度。采用连环替换分析法就可以解决这一问题，从而找出主要矛盾，明确进一步调查研究的主要方向。这种分析法的计算程序如下：

连环替换法与差额分析法

（1）根据指标的计算公式确定影响指标变动的各项因素。

（2）排列各项因素的顺序。

（3）安排确定因素顺序和各项因素的基数，并进行计算。

（4）将前面一项因素的基数顺序替换为实际数，将每次替换以后的计算结果与其前一次替换以后的计算结果进行对比，顺序算出每项因素的影响程度，有几项因素就替换几次。

（5）将各项因素的影响（有的是正方向影响，有的是反方向影响）程度的代数和，与指标变动的差异总额核对相符。

【例7-1】 假定甲种产品的直接材料费用，定额为800 000元，实际为851 400元，超支51 400元。该种产品直接材料费用总额为该种产品数量、单位产品直接材料消耗量和直接材料单价的乘积。该种产品是有关数据见表7-5。

表7-5　　　　　　　　　　　　　甲产品直接材料费用

项目	产品数量	单位产品消耗量/元	材料单价/元	直接材料费用/元
定额	1 000	20	40	800 000
实际	1 100	18	43	851 400
差异	+100	-2	+3	+51 400

采用连环替换分析法计算产品数量、单位产品材料消耗量和材料单价三项因素，以及对产品直接材料费用超支51 400元的影响程度，列表计算见表7-6。

表7-6　　　　　　　　甲产品直接材料费用差异分析计算表

替换次数	因素			各因素乘积		每次替换的差异		产生差异的因素
	产品数量	单位材料消耗量	材料单价/元	金额/元	编号	算式	金额/元	
基数	1 000	20	40	800 000	①			
第1次	1 100	20	40	880 000	②	②—①	+80 000	产品产量
第2次	1 100	18	40	792 000	③	③—②	-88 000	单位产品消耗
第3次	1 100	18	43	851 400	④	④—③	+59 400	材料单价
各因素影响程度合计							+51 400	各因素

从以上分析可以看出，甲种产品的直接材料费用超支51 400元，主要是由于产品数量的增加（影响程度为80 000元）。如果这种产品是适销对路的，则产品数量增加而引起的材料的超额领用是允许的；否则，将会由于产品积压而形成浪费。直接材料费用超支的第二个原因是材料单价的提高（影响程度为59 400元），这是企业材料供应部门的责任。在材料消耗方面，不仅没有超支，而且是节约的。如果产品数量没有增加，材料

单价没有提高,那么直接材料费用不仅不会超支,还会节约88 000元,这一般是生产车间成本管理的成绩。应该在以上分析计算的基础上,进一步查明产品数量增加、材料单价提高以及单位产品材料消耗节约的具体原因,以便采取措施克服缺点,发扬成绩,节约产品的直接材料费用。

从以上举例可以看出,在计算某项因素变动的影响程度时,假定其他因素不变(只有这样,才能算出该项因素变动的影响程度);还假定前面的因素已经变动,后面的因素尚未变动。因此,采用这种分析方法,必须按照事物的发展规律和各因素的相互依存关系合理排列各因素的顺序。确定各因素排列顺序的一般原则如下:如果既有数量因素,又有质量因素,则先计算数量因素变动的影响,后计算质量因素变动的影响;如果既有实物数量因素,又有价值数量因素,则先计算实物数量因素变动的影响,后计算价值数量因素变动的影响;如果有几个数量因素或质量因素,则还应区分主要因素和次要因素,先计算主要因素变动的影响,后计算次要因素变动的影响。

(四)差额计算分析法

差额计算分析法是根据各项因素的实际数与基数的差额来计算各项因素的影响程度的方法,是连环替换分析法的一种简化的计算方法。如果这种分析法与连环替换分析法的因素排列顺序相同,则计算结果完全相同。现按例7-1中产品直接材料费用的资料,采用差额计算分析法计算如下:

产品数量变动的影响 =(1 100-1 000)×20×40=+80 000(元)

单位产品消耗量变动的影响 =1 100×(18-20)×40=-88 000(元)

材料单价变动的影响 =1 100×18×(43-40)=+59 400(元)

上列计算结果与连环替换分析法的计算结果完全相同。在只有两项因素的情况下,由于能够简便、合理地排列因素的顺序,因而普遍地采用差额计算分析法。例如,影响单位产品材料费用的因素只有材料消耗数量和材料价格(单价)两项,按照事物总是从量变到质变的发展规律,可以很容易地确定材料消耗数量因素排列在前,材料价格因素(质量因素)排列在后。因此,在单位产品材料费用的分析工作中,普遍地采用这种分析方法计算材料消耗数量变动(量差)和材料价格变动(价差)对材料费用变动的影响程度,计算既准确又简便。

(五)趋势分析法

趋势分析法是通过连续若干期相同指标的对比,来揭示各期之间的增减变化,据以预测经济发展趋势的一种分析方法。采用趋势分析法,在连续的若干期之间,可以按绝对数进行对比,也可以按相对数(比率)进行对比;可以以某个时期为基期,其他各期均与该时期的基数进行对比;也可以在各个时期之间进行环比,即分别以上一时期为基期,将下一时期与上一时期的基数进行对比。

【例7-2】假定某工业企业从20×3年至20×7年的5年间,某种产品的实际单位成本分别为85元、90元、93元、95元和99元。

从上列各年单位成本的绝对额可以看出,该种产品的单位成本呈逐年上升的趋势。如果以20×3年为基年,以该年的单位成本85元为基数,规定为100%,可以计算其他各年的单位成本与之相比的比率如下:

20×4年:90÷85×100%=106%
20×5年:93÷85×100%=109%
20×6年:95÷85×100%=112%
20×7年:99÷85×100%=116%

通过上列计算,可以看出该种产品成本20×3—20×7年各年的单位成本与20×3年的单位成本相比的上升程度。如果分别以上一年为基期,可以计算各年环比的比率如下:

20×4年比20×3年:90÷85×100%=106%
20×5年比20×4年:93÷90×100%=103%
20×6年比20×5年:95÷93×100%=102%
20×7年比20×6年:99÷95×100%=104%

通过上列计算,可以看出,该种产品的单位成本都是逐年递增的,但各年递增的程度不同。

以上所述对比分析法、比率分析法、连环替换分析法、差额计算分析法和趋势分析法实质上都是对比分析法。比率分析法是分子指标与分母指标的对比,以及据以算出的相对数指标的实际数与基数的对比;连环替换分析法和差额计算分析法则是各项因素替换结果的对比;趋势分析法是作为分析趋势基础的各期指标之间的对比。有比较才有鉴别,一切分析都是从对比中发现差别、发现矛盾开始的。应该指出的是,无论什么分析方法,都只能为进一步调查研究指明方向,而不能代替调查研究。要确定经济业务好坏的具体原因,并据以提出切实有效的建议和措施来改进工作,都必须在采用某些分析方法进行分析的基础上,深入实际进行调查研究。

四、全部产品成本计划完成情况的分析

全部产品成本计划是按产品类别和成本项目分别编制的,全部产品成本计划完成情况的分析也应当按照产品类别和成本项目分别进行。通过分析,查明全部产品和各种产品成本计划的完成情况;查明全部产品总成本中各个成本项目的成本计划完成情况,同时还应找出成本超支或降低幅度较大的产品和成本项目,为进一步分析指明方向。

(一)按产品类别进行的成本计划完成情况分析

对全部产品按产品类别进行成本计划完成情况分析,其依据的是分析期产品生产成

本表和按产品类别编制的全部产品成本计划表。下面举例说明分析方法。

【例 7-3】 安民工厂本年产品实际生产成本的资料见表 7-1，本年产品成本计划资料见表 7-7。

表 7-7　　　　　　　　　　　产品成本计划表

编制单位：安民工厂　　　　　　　　202×年　　　　　　　　金额单位：元

产品名称	计量单位	计划产量	单位成本		计划产量的总成本		成本降低任务	
			上年实际	本年计划	按上年实际单位成本计算	本年计划	成本降低额	成本降低率
主要产品					900 000	875 520	24 480	2.72%
甲产品	件	540	1 200	1 164	648 000	628 560	19 440	3%
乙产品	件	252	1 000	980	252 000	246 960	5 040	2%
非主要产品								
丙产品	件	240		1 110		266 400		
合计						1 141 920		

在 Excel 中编制"表 7-7 产品成本计划表"，相关公式设置见下图：

	A	B	C	D	E	F	G	H	I
1	表7-7					产品成本计划表			
2	编制单位：安民工厂					202×年			金额单位：元
3	产品名称	计量单位	计划产量	单位成本		计划产量的总成本		成本降低任务	
4				上年实际	本年计划	按上年实际单位成本计算	本年计划	成本降低额	成本降低率
5									
6	主要产品					=SUM(F7:F8)	=SUM(G7:G8)	=SUM(H7:H8)	=H6/F6
7	甲产品	件	540	1200	1164	=C7*D7	=C7*E7	=F7-G7	=H7/F7
8	乙产品	件	252	1000	980	=C8*D8	=C8*E8	=F8-G8	=H8/F8
9	非主要产品								
10	丙产品	件	240		1110		266400		
11	合计						1141920		

根据本年成本报表（表 7-1）和成本计划表（表 7-7）的有关资料，编制"全部产品成本计划完成情况分析表（按产品类别分析）"，见表 7-8。

表 7-8　　　　　　　全部产品成本计划完成情况分析表（按产品类别分析）

编制单位：安民工厂　　　　　　　　　　　202× 年　　　　　　　　　　　　金额单位：元

产品名称	计量单位	实际产量	单位成本			实际产量的总成本			与计划成本比		
			上年实际	本年计划	本年实际	按上年实际单位成本计算	按本年计划单位成本计算	本年实际	成本降低额	成本降低率	降低率的构成
主要产品						1 000 000	972 500	969 250	3 250	0.334 2%	0.26%
甲产品	件	625	1 200	1164	1 158	750 000	727 500	723 750	3 750	0.515 5%	0.3%
乙产品	件	250	1 000	980	982	250 000	245 000	245500	−500	−0.204 1%	−0.04%
非主要产品											
丙产品	件	250		1 110	1 060	277 500	265 000		12 500	4.504 5%	1%
合计						1 250 000	1234 250		15 750	1.26%	1.26%

根据"表 7-1 产品生产成本表"7 和"表 7-7 产品成本计划表"，在 Excel 中编制"表 7-8 全部产品成本计划完成情况分析表（按产品类别分析）"，相关公式设置见下图：

	A	B	C	D	E	F	G	H	I	J	K	L
1	表7-8						全部产品成本计划完成情况分析表（按产品类别分析）					金额单位：元
2	编制单位：安民工厂						202×年					
3	产品名称	计量单位	实际产量	单位成本			实际产量的总成本			与计划成本比		
4				上年实际	本年计划	本年实际	按上年实际单位成本计算	按本年计划单位成本计算	本年实际	成本降低额	成本降低率	降低率的构成
5	主要产品						=SUM(G6:G7)	=SUM(H6:H7)	=SUM(I6:I7)	=SUM(J6:J7)	=J5/H5	=J5/H10
6	甲产品	件	625	1200	1164	1158	=C6*D6	=C6*E6	=C6*F6	=H6-I6	=J6/H6	=J6/H10
7	乙产品	件	250	1000	980	982	=C7*D7	=C7*E7	=C7*F7	=H7-I7	=J7/H7	=J7/H10
8	非主要产品											
9	丙产品	件	250		1110	1060	277500	265000	=H9-I9	=J9/H9	=J9/H10	
10	合计						=SUM(H6:H7,H9)	=SUM(I6:I7,I9)	=SUM(J6:J7,J9)	=J10/H10	=SUM(L6,L7,L9)	

在全部产品成本计划完成情况分析表（表 7-8）中，总成本都是按实际产量来计算的。因为只有同一实物量的总成本才可以比较。在企业全部产品中，有的以前年度没有正式生产过，没有上年成本资料，因此，企业全部产品成本计划完成情况的分析是与计划比较，计算出全部产品的成本降低额和降低率，查明成本计划的完成情况。在本例（表 7-8）中，该企业本年全部产品总成本完成了计划。实际成本与计划成本相比较，成本降低额为 15 750 元，成本降低率为 1.26%。在全部产品中，非主要产品成本计划完成较好，实际成本较计划降低了 4.504 5%。成本降低额为 12 500 元；而主要产品虽然完成了成本计划，但仅降低了 0.334 2%，成本降低额为 3 250 元；在主要产品中，乙产品成本比计划还超支 500 元，超支 0.204 1%，应进一步查明原因。

（二）全部产品总成本按成本项目分析

全部产品总成本按成本项目进行分析，其依据是企业编制的按成本项目反映的产品生产成本表和产品成本计划表。下面举例说明分析方法。

【例 7-4】 安民工厂根据本年成本计划和成本报表（见表 7-7）中的有关资料，编制按成本项目反映的全部产品总成本计划完成情况分析表，见表 7-9。

表 7-9　　　　全部产品总成本计划完成情况分析表（按成本项目分析）

编制单位：安民工厂　　　　　　　　　　202×年　　　　　　　　　　金额单位：元

成本项目	实际产量的总成本		与计划比		
	按本年计划单位成本计算	本年实际	成本降低额	成本降低率	降低率的构成
直接材料	500 000	485 825	14 125	2.825%	1.13%
直接人工	362 500	363 625	-1 125	-3.103%	-0.09%
制造费用	387 500	384 750	2 750	0.709 7%	0.22%
合计	1 250 000	1 234 250	15 750	1.26%	1.26%

根据有关资料，在 Excel 中编制"表 7-9 全部产品成本计划完成情况分析表（按成本项目分析）"，相关公式设置见下图：

	A	B	C	D	E	F
1	表7-9	全部产品总成本计划完成情况分析表（按成本项目分析）				
2	成本项目	实际产量的总成本		与计划比		
3		按本年计划单位成本计算	本年实际	成本降低额	成本降低率	降低率的构成
4	直接材料	500000	485825	=B4-C4	=D4/B4	=D4/B7
5	直接人工	362500	363625	=B5-C5	=D5/B5	=D5/B7
6	制造费用	387500	384750	=B6-C6	=D6/B6	=D6/B7
7	合计	1250000	1234250	=B7-C7	=D7/B7	=D7/B7

从表 7-9 中可以看到，该厂按成本项目反映的全部产品成本计划完成情况，与计划比较的成本降低额为 15 750 元，成本降低率为 1.26%，与该厂按产品类别反映的全部产品成本计划完成情况的分析计算结果相同（见表 7-8 中的"合计"行）。通过进一步分析可以发现，在构成产品总成本的三个成本项目中，直接材料项目和制造费用项目完成了计划，与计划比较的降低率分别为 2.825% 和 0.709 7%；但直接人工项目超支 1 125 元，超支 3.103%，对于直接人工项目超支的原因，应当进一步分析。

五、主要产品成本计划完成情况的分析

企业主要产品是指分析期正常生产、大量生产的产品，主要产品的产量、消耗、成本、收入、利润等都在企业全部产品中占很大比重，是产品成本分析的重点。企业主要产品一般在上年生产过，通常有上年成本资料可以比较，因此，也称为可比产品。在企业产品成本计划中，除规定主要产品的计划单位成本和计划总成本以外，还规定了与上年比较的成本降低任务，即可比产品计划成本降低额和降低率。因此，主要产品成本计划完成情况的分析，重点是主要产品成本降低任务完成情况的分析。分析主要产品成本降低任务的完成情况，根据因素分析法的原理，首先要确定分析对象，其次要确定影响成本降低任务完成的主要因素；最后要计算出各个因素变动对成本降低任务完成情况的影响程度。

（一）确定分析对象

企业主要产品成本降低任务完成情况的分析，其分析对象是主要产品实际成本降低额与计划成本降低额的差额，以及主要产品实际成本降低率与计划成本降低率的差异。下面举例说明。

【例 7-5】 安民工厂生产的甲产品和乙产品是主要产品，根据表 7-7 中提供的资料，该厂主要产品计划产量按上年实际平均单位成本计算的总成本为 900 000 元，计划总成本为 875 520 元，计划成本降低额为 24 480（=900 000-875 520）元，计划成本降低率为 2.72%（=24 480÷900 000）。可见，主要产品的计划成本降低额和降低率都是与上年比较计算出来的。因此，为了便于考核，主要产品实际成本降低额和降低率也应与上年比较计算。

根据表 7-8 中提供的资料，该厂主要产品实际产量按上年平均单位成本计算的总成本为 1 000 000 元，实际总成本为 969 250 元，与上年相比较，主要产品的实际成本降低额为 30 750（=1 000 000-969 250）元，实际成本降低率为 3.075%（=30 750÷1 000 000）。计算结果表明，企业主要产品的实际成本降低额超计划 6 270（=30 750-24 480）元，实际成本降低率超计划 0.355%（=3.075%-2.72%），企业较好地完成了主要产品成本降低目标。

（二）确定影响成本降低任务完成的因素

影响主要产品成本降低任务完成的因素，从一种产品来看，影响成本降低率的主要是产品单位成本；影响成本降低额的主要因素是产品单位成本和产品产量。从多种产品综合来看，由于各种产品的计划成本降低率不同，因此，当各种产品产量在总产品中的比重发生变化时，会影响成本降低任务的完成程度。各种产品在总产品中的比重称为产品品种结构。因此，影响产品成本降低率完成的因素，从多种产品综合分析来看，有产品单位成本和产品品种结构；影响产品成本降低额完成的因素，从多种产品综合分析来看，有产品单位成本、产品品种结构和产品产量。

(三)计算各个因素变动对成本降低任务完成的影响程度

1. 常规方法

影响可比产品成本降低计划完成情况的因素概括地讲有三个:产品产量、产品品种结构和单位成本。

(1)产品产量。可比产品成本计划降低任务是按计划产量计算的,而实际降低额和降低率是按实际产量计算的,在产品品种结构和单位成本不变时,产量的增减就会使降低额发生同比例增减,而降低率不会发生变化。这就是说,在其他因素不变的条件下,产品产量的变化只影响降低额,不影响降低率。

产量变动对成本降低额的影响 =[∑(实际产量 × 上年单位成本)− ∑(计划产量 × 上年单位成本)] × 计划降低率

资料见表 7−7、表 7−8。

∑(实际产量 × 上年单位成本)=1 000 000(元)

∑(计划产量 × 上年单位成本)=900 000(元)

计划降低率 =2.72%

降低额 =[1 000 000−900 000] × 2.72% =2 720(元)

(2)产品品种结构。产品品种结构是指各种产品产量占总产量的比重。产品品种结构变动之所以影响降低额和降低率,是因为各种产品成本降低率不同。如果成本降低率高的产品在全部可比产品中所占的比重增大,据以计算的平均成本降低率就大,成本降低额就大;反之,降低率和降低额就小。因此,改变产品结构,多生产降低率高的产品是提高成本降低额和降低率的一个重要途径。但是,改变产品结构不能是任意的,必须建立在完成各种产品产量计划的基础之上。

产品品种结构变动对降低额的影响 =[∑(实际产量 × 上年单位成本)− ∑(实际产量 × 计划单位成本)]− ∑(实际产量 × 上年单位成本)× 计划降低率

产品品种结构变动对降低率的影响 = 影响的降低额 ÷ ∑(实际产量 × 上年单位成本)

资料见表 7−7、表 7−8。

∑(实际产量 × 上年单位成本)=1 000 000(元)

∑(计划产量 × 上年单位成本)=900 000(元)

计划降低率 =2.72%

∑(实际产量 × 计划单位成本)=972 500(元)

降低额的影响 =[1 000 000−972 500]−1 000 000 × 2.72% =300(元)

降低率的影响 =300÷1 000 000 × 100% =0.03%

(3)单位成本。可比产品成本降低计划和实际完成情况都是以上年单位成本为基础计算的。这样，各种产品单位成本实际比计划多降低或升高，必然引起成本降低额和降低率实际比计划相应地降低或升高。

单位成本变动对降低额的影响 = ∑（实际产量 × 计划单位成本）− ∑（实际产量 × 实际单位成本）

单位成本变动对降低率的影响 = 影响的降低额 ÷ ∑（实际产量 × 上年单位成本）

资料见表 7-8。

∑（实际产量 × 上年单位成本）= 1 000 000（元）

∑（实际产量 × 实际单位成本）= 969 250（元）

∑（实际产量 × 计划单位成本）= 97 2500（元）

降低额的影响 = 972 500 − 969 250 = 3 250（元）

降低率的影响 = 3 250 ÷ 1 000 000 × 100% = 0.325%

实际超计划降低额 = 30 750 − 24 480 = 2 720 + 300 + 3 250 = 6 270（元）

实际超计划降低率 = 3.075% − 2.72% = 0.03% + 0.325% = 0.355%

在以上三个因素中，成本降低是主要因素。企业在完成品种计划的提下，根据社会需要努力增加产量，降低单位成本，这才是完成可比产品成本降低任务的正确途径。

2. 简化的方法

可以用余额法，前提条件是实际超计划降低额和实际超计划降低率计算正确，因为产量不影响降低率，先计算单位成本影响的降低率和降低额，再用总的降低率减去单位成本影响的降低率，推出产品结构影响的降低率和降低额，最后用总的降低额减去单位成本和产品结构影响的降低额，即得产量影响的降低额。

资料见表 7-7 和表 7-8。

计划降低额 = 900 000 − 875 520 = 24 480（元）

计划降低率 = 24 480 ÷ 900 000 × 100% = 2.72%

实际降低额 = 1 000 000 − 969 250 = 30 750（元）

实际降低率 = 30 750 ÷ 1 000 000 × 100% = 3.075%

实际超计划降低额 = 30 750 − 24 480 = 6 270（元）

实际超计划降低率 = 3.075% − 2.72% = 0.355%

（1）单位成本

降低额的影响 = ∑（实际产量 × 计划单位成本）− ∑（实际产量 × 实际单位成本）

降低率的影响 = 影响的降低额 ÷ [∑（实际产量 × 上年单位成本）]

资料见表 7-8。

∑（实际产量 × 上年单位成本）= 1 000 000（元）

∑（实际产量 × 实际单位成本）= 969 250（元）

∑（实际产量 × 计划单位成本）= 972 500（元）

降低额的影响 = 972 500 − 969 250 = 3 250（元）

降低率的影响 =3 250÷1 000 000×100% =0.325%

（2）产品品种结构

降低率的影响 = 降低率的总差异 − 单位成本影响的降低率
=0.355% −0.325% =0.03%

降低额的影响 = ∑（实际产量 × 上年单位成本）× 产品品种结构降低率的影响
=1 000 000×0.03% =300（元）

（3）产品产量

降低额的影响 = 降低额的总差异 − 单位成本的影响额 − 产品品种结构的影响额
=6 270−3 250−300=2 720（元）

在计算确定各个因素变动的影响程度以后，要对企业主要产品成本降低任务的完成情况做出简要评价。在本例中，安民工厂主要产品成本降低任务的完成情况可以分析评价如下：安民工厂本年主要产品成本降低额和降低率都完成了计划。成本降低额比计划增加 6 270 元，成本降低率比计划增加 0.355 个百分点。该厂成本降低任务的超额完成是产品单位成本、产品产量和产品品种结构三个因素共同影响的结果。在这三个因素中，主要是产品单位成本和产品产量较好地完成计划的结果。产品单位成本的降低，使成本降低额增加 3 250 元，降低率增加 0.325 个百分点；产品产量的增加，使成本降低额增加 2 720 元，说明企业成本管理工作取得了一定成绩。但是，在企业两种主要产品中，仅甲产品的单位成本和产品产量完成了计划；乙产品单位成本较计划超支 2 元、产量比计划减少 2 件，没有完成成本降低目标和产品产量计划，对乙产品成本超支的原因应进一步分析。

六、产品单位成本计划完成情况的分析

在对全部产品总成本计划完成情况的分析和主要产品成本降低任务完成情况的分析中，影响计划完成的主要因素都是单位成本。因此，应进一步分析产品单位成本计划的完成情况，查明产品单位成本升降的原因，寻求降低产品成本的途径。对于产品单位成本计划完成情况的分析，重点分析两类产品：一是单位成本升降幅度较大的产品；二是在企业全部产品中所占比重较大的产品。在这两类产品中，又应重点分析升降幅度较大的和所占比重较大的成本项目。对产品单位成本计划完成情况的分析，依据的是有关成本报表资料和成本计划资料，分析的方法是先运用比较分析法，查明产品单位成本计划的完成情况，即进行一般分析；再运用因素分析法，查明各个成本项目成本升降的具体原因，即进行因素分析。

（一）产品单位成本计划完成情况的一般分析

【例 7-6】 根据安民工厂本年主要产品单位成本表（见表 7-3）提供的资料和其他有关资料，运用比较分析法的原理，编制产品单位成本计划完成情况分析表，见表 7-10。

表 7-10 产品单位成本计划完成情况分析表

编制单位：安民工厂　　　　　　　　　　202×年12月　　　　　　　　　　金额单位：元

成本项目	单位成本			与上年实际比		与本年计划比	
	上年实际	本年计划	本年实际	降低额	降低率	降低额	降低率
甲产品：	1 200	1 164	1 158	42	3.5%	6	0.515%
直接材料	470	439	445	25	5.319%	−6	−1.367%
直接人工	370	375	372	−2	−0.541%	3	0.8%
制造费用	360	350	341	19	5.278%	9	2.571%
乙产品：	1 000	980	982	18	1.8%	−2	−0.204%
直接材料	400	385	371.4	28.6	7.15%	13.6	3.532%
直接人工	250	255	258	−8	−3.2%	−3	−1.176%
制造费用	350	340	352.6	−2.6	−0.743%	−12.6	−3.706%

根据有关资料，在 Excel 中编制"表 7-10 产品单位成本计划完成情况分析表"，相关公式设置见下图：

	A	B	C	D	E	F	G	H
1	表7-10			产品单位成本计划完成情况分析表				
2	编制单位：安民工厂			202×年12月			金额单位：元	
3	成本项目	单位成本			与上年实际比		与本年计划比	
4		上年实际	本年计划	本年实际	降低额	降低率	降低额	降低率
5	甲产品：	1200	1164	1158	=B5-D5	=E5/B5	=C5-D5	=G5/C5
6	直接材料	470	439	445	=B6-D6	=E6/B6	=C6-D6	=G6/C6
7	直接人工	370	375	372	=B7-D7	=E7/B7	=C7-D7	=G7/C7
8	制造费用	360	350	341	=B8-D8	=E8/B8	=C8-D8	=G8/C8
9	乙产品：	1000	980	982	=B9-D9	=E9/B9	=C9-D9	=G9/C9
10	直接材料	400	385	371.4	=B10-D10	=E10/B10	=C10-D10	=G10/C10
11	直接人工	250	255	258	=B11-D11	=E11/B11	=C11-D11	=G11/C11
12	制造费用	350	340	352.6	=B12-D12	=E12/B12	=C12-D12	=G12/C12

根据表 7-10 的计算结果，可以对该厂主要产品单位成本计划的完成情况进行简要评价：与上年实际相比较，安民工厂甲、乙两种主要产品的单位成本都有所降低，降低额分别为 42 元和 18 元，降低率分别为 3.5% 和 1.80%；但与上年实际相比较，两种产品的直接人工费用都有所增加，影响了产品单位成本的降低幅度。与本年计划相比较，甲产品的单位成本降低 6 元，降低率为 0.515%；乙产品的单位成本超支 2 元，超支 0.204%。甲产品的单位成本超额完成计划，主要是直接人工和制造费用完成计划较好，成本降低额

分别为 3 元和 9 元；但直接材料项目较计划超支 6 元，超支 1.367%，应当进一步分析原因。乙产品虽然直接材料项目超额完成计划，比计划降低 13.6 元，降低 3.532%；但直接人工和制造费用分别超支 3 元和 12.6 元，分别超支 1.176% 和 3.706%，使乙产品没有完成单位成本计划，对于乙产品直接人工和制造费用超计划的原因，应重点分析。

（二）产品单位成本计划完成情况的因素分析

1. 直接材料项目的分析

降低材料成本是降低产品成本的重要途径，特别是对于直接材料费用占产品成本比重较大的产品，直接材料项目更应作为产品单位成本分析的重点。影响产品单位成本中直接材料费用变动的因素，主要是单位产品材料消耗量（用量）和单位材料价格两个因素。分析这两个因素变动对材料成本的影响程度，根据连环替换分析法的原理，可以按下列公式计算：

用量变动对材料成本的影响 =（单位产品材料本年实际用量 − 单位产品材料本年计划用量）× 材料本年计划价格

价格变动对材料成本的影响 = 单位产品材料本年实际用量 ×（材料本年实际价格 − 材料本年计划价格）

在上述公式中，本年材料计划用量和计划价格是比较的标准。如果与上年实际相比较，则上年实际用量和上年材料价格是比较的标准。在计算材料用量和价格对材料成本的影响数额时，可将上述公式中的"本年计划"改为"上年实际"。分析产品单位成本中直接材料费用变动的原因，应当根据直接材料的具体组成内容以及各种材料消耗量和价格的资料，按照上述两个公式分别计算材料耗用量和价格变动对成本的影响，查明直接材料费用超支或节约的原因。

【例 7-7】 根据表 7-11 中提供的资料，安民工厂本年生产的甲产品与计划相比较，直接材料费用超支 6 元，超支 1.367%。甲产品消耗 A、B、C、D 四种材料，根据各种材料耗用量和价格资料，编制直接材料成本分析表，见表 7-11。

表 7-11　　　　　　直接材料成本分析表
编制单位：安民工厂　　　　202× 年年度　　　　金额单位：元

材料名称	计量单位	材料消耗量		材料价格		材料成本		成本差异		差异额分析	
		计划	实际	计划	实际	计划	实际	差异额	差异率	用量影响	价格影响
A 材料	千克	40	42	5	4.9	200	205.8	5.8	2.9%	10	−4.2
B 材料	千克	33	35	3	3	99	105	6	6.06%	6	0
C 材料	千克	20	18	4	4.2	80	75.6	−4.4	−5.5%	−8	3.6
D 材料	千克	10	10	6	5.86	60	58.6	−1.4	−2.33%	0	−1.4
合计						439	445	6	1.367%	8	−2

根据有关资料，在 Excel 中编制"表 7-11 直接材料成本分析表"，相关公式设置见下图：

	A	B	C	D	E	F	G	H	I	J	K	L
1	表7-11						直接材料成本分析表					
2	编制单位：安民工厂						202×年年度				金额单位：元	
3	材料名称	计量单位	材料消耗量		材料价格		材料成本		成本差异		差异额分析	
4			计划	实际	计划	实际	计划	实际	差异额	差异率	用量影响	价格影响
5	A材料	千克	40	42	5	4.9	200	205.8	=H5-G5	=I5/G5	=(D5-C5)*E5	=(F5-E5)*D5
6	B材料	千克	33	35	3	3	99	105	=H6-G6	=I6/G6	=(D6-C6)*E6	=(F6-E6)*D6
7	C材料	千克	20	18	4	4.2	80	75.6	=H7-G7	=I7/G7	=(D7-C7)*E7	=(F7-E7)*D7
8	D材料	千克	10	10	6	5.86	60	58.6	=H8-G8	=I8/G8	=(D8-C8)*E8	=(F8-E8)*D8
9	合计						439	445	=H9-G9	=I9/G9	=SUM(K5:K8)	=SUM(L5:L8)

表 7-11 中的分析计算结果表明，在安民工厂甲产品单位成本中，直接材料费用实际比计划超支 6 元，超支 1.367%，主要是 A、B 两种材料成本超支引起的。A、B 两种材料的实际成本比计划成本分别超支 5.8 元和 6 元，合计为 11.8 元。超支的主要原因是单位产品的材料消耗量没有完成计划。两种材料的消耗量增加使直接材料费用增加达 16 元（A 材料为 10 元，B 材料为 6 元），应当进一步查明原因。C、D 两种材料的实际成本比计划成本降低了 5.8（=4.4+1.4）元，但由于 C 材料价格超计划，使 C 材料成本增加 3.6 元，应当进一步分析其价格上升的原因。C 材料耗用量减少，使产品单位成本降低了 8 元，也应分析原因，以便总结经验，进一步挖掘企业内部降低成本的潜力。

2. 直接人工项目的分析

产品单位成本中的直接人工费用，受到工人劳动生产率和工人平均工资两个因素的影响。这两个因素也可以用单位产品生产工时消耗和小时平均工资（小时工资率）来表示。根据连环替换分析法的原理，分析单位产品工时消耗和小时工资率变动对成本的影响，计算公式为：

单位产品消耗工时变动对成本的影响 =（单位产品本年实际工时 − 单位产品本年计划工时）× 本年计划小时工资率

小时工资率变动对成本的影响 = 单位产品本年实际工时 ×（本年实际小时工资率 − 本年计划小时工资率）

上述公式是以本年计划作为比较标准的。如果以上年实际作为比较标准，则可将上述公式中的"本年计划"改为"上年实际"。

【例 7-8】 根据表 7-11 中提供的资料，安民工厂本年生产的乙产品单位产品成本中的直接人工费用实际比计划超支 3 元，超支 1.176%。为了分析成本超支的原因，收集整理有关乙产品产量、工时、工资等资料，见表 7-12。

表 7-12　　　　　　　　　乙产品产量、工时、工资资料表

编制单位：安民工厂　　　　　　　202×年年度　　　　　　　　　　产品：乙产品

项　目	本年计划	本年实际	差异
产品产量／件	252	250	-2
产品生产总工时／小时	22 176	21 500	-676
产品生产工人工资及福利费／元	64 260	64 500	+240
单位产品直接人工成本／元	255	258	+3
单位产品工时消耗／小时	88	86	-2
小时工资率／（元／小时）	2.898	3	+0.102

根据表 7-12 中提供的资料，分析安民工厂乙产品单位成本中直接人工费用超计划的原因，分析计算过程如下：

分析对象（乙产品单位成本中直接人工费用实际脱离计划的差异额）=258-255=3（元）

乙产品单位产品工时消耗降低的影响 =（86-88）×2.898=-5.8（元）

小时工资率提高的影响 =86×（3-2.898）=+8.8（元）

两个因素共同影响数额 =-5.8+8.8=3（元）

上述计算结果表明，安民工厂乙产品单位成本中直接人工费用实际比计划超支 3 元，主要是小时工资率超计划导致的。由于小时工资率实际比计划提高 0.102 元，乙产品单位成本增加 8.8 元；而乙产品单位产品工时消耗实际比计划减少 2 小时，使产品单位成本降低 5.8 元。这说明安民工厂工人劳动生产率（表现在单位产品工时消耗上）比计划有所提高，但由于工人平均工资（表现为小时工资率）的增长幅度超过了工人劳动生产率（表现为单位产品工时消耗）的增长幅度，单位成本中的直接人工费用仍超支 3 元。

3. 制造费用项目的分析

制造费用是生产单位为生产产品和提供劳务所发生的各项间接费用，通常应当按照一定标准分配到该生产单位所生产的各种产品成本之中。根据制造费用计入产品成本的方式，分析各因素变动对单位产品成本中制造费用的影响时，可以分析产品产量和制造费用总额，也可以分析单位产品工时消耗和小时费用率。按照连环替换分析法的原理，分析单位产品工时消耗和小时费用率的变动对单位产品成本中制造费用的影响，计算公式为：

单位产品消耗工时变动对成本的影响 =（单位产品本年实际工时 - 单位产品本年计划工时）× 本年计划小时费用率

小时费用率变动对成本的影响 = 单位产品本年实际工时 ×（本年实际小时费用率 - 本年计划小时费用率）

上述公式是以本年计划作为比较标准的。当比较标准为上年实际时，可将公式中的"本年计划"改为"上年实际"。

【例 7-9】 根据表 7-10 中提供的资料，安民工厂本年生产的乙产品，单位成本中的制造费用实际比计划超支 12.6 元，超支 3.706%。表 7-12 中提供的乙产品单位产品工时消耗本年实际为 86 小时，本年计划为 88 小时；根据制造费用总额资料，乙产品小时制造费用分配率本年实际为 4.1 元，本年计划为 3.864 元。分析乙产品单位成本中制造费用超 12.6 元的原因，计算过程如下：

分析对象（乙产品单位成本中制造费用实际脱离计划的差异额）=352.6-340=12.6（元）

单位产品工时消耗降低对成本的影响 =（86-88）×3.864=-7.7（元）

小时制造费用分配率提高对成本的影响 =86×（4.1-3.864）=20.3（元）

两个因素共同影响数额 =-7.7+20.3=12.6（元）

上述计算结果表明，安民工厂乙产品单位成本中制造费用实际比计划超支 12.6 元，主要是小时制造费用分配率超计划所造成的。由于小时制造费用分配率实际比计划超支 0.236 元（4.1-3.864），乙产品单位成本超支 20.3 元。这说明该厂在控制制造费用总额和增加产品产量方面还有很大的潜力。对企业制造费用总额增加和乙产品未完成产量计划的原因，还应进一步分析。

七、制造费用预算执行情况的分析

在单位成本的制造费用项目的分析中，要了解制造费用节约或超支的原因，应当进一步分析制造费用总额及其构成项目。依据制造费用预算、制造费用明细表和其他有关资料对制造费用预算执行情况进行分析时，应当注意以下几点。

（一）运用比较分析法进行分析

将本年（或月、季）实际制造费用总额分别与上年实际制造费用总额和本年制造费用预算进行比较，查明两个年度制造费用总额的变化情况，查明制造费用预算的执行情况。

（二）分别对固定费用和变动费用进行分析

根据费用与产品产量的关系，将制造费用分为固定费用和变动费用。在一定产量（业务量）范围内，固定费用总额应是相对固定的；变动费用总额则随产品产量（业务量）的变化而变化。在运用比较分析法进行分析时，固定费用项目可以直接对比；变动费用项目可以先按产品产量（业务量）的变化情况，对本年预算数进行调整，再将本年实际数与调整后的预算数进行对比。

(三）分析重点费用项目

对制造费用各明细项目，逐项分析，分析的重点是实际脱离预算较大（或与上年比较差异额较大）的费用项目，以及在制造费用总额中数额较大、所占比重较大的费用项目。

(四）分析费用项目的构成比例

在重点分析费用项目的数额变动的同时，还应当进一步分析制造费用各明细项目构成比例（比重）的变化情况，检查费用构成变化的合理性。

任务四　成本预算

一、成本预算的概念

成本预算是指企业按照预算期的特殊生产和经营情况所编制的预定成本。它属于一种预计或未来成本。确定成本预算，应以企业预算期内的销售和生产预算为基础，编制产品生产和经营的直接材料预算、直接人工预算、制造费用预算和期间费用预算等。如果企业采用变动成本法，则只要将变动的制造费用按预计分配率测定各成本项目数额，将固定费用作为期间费用，按总额测定，并直接在当期边际贡献中扣除，然后加以汇总，成本预算可以用来预测成本的发生额，并作为考核成本工作成绩的标准。

二、预算编制项目

预算编制的项目主要包括成本费用预算、收入预算、资产负债预算、职能部门费用预算、财务指标预算、资本预算、现金流量预算。

（一）成本费用预算

成本费用预算包括营业成本预算、制造费用预算、经营销售费用预算、财务费用预算、管理费用预算、维修费用预算、职能部门费用预算。

（二）收入预算

收入预算包括主营业务收入预算、其他业务收入预算、营业外收入预算、投资收入预算、其他投资收入、投资处理盈利和亏损预算。

（三）资产负债预算

资产负债预算包括对外投资预算，无形资产和递延资产购建预算，固定资产增减分类预算，固定资产零星购置、固定资产报废预算，基本建设预算，往来款项预算，借款和债券预算。

（四）职能部门费用预算

职能部门费用预算一般由各职能部门根据各自在预算年度应完成的任务来确定费用基数，负责本部门费用预算编制和上报。财务部门以上年实际数为基础，综合预算年度的任务量再进行调整。

（五）财务指标预算

在财务指标中，有些指标是简单的，如净利润、管理费用等，这些指标从会计报表中直接可以得到，它们提供的实际上还是会计信息；而有些指标是复合的，如投资资本回报率（Return On Invested Capital，ROIC）、资本金回报率（Return On Capital，ROC）、自由现金流（Free Cash Flow，FCF）、息税前营业利润（earnings before interest and tax，EBIT）、有息负债率（Debt Ratio，DR）等，这些指标不能直接从会计报表中获取，需要经过几个财务指标的对比计算才能得出，它体现的是财务信息。把这类指标也列入预算，能考核和分析企业的投资回报情况、企业能支配的现金流量情况、经营利润完成情况、负债情况等，它比单纯的报表数字更有比较和考核意义，可以较为全面地了解和掌握企业的财务状况与获利能力。

另外，财务指标还有资本预算、现金流量预算等。资本预算又称建设性预算或投资预算，是指企业为了更好地发展，获取更大的报酬而做出的资本支出计划。它是综合反映建设资金来源与运用的预算，其支出主要用于经济建设，其收入主要是债务收入。资本预算是复式预算的组成部分。现金流量预算则是把所有预算用现金及现金等价物反映出来。

总之，预算是全员、全过程预算。要做到凡涉及资金活动的地方都要有预算，使预算无死角、无遗漏。

三、预算编制的原则

为合理配置本企业的财务资源，在编制预算前，首先由集团财务部门根据公司的中长期发展规划和战略发展要求，明确各单位的发展方向，制定预算编制原则。预算编制原则一般包括以下几项：

（一）确定成本费用控制重点

针对公司以往成本费用控制的薄弱环节，提出预算年度的控制要求。例如，对管理费用可以要求在上一个预算年度的基础上下降5%，而对下降空间较大的企业，可以提出更高的要求。

（二）确定投资方向

对于符合集团公司战略发展方向的产业和核心企业，在基建投资、固定资产零星购置、融资规模上都应给予支持，也允许个别企业的管理费用在上年度基础上有所突破，但前提是营业收入要比上年度有大幅度增长；凡不符合集团公司重点发展的产业或行业，原则上不追加投资，其投资安排以当年的折旧来源为限，维持简单再生产，资金以上缴为主。

（三）保证预算的严肃性

要求各单位的正职对预算的严肃性负责，确保预算编制在"资料收集—审查汇总—调整抵消—结果确认"全过程中做到"全面、准确、有序、合理、合规"。

四、预算调整

预算文件一般在每年的10月下达，编制基础是当年的1—9月的实际完成情况，后三个月采用预测数。预算编制单位在规定的时间内上报预算后，可能有一部分企业预算编制不符合总部要求，有的是技术上的，但更多的是费用控制、收入、利润等指标达不到总部要求，这就需要各归口主管花费大量的精力，分析各单位的预算和会计报表，必要时还要到单位核对有关的数字，了解情况，力争使预算接近实际。

五、预算的意义

正确地编制成本预算，可为企业预算期成本管理工作指明奋斗目标，并为进行成本管理提供直接依据；成本预算还能动员和组织全体职工精打细算、挖掘潜力，控制成本耗费，促使企业有效地利用人力、物力、财力，努力改善经营管理，以尽可能少的劳动耗费获得较好的经济效益。同时，成本预算还可作为物业管理企业经营业绩的考评标准。

巩固与提高

一、单项选择题

1. 下列各项中，不属于成本报表的是（　　）。
   A. 商品产品成本表　　　　　　B. 主要产品单位成本表
   C. 现金流量表　　　　　　　　D. 制造费用明细表
2. 成本报表属于（　　）。
   A. 对外报表　　　　　　　　　B. 对内报表
   C. 既是对内报表，又是对外报表　D. 是对内报表还是对外报表由企业决定

3. 下列各项中，不属于成本分析的基本方法是（　　）。
   A. 对比分析法　　　　　　　　B. 产量分析法
   C. 因素分析法　　　　　　　　D. 比率分析法

4. 根据实际指标与不同时期的指标对比揭示差异，分析差异产生原因的分析方法称为（　　）。
   A. 因素分析法　　　　　　　　B. 差量分析法
   C. 对比分析法　　　　　　　　D. 相关分析法

5. 在对全部商品进行产品成本分析，计算成本降低率时，是用成本降低额除以（　　）。
   A. 按计划产量计算的计划总成本　　B. 按计划产量计算的实际总成本
   C. 按实际产量计算的计划总成本　　D. 按实际产量计算的实际总成本

6. 对可比产品成本降低率不产生影响的因素是（　　）。
   A. 产品品种结构　　　　　　　B. 产品产量
   C. 产品单位成本　　　　　　　D. 产品总成本

7. 一定时期销售一定数量产品的产品销售成本与产品销售收入的比率是（　　）。
   A. 成本费用利润率　　　　　　B. 销售利润率
   C. 销售成本率　　　　　　　　D. 产值成本率

8. 采用连环替代分析法，可以揭示（　　）。
   A. 产生差异的因素和各因素的影响程度
   B. 产生差异的因素
   C. 产生差异的因素和各因素的变动原因
   D. 实际数与计划数之间的差异

9. 从成本计算方法的原理上来说，标准成本法可以取代（　　）。
   A. 分步法　　　B. 分类法　　　C. 定额法　　　D. 品种法

10. 在标准成本系统中，广泛应用的标准成本是（　　）。
    A. 理想标准成本　　　　　　　B. 实际标准成本
    C. 正常标准成本　　　　　　　D. 基本标准成本

11. 变动制造费用耗费差异应由（　　）负责控制。
    A. 总经理　　　B. 部门经理　　　C. 车间主任　　　D. 财务科长

12. 通常应对不利的材料价格差异负责的部门是（　　）。
    A. 质量控制部门　　　　　　　B. 采购部门
    C. 工程设计部门　　　　　　　D. 生产部门

13. 在"主要产品单位成本表"中，不需要反映的指标是（　　）。
    A. 上年实际平均单位成本　　　B. 本年计划单位成本
    C. 本月实际单位成本　　　　　D. 本月实际总成本

14. 企业编制的成本报表中，除了商品产品成本表和主要产品单位成本表外还要编制的其他成本报表有（　　）。

　　A. 制造费用明细表　　　　　　　　B. 财务费用明细表

　　C. 管理费用明细表　　　　　　　　D. 销售费用明细表

15. 某产品上年实际平均单位成本与其本年实际平均单位成本的差额，除以其上年实际平均单位成本，等于该产品（　　）。

　　A. 计划成本降低率　　　　　　　　B. 与计划比较的成本降低率

　　C. 实际成本降低率　　　　　　　　D. 没有经济意义

二、多项选择题

1. 商品产品成本表可以反映可比产品与不可比产品的（　　）。

　　A. 实际产量　　　　　　　　　　　B. 单位成本

　　C. 本月总成本　　　　　　　　　　D. 本年累计总成本

　　E. 计划产量

2. 工业企业编制的成本报表有（　　）。

　　A. 商品产品成本表　　　　　　　　B. 主要产品单位成本表

　　C. 制造费用明细表　　　　　　　　D. 成本计算单

　　E. 直接材料明细表

3. 工业企业编报的成本报表必须做到（　　）。

　　A. 数字准确　　　　　　　　　　　B. 内容完整

　　C. 字迹清楚　　　　　　　　　　　D. 编报及时

　　E. 格式统一

4. 下列指标中，属于相关比率的有（　　）。

　　A. 产值成本率　　　　　　　　　　B. 成本降低率

　　C. 成本利润率　　　　　　　　　　D. 销售收入成本率

　　E. 资产负债率

5. 在生产多品种的情况下，影响可比产品成本降低额的因素有（　　）。

　　A. 产品产量　　　　　　　　　　　B. 产品单位成本

　　C. 产品价格　　　　　　　　　　　D. 产品品种结构

　　E. 产品质量

6. 影响可比产品降低率变动的因素可能有（　　）。

　　A. 产品产量　　　　　　　　　　　B. 产品单位成本

　　C. 产品价格　　　　　　　　　　　D. 产品品种结构

　　E. 产品质量

7. 成本报表分析常用的方法有（　　）。

A. 对比分析法 B. 比例分析法
C. 连理替代法 D. 趋势分析法
E. 差额分析法

8. 在采用因素分析法进行成本分析，确定各因素替代顺序时，下列说法中，正确的有（ ）。

A. 先替代数量指标，后替代质量指标
B. 先替代质量指标，后替代数量指标
C. 先替代实物量指标，后替代价值量指标
D. 先替代主要指标，后替代次要指标
E. 先替代价值量指标，后替代实物量指标

9. 在进行可比产品成本降低任务完成情况分析时，对于产品单位成本的变动，下列说法中，正确的有（ ）。

A. 产品单位成本的变动影响成本降低额
B. 产品单位成本的变动影响成本降低率
C. 产品单位成本的变动不影响成本降低额
D. 产品单位成本的变动不影响成本降低率
E. 产品产量的变动影响成本降低额

10. 在计算可比产品成本计划降低额时，需要计算的指标有（ ）。

A. 实际产量按上年实际单位成本计算的总成本
B. 实际产量按本年实际单位成本计算的总成本
C. 计划产量按上年实际单位成本计算的总成本
D. 计划产量按本年计划单位成本计算的总成本
E. 计划产量按本年实际单位成本计算的总成本

11. 工业企业一般编制的成本报表主要有（ ）。

A. 商品产品成本表 B. 销售产品成本表
C. 主要产品单位成本表 D. 制造费用明细表
E. 资产负债表

12. 设置成本报表，应当（ ）。

A. 符合国家统一会计制度规定的格式和内容
B. 符合企业生产经营特点
C. 满足企业成本管理的要求
D. 报表指标具有实用性，报表内容具有针对性
E. 社会中介机构的要求

13. 标准成本按适用期不同可以分为（ ）。

A. 现行标准成本 B. 理想标准成本

C. 正常标准成本　　　　　　　D. 基本标准成本
E. 沉没成本

14. 需要调整基本标准成本的情况有（　　）。
A. 产品的物理结构变化　　　　B. 重要原材料和劳动力价格的重要变化
C. 生产技术和工艺的小幅调整　D. 市场供求关系发生变化
E. 企业随意调整

15. 在进行标准成本分析时，形成材料价格差异的原因有（　　）。
A. 供应厂家价格变动　　　　　B. 购入材料质量低劣
C. 未按经济采购批量订货　　　D. 违反合同被罚款
E. 紧急订货

三、判断题

1. 商品产品成本表是反映企业在报告期内生产的全部商品产品的总成本的报表。（　　）

2. 企业编制的成本报表一般不对外公布，所以，成本报表的种类、项目和编制方法可由企业自行确定。（　　）

3. 在企业编制的所有成本报表中，"商品产品成本表"是最主要的报表。（　　）

4. 在分析某个指标时，将与该指标相关但又不同的指标加以对比，分析其相互关系的方法称为对比分析法。（　　）

5. 在采用因素分析法进行成本分析时，各因素变动对经济指标影响程度的数额相加，应与该项经济指标实际数与基数的差额相等。（　　）

6. 在进行全部商品产品成本分析时，需要计算成本降低率。该项指标是用成本降低额除以实际产量的实际总成本计算的。（　　）

7. 在进行可比产品成本降低任务完成情况的分析时，由于产品产量因素的变动，只影响成本降低额，不影响成本降低率。（　　）

8. 可比产品成本实际降低额是用实际产量按上年实际单位成本计算的总成本与实际产量按本年实际单位成本计算的总成本计算的。（　　）

9. 不可比产品是指上年没有正式生产过，没有上年成本资料的产品。（　　）

10. 本年累计实际产量与本年计划单位成本之积，称为按本年实际产量计算的本年累计总成本。（　　）

四、实务题

1. 资料：

2021年12月，江北公司的材料费用总额、产品产量、单位产品材料消耗量和材料单价的计划指标与实际指标等资料如表7-1所示。

表 7-1　　　　　　　　　　　材料消耗定额计划执行情况表
2021 年 12 月

指标	单位	计划数	实际数	差异
产品产量	件	500	502	+2
单位产品材料消耗量	千克	20	16	-4
材料单价	元	15	18	+3
材料费用总额	元	150 000	144 576	-5 424

要求：

采用因素分析法中的连环替代和差额计算法，分析各因素变动对材料费用总额的影响程度。

2. 资料：

2021 年 6 月，江北公司产品成本报表如表 7-2 所示，产值成本计划率为 31 元 / 百元，商品产值本月实际数按现行价格计算为 65 894 元。

表 7-2　　　　　　　　　　　产品生产成本报表

编制单位：江北公司　　　　　2021 年 6 月　　　　　　　　单位：元

产品名称	计量单位	实际产量	单位成本 / 元			总成本 / 元		
			上年实际平均	本年计划	本月实际	按上年实际平均单位成本计算	按本年计划单位成本计算	本月实际
可比产品合计								
A 产品	件	50	84	82	83			
B 产品	件	20	760	750	738			
不可比产品合计								
C 产品	件	8	×	125	128	×		
D 产品	件	3	×	370	365	×		
全部产品	×	×	×	×	×	×		

要求：

（1）计算和填列产品成本报表中总成本各栏数字。

（2）分析全部产品成本计划的完成情况和产值成本率计划完成情况。

3. 资料：

2021年6月，江南公司产品成本报表有关可比产品部分资料如表7-3所示。

表7-3　　　　　　　　　　产品生产成本报表

编制单位：江南公司　　　　　　　2021年6月　　　　　　　　　　　　单位：元

可比产品	产量/件		单位成本/元			总成本/元		
	计划	实际	上年实际平均	本年计划	本期实际	按上年实际平均成本计算	按本年计划计算	本期实际
甲	16	26	400	370	350			
乙	22	20	200	190	195			
合计								

本期材料涨价影响可比产品成本实际比计划升高1 200元。可比产品成本降低率为8%。要求：

（1）计算并填列产品成本报表中总成本各栏数字。

（2）检查可比产品成本降低率计划完成情况，分析其升降原因，并做出评价。

4. 资料：

2021 年 12 月，江南公司 A 产品单位成本表如表 7-4 所示。

表 7-4　　　　　　　　　　主要产品生主产成本表

编制单位：江南公司　　　　　　　　2021 年 12 月

成本项目	上年实际平均	本年计划	本期实际
直接材料（元）	1 980	1 990	2 000
直接人工（元）	250	260	240
制造费用（元）	450	440	430
合计（元）	2 680	2 690	2 670
主要技术经济指标	耗用量	耗用量	耗用量
原材料消耗量（千克）	1 000	950	910
原材料单价（元/千克）	2.0	2.1	2.2

要求：

（1）分析 A 产品单位成本变动情况。

（2）分析影响原材料费用变动的各因素和各因素变动的影响程度。

5. 资料：

2021 年 12 月，江南公司甲产品工资单位成本费用分析表如表 7-5 所示。

表 7-5　　　　　　　　　　甲产品单位成本工资费用分析表

编制单位：江南公司　　　　　　　2021 年 12 月　　　　　　　　　　单位：元

工种名称	耗用量/小时		工资率（元/小时）		工资费用		差异	
	计划	实际	计划	实际	计划	实际	数量	金额
锻工	20	18	13.50	14				
钳工	32	30	8.75	9				
合计								

要求：

（1）计算并填列甲产品单位成本工资费用分析表。

（2）采用差额计算分析法，分析甲产品工资费用变动的情况。

附 录

Excel 在成本核算与管理中的应用

案例资料：光华公司设有一个基本生产车间和两个辅助生产车间：一个供电车间和一个供气车间。基本生产车间大量生产甲、乙产品，根据生产特点和管理要求，该公司采用品种法计算产品成本。材料是生产开始时一次性投入，甲、乙产品共同耗用的材料按直接材料比例分配；基本生产车间的生产工人薪酬、制造费用均按生产工时比例分配；辅助生产成本采用直接分配法进行分配。甲、乙两种产品均采用约当产量法计算完工产品成本和月末在产品成本（加工程度为 50%）。

该公司 202× 年 9 月的有关资料见附表 1 ~ 附表 4。

附表 1　　　　　　　　　　　　基础数据

材料耗用去向	核算日期	材料名称	材料编号	计量单位	存放仓库
甲产品	202× 年 9 月	A 材料	302	套	一号仓库
乙产品		B 材料	101	吨	二号仓库
甲乙共同耗用		C 材料	301	千克	三号仓库
制造车间		D 材料	205	个	二号仓库
供电车间		E 材料	307	件	三号仓库
供气车间		F 材料	403	捆	二号仓库

附表 2　　　　　　　　　　　月初在产品成本

202× 年 9 月 1 日　　　　　　　　　　　　　　　　金额单位：元

产品品种	直接材料	直接人工	制造费用	合计
甲产品	38 000.00	8 000.00	12 600.00	58 600.00
乙产品	44 000.00	1 400.00	18 000.00	63 400.00

附表 3 　　　　　　　　　　产量资料

202×年9月　　　　　　　　　　　　　　　单位：件

项目	甲产品	乙产品
期初在产品	120.00	80.00
本月投产	680.00	260.00
本月完工	650.00	240.00
期末在产品	150.00	100.00
投料程度	100%	100%
加工程度	50%	50%

附表 4 　　　　　　　　　　工时记录

202×年9月　　　　　　　　　　　　　　　单位：小时

项目		生产工时
基本生产车间	甲产品	2 480.00
	乙产品	1 650.00
合计		4 130.00

附表 1～附表 4 对应公式设置见附图 1～附图 4。

附图 1 "基础数据"对应 Excel 表

附图 2 "月初在产品成本"对应公式设置

附图 3 "产量资料"对应公式设置

	A	B	C
25			
26	表3	工时记录	
27	=B5&"	单位：小时"	
28		项目	生产工时
29	基本生产车间	=A3	2480
30		=A4	1650
31		合计	=SUM(C29:C30)

附图 4 "工时记录"对应公式设置

一、材料费用的分配

基本生产车间的领料总汇表见附表 5，对应公式设置见附图 5。根据领料汇总表编制"产品共同耗用材料分配表"和"材料费用分配汇总表"，分别见附表 6、附表 7，对应公式设置分别见附图 6、附图 7。填制记账凭证，登记有关账簿。

附表 5 领料总汇表

材料编号	材料名称	计量单位	请领数量	实发数量	单价/元	金额/元	用途	出料仓库	领料人	发料人	领料时间	领料单号
302	A材料	套	1 120.00	1 120.00	200.00	224 000.00	甲产品	一号仓库				
101	B材料	T	80.00	80.00	2 000.00	160 000.00	乙产品	二号仓库				
301	C材料	KG	200.00	200.00	1 820.00	364 000.00	甲乙共同耗用	三号仓库				
301	C材料	KG	100.00	100.00	1 820.00	182 000.00	甲产品	三号仓库				
205	D材料	个	1 300.00	1 300.00	450.00	585 000.00	乙产品	二号仓库				
205	D材料	个	1 020.00	1 020.00	450.00	459 000.00	制造车间	二号仓库				
307	E材料	件	310.00	310.00	210.00	65 100.00	供电车间	三号仓库				
403	F材料	捆	200.00	200.00	1 000.00	200 000.00	甲乙共同耗用	二号仓库				
403	F材料	捆	120.00	120.00	1 000.00	120 000.00	供气车间	二号仓库				
合计						2 359 100.00						

光华公司领料总汇表

	B	C	D	E	F	G	H	I	J	K	L	M
32												
33						金额（元）						
34	材料名称	计量单位	请	实发	单价		用途	出料仓库	领料/发料人	领料人	领料时间	领料单号
35	A材料	=VLOOKUP(B35,$C$3:$E$8,3,FALSE)	1120	1120	200	=E35*F35	甲产	=VLOOKUP(B35,$C$3:$F$8,4,FALSE)				
36	B材料	=VLOOKUP(B36,$C$3:$E$8,3,FALSE)	80	80	2000	=E36*F36	乙产	=VLOOKUP(B36,$C$3:$F$8,4,FALSE)				
37	C材料	=VLOOKUP(B37,$C$3:$E$8,3,FALSE)	200	200	1820	=E37*F37	甲乙	=VLOOKUP(B37,$C$3:$F$8,4,FALSE)				
38	C材料	=VLOOKUP(B38,$C$3:$E$8,3,FALSE)	100	100	1820	=E38*F38	甲产	=VLOOKUP(B38,$C$3:$F$8,4,FALSE)				
39	D材料	=VLOOKUP(B39,$C$3:$E$8,3,FALSE)	1300	1300	450	=E39*F39	乙产	=VLOOKUP(B39,$C$3:$F$8,4,FALSE)				
40	D材料	=VLOOKUP(B40,$C$3:$E$8,3,FALSE)	1020	1020	450	=E40*F40	制造	=VLOOKUP(B40,$C$3:$F$8,4,FALSE)				
41	E材料	=VLOOKUP(B41,$C$3:$E$8,3,FALSE)	310	310	210	=E41*F41	供电	=VLOOKUP(B41,$C$3:$F$8,4,FALSE)				
42	F材料	=VLOOKUP(B42,$C$3:$E$8,3,FALSE)	200	200	1000	=E42*F42	甲乙	=VLOOKUP(B42,$C$3:$F$8,4,FALSE)				
43	F材料	=VLOOKUP(B43,$C$3:$E$8,3,FALSE)	120	120	1000	=E43*F43	供气	=VLOOKUP(B43,$C$3:$F$8,4,FALSE)				
44	合计					=SUM(G35:G43)						

附图 5 领料总汇表对应公式设置

附表 6 产品共同耗用材料分配表

202×年9月　　　　　　　　　　　　　　　　　　　　　金额单位：元

产品名称	分配标准	分配率	分配金额
甲产品	406 000.00		198 943.53
乙产品	745 000.00		365 056.47
合计	1 151 000.00	0.49	564 000.00

	A	B	C	D
45				
46	表5	产品共同耗用材料分配表		
47	="	"&B5&	金额单位：元"	
48	产品名称	分配标准	分配率	分配金额
49	=A3	=SUMIF(H35:H43,A49,G35:G43)		=B49*C51
50	=A4	=SUMIF(H35:H43,A50,G35:G43)		=D51-D49
51	合计	=SUM(B49:B50)	=D51/B51	=SUMIF(H35:H43,A5,G35:G43)

附图 6　产品共同耗用材料分配表对应公式设置

在附表 6 中，材料费用分配率的计算公式为：

$$材料费用分配率 = \frac{材料实际费用定额}{各种产品材料定额消耗量之和}$$

$$材料费用分配率 = \frac{56\,400}{406\,000+745\,000} = 0.49$$

甲产品应分配的材料费用 =406000×0.49=198943.53（元）

甲产品应分配的材料费用 =564000−198943.53=365056.47（元）

附表 7 材料费用分配汇总表

202×年9月　　　　　　　　　　　　　　　　　　　　　金额单位：元

受益部门	基本生产成本			制造费用	辅助生产成本	辅助生产成本	合计
	甲产品	乙产品	合计	制造车间	供电车间	供气车间	
直接计入	406 000.00	745 000.00	1 151 000.00	459 000.00	65 100.00	120 000.00	1 795 100.00
分配计入	198 943.53	365 056.47	564 000.00				564 000.00
合计	604 943.53	1 110 056.47	1 715 000.00	459 000.00	65 100.00	120 000.00	2 359 100.00

	A	B	C	D	E	F	G	H
52								
53	表6			材料费用分配表				
54	="	&B$5&		金额单位：元"				
55	受益部门	基本生产成本			制造费用	辅助生产成本	辅助生产成本	合计
56		=A3	=A4	合计	=A6	=A7	=A8	
57	直接计入	=B49	=B50	=SUM(B57:C57)	=SUMIF(H35:H43,E56,G35:G43)	=SUMIF(H35:H43,F56,G35:G43)	=SUMIF(H35:H43,G56,G35:G43)	=D57+SUM(E57:G57)
58	分配计入	=D49	=D50	=SUM(B58:C58)				=D58+SUM(E58:G58)
59	合计	=SUM(B57:B58)	=SUM(C57:C58)	=SUM(D57:D58)	=SUM(E57:E58)	=SUM(F57:F58)	=SUM(G57:G58)	=SUM(H57:H58)

附图 7　材料费用分配表对应公式设置

根据附表 7 "材料费用分配汇总表"，编制会计分录如下：

借：基本生产成本——甲产品				604 943.53
	——乙产品			1 110 056.47
制造费用——制造车间				459 000.00
辅助生产成本——供电车间				65 100.00
	——供气车间			120 000.00
贷：原材料——A 材料				224 000.00
	——B 材料			160 000.00
	——C 材料			546 000.00
	——D 材料			1 044 000.00
	——E 材料			65 100.00
	——F 材料			320 000.00

材料费用分配会计分录对应公式设置见附图 8。

附图 8　材料费用分配会计分录对应公式设置

根据附表 8"本月生产费用资料表"，分配人工、折旧、水费、燃料费和其他费用。

附表 8　　　　　　　　　　本月生产费用资料表

202×年9月　　　　　　　　　　金额单位：元

费用要素＼用途	甲产品耗用	乙产品耗用	甲产品乙产品共耗用	制造费用 制造车间	辅助生产成本 供电车间	辅助生产成本 供气车间	合计
原材料	406 000.00	745 000.00	564 000.00	459 000.00	65 100.00	120 000.00	2 359 100.00
人工费用	26 000.00	17 800.00	94 893.60	27 485.40	25 142.40	7 364.40	198 685.80
折旧费				37 600.00	13 800.00	12 000.00	63 400.00
水费				48 400.00	3 000.00	10 000.00	61 400.00
燃料费				10 600.00	11 400.00	28 000.00	50 000.00
其他费用				38 000.00	4 500.00	4 000.00	46 500.00
合计	432 000.00	762 800.00	658 893.60	621 085.40	122 942.40	181 364.40	2 779 085.80

注：白色部分的数据来源如下：人工费用来自企业的"工资结算单"；折旧费来自企业"折旧费用计算表"；水费通过查水表得知用水量，再乘以单位水价得到，燃料费、其他费用来自相关原始凭证。

附表8"本月生产费用资料表"对应公式设置见附图9。

	A	B	C	D	E	F	G	H
60								
61	表7			本月生产费用资料				
62	=""&B$5&			金额单位：元				
63	用途			=A3&A4	制造费用	辅助生产成本	辅助生产成本	合计
64	费用要素	=A3&"耗用"	=A4&"耗用"	共耗用	=A6	=A7	=A8	
65	原材料	=B57	=C57	=D58	=E59	=F59	=G59	=SUM(B65:G65)
66	人工费用	26000	17800	94893.6	27485.4	25142.4	7364.4	=SUM(B66:G66)
67	折旧费				37600	13800	12000	=SUM(B67:G67)
68	水费				48400	3000	10000	=SUM(B68:G68)
69	燃料费				10600	11400	28000	=SUM(B69:G69)
70	其他费用				38000	4500	4000	=SUM(B70:G70)
71	合计	=SUM(B65:B70)	=SUM(C65:C70)	=SUM(D65:D70)	=SUM(E65:E70)	=SUM(F65:F70)	=SUM(G65:G70)	=SUM(B71:G71)

附图9 本月生产费用资料表对应公式设置

二、人工费用分配

根据工资结算结果编制"人工费用分配汇总表"，见附表9，并填制记账凭证，登记有关账簿。

附表9　　　　　　　　　　　人工费用分配汇总表

202×年9月　　　　　　　　　　　　　　　　　　金额单位：元

受益部门		基本生产成本			制造费用	辅助生产成本	辅助生产成本	合计
		甲产品	乙产品	合计	制造车间	供电车间	供气车间	
应付职工薪酬	直接计入	26 000.00	17 800.00	43 800.00	27 485.40	25 142.40	7 364.40	103 792.20
	实际工时	2 480.00	1 650.00	4 130.00				
	分配率			22.98				
	分配金额	56 982.11	37 911.49	94 893.60				94 893.60
	合计	82 982.11	55 711.49	138 693.60	27 485.40	25 142.40	7 364.40	198 685.80

附表9中生产工人工资分配率的计算公式为：

生产工人工资分配率＝生产工人工资总额÷各产品实际（定额）工时之和

$$\text{工资费用分配率} = \frac{94\,893.60}{2480+1650} = 22.976659（元／小时）$$

甲产品间接计入工资费用＝2 480×22.976659=56 982.11（元）

乙产品间接计入工资费用＝1 650×22.976659=37 911.49（元）

附表9"人工费用分配汇总表"对应公式设置见附图10。

	A	B	C	D	E	F	G	H	I
72									
73	表8				人工费用分配汇总表				
74	=""&B$5&				金额单位：元				
75	受益部门		基本生产成本			制造费用	辅助生产成本	辅助生产成本	合计
76			=A3	=A4	合计	=A5	=A7	=A8	
77	应付职工薪酬	直接计入	=B66	=C66	=SUM(C77:D77)	=E66	=F66	=G66	=E77+SUM(F77:H77)
78		实际工时	=C29	=C30	=SUM(C78:D78)				
79		分配率			=E80/E78				
80		分配金额	=E79*C78	=E79*D78	=D66				=E80+SUM(G80:H80)
81		合计	=C77+C80	=D77+D80	=E77+E80	=F77+F80	=G77+G80	=H77+H80	=I77+I80

附图10 人工费用分配汇总表对应公式设置

根据附表9"人工费用分配汇总表",编制会计分录如下:

　　借:基本生产成本——甲产品　　　　　　　　　　　　　　　　　82 982.11
　　　　　　　　——乙产品　　　　　　　　　　　　　　　　　　55 711.49
　　　　制造费用——制造车间　　　　　　　　　　　　　　　　　27 485.40
　　　　辅助生产成本——供电车间　　　　　　　　　　　　　　　25 142.40
　　　　　　　　　——供气车间　　　　　　　　　　　　　　　　7 364.40
　　　　贷:应付职工薪酬　　　　　　　　　　　　　　　　　　198 685.80

人工费用分配会计分录对应公式设置见附图11。

	K	L	M	N
75				
76	借:基本生产成本——		=C76	=C81
77	——		=D76	=D81
78	制造费用——		=F76	=F81
79	辅助生产成本——		=G76	=G81
80	——		=H76	=H81
81	贷:应付职工薪酬			=I81

附图11　人工费用分配会计分录对应公式设置

三、计算折旧费

编制"固定资产折旧计算附表",见附表10,并填制记账凭证,登记有关账簿。

附表10　　　　　　　　　　固定资产折旧计算附表

202×年9月　　　　　　　　　　　　　　　　　　金额单位:元

应贷科目	应借科目	制造费用	辅助生产成本	辅助生产成本	合计
		制造车间	供电车间	供气车间	
累计折旧		37 600.00	13 800.00	12 000.00	63 400.00

附表10"固定资产折旧计算附表"对应公式设置见附图12。

	A	B	C	D	E
82					
83	表9	固定资料折旧计算表			
84	=B5&"	金额单位:元"			
85	应借科目	制造费用	辅助生产成本	辅助生产成本	合计
86	应贷科目	=A6	=A7	=A8	
87	累计折旧	=E67	=F67	=G67	=SUM(B87:D87)

附图12　固定资产折旧计算附表对应公式设置

根据附表10"固定资产折旧计算附表",编制会计分录如下:

　　借:制造费用——制造车间　　　　　　　　　　　　　　　　　37 600.00
　　　　辅助生产成本——供电车间　　　　　　　　　　　　　　　13 800.00
　　　　　　　　　——供气车间　　　　　　　　　　　　　　　12 000.00
　　　　贷:累计折旧　　　　　　　　　　　　　　　　　　　　　63 400.00

固定资产折旧会计分录对应公式设置见附图13。

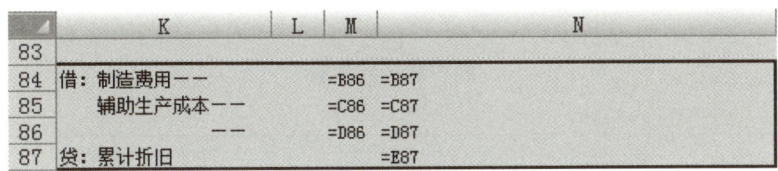

附图13　固定资产折旧会计分录对应公式设置

四、计算水费、燃料费用及其他费用

（1）根据有关记录编制"水费分配附表"，见附表11，并填制记账凭证，登记有关账簿。

附表11　　　　　　　　　　　水费分配附表

202×年9月　　　　　　　　　　　　　　金额单位：元

应贷科目 \ 应借科目	制造费用	辅助生产成本	辅助生产成本	合计
	制造车间	供电车间	供气车间	
应付账款	48 400.00	3 000.00	10 000.00	61 400.00

附表11水费分配附表对应公式设置见附图14。

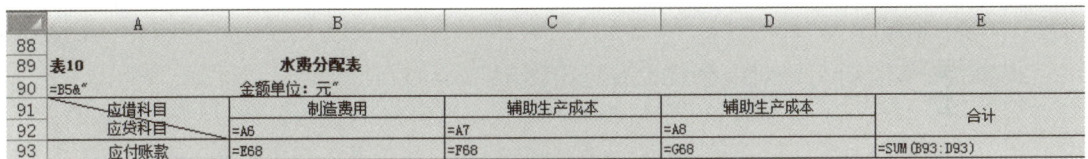

附图14　水费分配附表对应公式设置

根据附表11"水费分配附表"，编制会计分录如下：

借：制造费用——制造车间	48 400.00
辅助生产成本——供电车间	3 000.00
——供气车间	10 000.00
贷：应付账款	61 400.00

水费分配会计分录对应公式设置见附图15。

附图15　水费分配会计分录对应公式设置

（2）根据有关记录编制"燃料费用分配表"，见附表12，并填制记账凭证，登记有关账簿。

附表 12　　　　　　　　　　　燃料费用分配表

202×年9月　　　　　　　　　　　金额单位：元

应贷科目＼应借科目	制造费用	辅助生产成本	辅助生产成本	合计
	制造车间	供电车间	供气车间	
燃料	10 600.00	11 400.00	28 000.00	50 000.00

附表12燃料费用分配表对应公式设置见附图16。

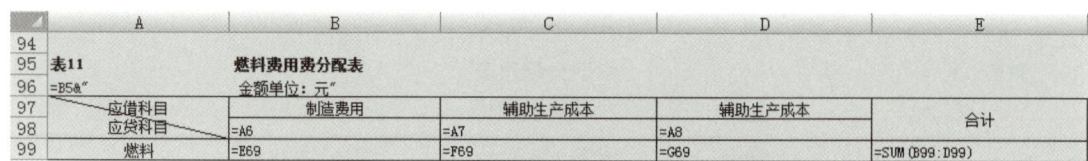

附图 16　燃料费用分配表对应公式设置

根据附表12"燃料费用分配表"，编制会计分录如下：

借：制造费用——制造车间　　　　　　　　　　　　　　　　　10 600.00
　　辅助生产成本——供电车间　　　　　　　　　　　　　　　11 400.00
　　　　　　　　——供气车间　　　　　　　　　　　　　　　28 000.00
　　贷：燃料　　　　　　　　　　　　　　　　　　　　　　　50 000.00

燃料费分配会计分录对应公式设置见附图17。

附图 17　燃料费分配会计分录对应公式设置

（3）根据有关记录编制"其他费用分配汇总表"，见附表13，并填制记账凭证，登记有关账簿。

附表 13　　　　　　　　　　　其他费用分配汇总表

202×年9月　　　　　　　　　　　金额单位：元

应贷科目＼应借科目	制造费用	辅助生产成本	辅助生产成本	合计
	制造车间	供电车间	供气车间	
银行存款等	38 000.00	4 500.00	4 000.00	46 500.00

附表 13 其他费用分配汇总表对应公式设置见附图 18。

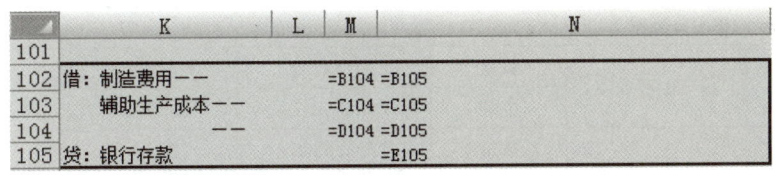

附图 18　其他费用分配汇总表对应公式设置

根据附表 13 "其他费用分配汇总表"，编制会计分录如下：

借：制造费用——制造车间	38 000.00
辅助生产成本——供电车间	4 500.00
——供气车间	4 000.00
贷：银行存款	46 500.00

其他费用分配分录对应公式设置见附图 19。

附图 19　其他费用分配分录对应公式设置

五、分配辅助生产费用

根据附表 14 "辅助车间本月提供劳务量表"（附表 14 对应公式设置见附图 20），编制 "辅助生产费用分配表"（见附表 15，附表 15 对应公式设置见附图 21），并填制记账凭证，登记有关账簿，见附表 16（对应公式设置见附图 23）、附表 17（对应公式设置见附图 24）。

附表 14　　　　　　　　　辅助车间本月提供劳务量表

202×年9月　　　　　　　　　　　　　　　　　　　金额单位：元

受益对象		供电度数	供气吨数
辅助生产	供电车间		500.00
	供气车间	6 500.00	
基本生产	甲产品	30 000.00	1 200.00
	乙产品	35 000.00	2 000.00
制造车间		14 000.00	2 000.00
管理部门		16 000.00	1 800.00
合计		101 500.00	7 500.00

注：白色部分数据通过查电表和气表可得。

	A	B	C	D
106				
107	表13	辅助车间本月提供劳务量表		
108	=B5&"	金额单位：元"		
109		受益对象	供电度数	供气吨数
110	辅助生产	=A7		500
111		=A8	6500	
112	基本生产	=A3	30000	1200
113		=A4	35000	2000
114	=A6		14000	2000
115		管理部门	16000	1800
116		合计	=SUM(C110:C115)	=SUM(D110:D115)
117				

附图20 "辅助车间本月提供劳务量表"对应公式设置

附表 15　　　　　　　　　辅助生产费用分配表

202×年9月　　　　　　　　　　　　　　　　　金额单位：元

辅助生产车间名称			供电车间	供气车间	金额合计
待分配费用			122 942.40	181 364.40	304 306.80
对外提供劳务数量			95 000.00	7 000.00	
费用分配率			1.29	25.91	
甲产品耗用	基本生产成本	数量	30 000.00	1 200.00	
		金额	38 823.92	31 091.04	69 914.96
乙产品耗用	基本生产成本	数量	35 000.00	2 000.00	
		金额	45 294.57	51 818.40	97 112.97
制造车间	制造费用	数量	14 000.00	2 000.00	
		金额	18 117.83	51 818.40	69 936.23
管理部门	管理费用	数量	16 000.00	1 800.00	
		金额	20 706.09	46 636.56	67 342.65
分配费用合计			122 942.40	181 364.40	304 306.80

其中：供电车间对外提供劳务量＝101 500－6 500＝95 000（度）

供气车间对外提供劳务量＝7 500－500＝7 000（立方米）

供电车间对外分配率＝122 942.40/95 000＝1.29

供气车间对外分配率＝181 364.40/7 000＝25.91

	A	B	C	D	E	F
118	表14	辅助生产费用分配表				
119	=B5&"	金额单位：元"				
120		辅助生产车间名称		=A7	=A8	金额合计
121		待分配费用		=I144	=I157	=D121+E121
122		对外提供劳务数量		=C116-C111	=D116-D110	
123		费用分配率		=D121/D122	=E121/E122	
124	=A3&"耗用"	基本生产成本	数量	=C112	=D112	
125			金额	=D124*D123	=E124*E123	=D125+E125
126	=A4&"耗用"	基本生产成本	数量	=C113	=D113	
127			金额	=D126*D123	=E126*E123	=D127+E127
128		制造费用	数量	=C114	=D114	
129	=A6		金额	=D128*D123	=E128*E123	=D129+E129
130		管理部门	管理费用	数量	=C115	=D115
131			金额	=D130*D123	=E130*E123	=D131+E131
132		分配费用合计		=D125+D127+D129+D131	=E125+E127+E129+E131	=D132+E132

附图21 辅助生产费用分配表对应公式设置

根据附表 15 "辅助生产成本分配表"，编制会计分录如下：

借：基本生产成本——甲产品　　　　　　　　　　　　　　　　　　　69 914.96
　　　　　　　　——乙产品　　　　　　　　　　　　　　　　　　　97 112.97
　　制造费用——制造车间　　　　　　　　　　　　　　　　　　　　69 936.23
　　管理费用　　　　　　　　　　　　　　　　　　　　　　　　　　67 342.65
　　贷：辅助生产成本——供电车间　　　　　　　　　　　　　　　　122 942.40
　　　　　　　　　　——供气车间　　　　　　　　　　　　　　　　181 364.40

辅助生产成本分配会计分录对应公式设置见附图 22。

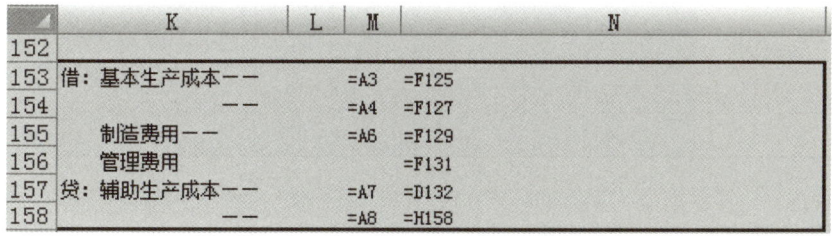

附图 22　辅助生产成本分配会计分录

附表 16　　　　　　　　　　辅助生产成本明细账（供电车间）

车间名称：供电车间　　　　　　　　　　　　　　　　　金额单位：元

202×年		摘要	直接材料	直接人工	制造费用	发生额合计		余额
月	日					借方	贷方	
9	30	分配材料费用	65 100.00			65 100.00		65 100.00
	30	分配人工费		25 142.40		25 142.40		90 242.40
	30	折旧费			13 800.00	13 800.00		104 042.40
	30	水费			3 000.00	3 000.00		107 042.40
	30	燃料费			11 400.00	11 400.00		118 442.40
	30	其他费用			4 500.00	4 500.00		122 942.40
	30	生产费用合计	65 100.00	25 142.40	32 700.00			122 942.40
	30	本月转出	（65 100.00）	（25 142.40）	（32 700.00）		122 942.40	0.00

附图 23　"辅助生产成本明细账（供电车间）"对应公式设置

附表 17 辅助生产成本明细账（供气车间）

车间名称：供气车间　　　　　　　　　　　　金额单位：元

202×年		摘要	直接材料	直接人工	制造费用	发生额合计		余额
月	日					借方	贷方	
9	30	分配材料费用	120 000.00			120 000.00		120 000.00
	30	分配人工费		7 364.40		7 364.40		127 364.40
	30	折旧费			12 000.00	12 000.00		139 364.40
	30	水费			10 000.00	10 000.00		149 364.40
	30	燃料费			28 000.00	28 000.00		177 364.40
	30	其他费用			4 000.00	4 000.00		181 364.40
	30	生产费用合计	120 000.00	7 364.40	54 000.00			181 364.40
	30	本月转出	(120 000.00)	(7 364.40)	(54 000.00)		181 364.40	0.00

附表 17 "辅助生产成本明细账（供气车间）"对应公式设置见附图 24。

附图 24　辅助生产成本明细账对应公式（供气车间）设置

六、分配制造费用

登记附表 18 "制造费用明细账",对应公式设置见附图 25

附表 18

制造费用明细账

车间名称:制造车间

金额单位:元

202×年		摘要	材料费	人工费	折旧费	水费	燃料费	其他费用	汽费	电费	发生额合计		余额
月	日										借方	贷方	
9	30	材料费用	459 000.00								459 000.00		459 000.00
	30	人工费用		27 485.40							27 485.40		486 485.40
	30	折旧费			37 600.00						37 600.00		524 085.40
	30	水费				48 400.00					48 400.00		572 485.40
	30	燃料费					10 600.00				10 600.00		583 085.40
	30	其他费用						38 000.00			38 000.00		621 085.40
	30	汽费							51 818.40		51 818.40		672 903.80
	30	电费								18 117.83	18 117.83		691 021.63
	30	本月合计	459 000.00	27 485.40	37 600.00	48 400.00	10 600.00	38 000.00	51 818.40	18 117.83		691 021.63	0.00
	30	分配转出	(459 000.00)	(27 485.40)	(37 600.00)	(48 400.00)	(10 600.00)	(38 000.00)	(51 818.40)	(18 117.83)		691 021.63	0.00

	A	B	C	D	E	F	G	H	I	J	K	L	M	N
159														
160	表17													
161	三车间名称: "&6&"													
162	=LEFT(B5,5)													
163				制造费用明细账										金额单位:元
164			月 日	摘要	材料费	人工费	折旧费	水费	燃料费	其他费用	汽费	电费	发生额合计		余额
165		=IF(LEN(B5)=27,MID(B5,6,1),MID(B5,5))	=DAY(DATE(YEAR(B$15),MONTH(B$15)+1,1)-1)	材料费用	=N51								=SUM(D164:K164)		=L164-M164
166			=DAY(DATE(YEAR(B$15),MONTH(B$15)+1,1)-1)	人工费用		=B78							=SUM(D165:K165)		=L165+N164-M165
167			=DAY(DATE(YEAR(B$15),MONTH(B$15)+1,1)-1)	折旧费			=B84						=SUM(D166:K166)		=L166+N165-M166
168			=DAY(DATE(YEAR(B$15),MONTH(B$15)+1,1)-1)	水费				=B90					=SUM(D167:K167)		=L167+N166-M167
169			=DAY(DATE(YEAR(B$15),MONTH(B$15)+1,1)-1)	燃料费					=B96				=SUM(D168:K168)		=L168+N167-M168
170			=DAY(DATE(YEAR(B$15),MONTH(B$15)+1,1)-1)	其他费用						=B102			=SUM(D169:K169)		=L169+N168-M169
171			=DAY(DATE(YEAR(B$15),MONTH(B$15)+1,1)-1)	汽费							=B129		=SUM(D170:K170)		=L170+N169-M170
172			=DAY(DATE(YEAR(B$15),MONTH(B$15)+1,1)-1)	电费								=B172	=SUM(D171:K171)		=L171+N170-M171
173			=DAY(DATE(YEAR(B$15),MONTH(B$15)+1,1)-1)	本月合计	=D172	=E172	=F172	=G172	=H172	=I172	=J172	=K172	=SUM(D164:K164)		=N171
174			=DAY(DATE(YEAR(B$15),MONTH(B$15)+1,1)-1)	分配转出	=-D172	=-E172	=-F172	=-G172	=-H172	=-I172	=-J172	=-K172		=SUM(D173:K173)	=N171+L173-M173

附图 25 制造费用明细账对应公式设置

分配基本生产车间的制造费用，编制“制造费用分配表”，见附表 19，并填制记账凭证，登记有关账簿。

附表 19　　制造费用分配附表

202× 年 9 月　　金额单位：元

受益对象	分配标准 / 工时	分配率	分配金额
甲产品	2 480.00		414 947.61
乙产品	1 650.00		276 074.02
合计	4 130.00	167.32	691 021.63

制造费用分配率 =691 021.63/4 130=167.32

甲应负担的制造费用 =2 480×167.32=414 947.61（元）

乙应负担的制造费用 =1 650×167.32=276 074.02（元）

附表 19 “制造费用分配表“对应公式设置见附图 26。

	A	B	C	D
174				
175	表18	制造费用分配表		
176	=B5&"	金额单位：元"		
177	受益对象	分配标准（工时）	分配率	分配金额
178	=A3	=C29		=B178*C180
179	=A4	=C30		=B179*C180
180	合计	=SUM(B178:B179)	=D180/B180	=N171

附图 26　“制造费用分配表“对应公式设置

根据附表 19 “制造费用分配表”，编制会计分录如下：

借：基本生产成本——甲产品　　414 947.61

——乙产品　　276 074.02

贷：制造费用——制造车间　　691 021.63

制造费用分配会计分录对应公式设置见附图 27。

	K	L	M	N
177				
178	借：基本生产成本——		=A178	=D178
179	——		=A179	=D179
180	贷：制造费用——		=A6	=D180

附图 27　制造费用分配会计分录对应公式设置

七、计算甲与乙产品的成本

根据以上资料，光华公司的产品成本计算过程如下：

以产品品种为成本计算对象分别设立甲、乙两种产品的生产成本明细账，见附表 20（对应公式设置见附图 28）、附表 21（对应公式设置见附图 29）。

附表 20   生产成本明细账   本月完工：650 件

产品名称：甲产品   202×年9月   月末在产品：150 件

202×年		摘要	直接材料	直接人工	制造费用	发生额合计		余额
月	日					借方	贷方	
9	1	月初在产品成本	38 000.00	8 000.00	12 600.00			58 600.00
	30	材料费用分配	604 943.53			604 943.53		663 543.53
	30	人工费用分配		82 982.11		82 982.11		746 525.64
	30	辅助生产费用分配			69 914.96	69 914.96		816 440.60
	30	制造费用分配			414 947.61	414 947.61		1 231 388.21
	30	生产费用合计	642 943.53	90 982.11	497 462.57			1 231 388.21
	30	转出完工产品成本	(522 391.62)	(81 570.17)	(446 000.92)		1 049 962.71	181 425.50
	30	月末在产品成本	120 551.91	9 411.94	51 461.64			181 425.50

附表 20 生产成本明细账对应公式设置见附图 28。

附图 28 "生产成本明细账"对应公式设置

附表 21   生产成本明细账   本月完工：240 件

产品名称：乙产品   202×年9月   月末在产品：100 件

202×年		摘要	直接材料	直接人工	制造费用	发生额合计		余额
月	日					借方	贷方	
9	1	月初在产品成本	44 000.00	1 400.00	18 000.00			63 400.00
	30	材料费	1 110 056.47			1 110 056.47		1 173 456.47
	30	人工费		55 711.49		55 711.49		1 229 167.96
	30	辅助生产费用分配			97 112.97	97 112.97		1 326 280.93
	30	制造费用			276 074.02	276 074.02		1 602 354.94
	30	生产费用合计	1 154 056.47	57 111.49	391 186.98			1 602 354.94
	30	转出完工产品成本	(814 628.10)	(47 264.68)	(323 740.95)		1 185 633.73	416 721.21
	30	月末在产品成本	339 428.37	9 846.81	67 446.03			416 721.21

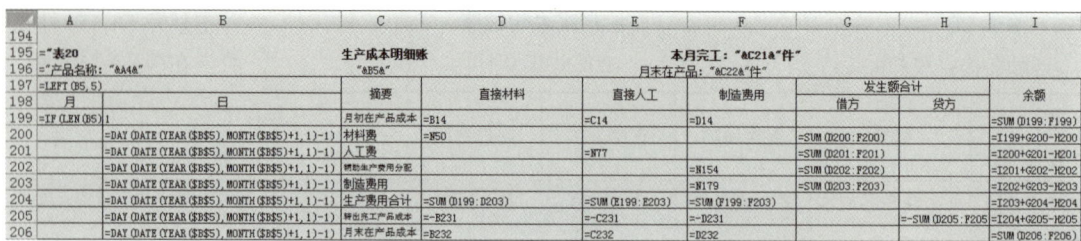

附图 29 "生产成本明细账"对应公式设置

甲、乙两种产品的成本月末在完工产品与在产品之间分配，完工产品与月末在产品成本配表见附表 22（对应公式设置见附图 30）、附表 23（对应公式设置见附图 31）。

附表 22　　　　　　　　　完工产品与月末在产品分配表

产品名称：甲产品　　　　　　　　202×年9月　　　　　　　　金额单位：元

成本项目	原材料	直接人工	制造费用	合计
生产费用合计	642 943.53	90 982.11	497 462.57	1 231 388.21
完工产品数量	650.00	650.00	650.00	
月末在产品数量	150.00	150.00	150.00	
投料率/完工程度	100%	50%	50%	
月末在产品约当量	150.00	75.00	75.00	
约当总产量	800.00	725.00	725.00	
费用分配率	803.68	125.49	686.16	1 615.33
完工产品费用	522 391.62	81 570.17	446 000.92	1 049 962.71
月末在产品费用	120 551.91	9 411.94	51 461.64	181 425.50

	A	B	C	D	E
207					
208	表21	完工产品与月末在产品分配表			
209	="产品名称："&A3&	"&B5&"	金额单位：元"		
210	成本项目	原材料	直接人工	制造费用	合计
211	生产费用合计	=D191	=E191	=F191	=SUM(B211:D211)
212	完工产品数量	=$B$21	=$B$21	=$B$21	
213	月末在产品数量	=$B$22	=$B$22	=$B$22	
214	投料率/完工程度	=B23	=B24	=B24	
215	月末在产品约当量	=B213*B214	=C213*C214	=D213*D214	
216	约当总产量	=B212+B215	=C212+C215	=D212+D215	
217	费用分配率	=B211/B216	=C211/C216	=D211/D216	=SUM(B217:D217)
218	完工产品费用	=B212*B217	=C212*C217	=D212*D217	=SUM(B218:D218)
219	月末在产品费用	=B211-B218	=C211-C218	=D211-D218	=SUM(B219:D219)

附图 30 "完工产品与月末在产品成本分配表（甲产品）"对应公式设置

附表 23   完工产品与月末在产品分配表

产品名称：乙产品   202×年9月   金额单位：元

成本项目	原材料	直接人工	制造费用	合计
生产费用合计	1 154 056.47	57 111.49	391 186.98	1 602 354.94
完工产品数量	240.00	240.00	240.00	
月末在产品数量	100.00	100.00	100.00	
投料率/完工程度	100%	50%	50%	
月末在产品约当量	100.00	50.00	50.00	
约当总产量	340.00	290.00	290.00	
费用分配率	3 394.28	196.94	1 348.92	4 940.14
完工产品费用	814 628.10	47 264.68	323 740.95	1 185 633.73
月末在产品费用	339 428.37	9 846.81	67 446.03	416 721.21

	A	B	C	D	E
220					
221	表22	完工产品与月末在产品分配表			
222	="产品名称："&A4&	"&B5&"		金额单位：元"	
223	成本项目	原材料	直接人工	制造费用	合计
224	生产费用合计	=D204	=E204	=F204	=SUM(B224:D224)
225	完工产品数量	=$C$21	=$C$21	=$C$21	
226	月末在产品数量	=$C$22	=$C$22	=$C$22	
227	投料率/完工程度	=C23	=C24	=C24	
228	月末在产品约当量	=B226*B227	=C226*C227	=D226*D227	
229	约当总产量	=B225+B228	=C225+C228	=D225+D228	
230	费用分配率	=B224/B229	=C224/C229	=D224/D229	=SUM(B230:D230)
231	完工产品费用	=B225*B230	=C225*C230	=D225*D230	=SUM(B231:D231)
232	月末在产品费用	=B224-B231	=C224-C231	=D224-D231	=SUM(B232:D232)

附图 31   "完工产品与月末在产品分配表"对应公式设置

根据附表 22、附表 23 中的甲、乙产品的完工产品与月末在产品成本分配表，编制会计分录如下：

    借：库存商品——甲产品   1 049 962.71
            ——乙产品   1 185 633.73
      贷：基本生产成本——甲产品   1 049 962.71
              ——乙产品   1 185 633.73

完工产品与月末在产品成本分配的会计分录对应公式设置见附图 32。

	K	L	M	N
228				
229	借：库存商品——		=A3	=H192
230	——		=A4	=H205
231	贷：基本生产成本——		=A3	=H192
232	——		=A4	=H205

附图 32   完工产品与月末在产品成本分配的会计分录对应公式设置